요한 23세

CHRISTIAN FELDMANN
JOHANNES XXIII
Seine Liebe — sein Leben

Copyright © Verlag Herder, Freiburg im Breisgau, 3. Auflage 2001
All rights reserved

Translated by SHIN Dongwhan
Korean Translation Copyright © 2004 Benedict Press, Waegwan, Korea
Korean translation edition is published by arrangement with Verlag Herder
Freiburg im Breisgau

요한 23세
2004 초판 | 2005 재쇄
옮긴이 · 신동환 | 펴낸이 · 이형우
ⓒ 분도출판사
등록 · 1962년 5월 7일 라15호
718-806 경북 칠곡군 왜관읍 왜관리 134의 1
왜관 본사 · 전화 054-970-2400 · 팩스 054-971-0179
서울 지사 · 전화 02-2266-3605 · 팩스 02-2271-3605
www.bundobook.co.kr
ISBN 89-419-0423-4 03230
값 10,000원

이 책의 한국어판 저작권은
Verlag Herder와 독점 계약한 분도출판사에 있습니다.
저작권법에 의해 한국 내에서 보호를 받는 저작물이므로
무단 전재와 무단 복제를 금합니다.

요한 23세

그의 사랑 · 그의 삶

크리스티안 펠트만 지음
신동환 옮김

분도출판사

■ 책머리에

요한 23세가 계시지 않았다면 떼제 공동체는 어떻게 되었을까?

1963년 6월 3일, 수사들이 막 저녁기도를 하러 가려는데 요한 23세께서 선종하셨다는 소식을 들었다. 나는 떼제 성당에서 저녁기도를 하면서 말미에 그분에 대해 몇 마디 하고 싶었지만, 도저히 말문이 열리지 않았다. 발 밑의 땅이 꺼지는 느낌이었다. 요한 23세께서 가톨릭 교회의 심장부에서 사도직을 수행하시며 보여 주신 그 깊은 신뢰도 이제 사라지게 될 것인가 하는 생각이 들었다.

1986년 10월 5일, 떼제 공동체를 방문하신 요한 바오로 2세께서는 전임자이신 요한 23세께서 우리 공동체를 사랑하셨다는 사실을 기억하고 계셨다. 그리고 감사의 뜻이 듬뿍 담긴 말씀을 해 주셨다. "여러분을 극진히 사랑하신 요한 23세께서 예전에 '아, 떼제여. 작은 봄이여'라고 로제 수사님에게 인사를 하셨는데 나도 간단한 이 말씀의 뜻에 진심으로 동감을 표하고 싶습니다." 그리고 덧붙여 이렇게 말씀하셨다. "주님께서 여러분이 밝아 오는 봄이 되도록 지켜 주시고, 여러분을 작게 지켜 주시고, 복음의 기쁨과 순수한 형제애 안에서 여러분을 지켜 주시기를 바랍니다."

당시 리옹 교구의 대주교였던 젤리에 추기경께서 적극 나서서 1958년 당시 갓 선출된 요한 23세에게 우리를 소개해 주셨다. 젤리에 추기경께서는 그분께 그리스도인의 화해 문제를 간곡히 진언하시고 사도직을 수행하시면서 제일 먼저 우리에게 알현을 허락해 주실 것을 청했다. 무엇 때문에 그렇게 서두르셨을까? 젤리에 추기경께서는 교황님께서 연세가 많으시고 또 많은 사람들의 의견을 듣게 되실 테니 그분께서 우리 이야기를 생생하게 기억하시도록 하는 것이 중요하다고 생각하셨던 것이다.

요한 23세께서는 첫 알현을 허락하시겠다고 하셨고, 교황에 즉위하신 후 즉시 우리를 맞아 주셨다. 그분의 인사 말씀은 소박하고 아주 즉흥적이었다. 그분께서는 우리가 화해에 대해 이야기하자 손뼉을 치시며 "브라보! 브라보!" 하셨다. 그리고 다음에 다시 와서 대화를 계속하자고 부탁하시기도 했다. 대화를 나누면서 나는 떼제에서 얼마 전에 "교황 선거회"를 위해 밤낮으로 기도했다는 말씀을 드리고 싶었다. 그런데 잘못해서 그만 "공의회를 위해" 기도했다고 말씀드리고 말았다. 그러자 그분께서는 "기다리십시오. 조금만 기다리십시오"라는 놀라운 대답을 하셨다. 나는 처음에 무슨 뜻인지 이해하지 못했다. 우리는 이 첫 만남에서 이미 그분의 호의를 확인했다. 그때부터 그분께서는 전혀 예상치 못했던 우리에게 활력을 주시고 지울 수 없는 깊은 인상을 우리 삶에 심어 주셨다.

그로부터 몇 주 후, 요한 23세께서 공의회를 선포하시며 하신 말씀은 매우 감동적이었고 완전히 새로운 화해의 지평을 열었다. "역사적인 소송을 다시 제기하려는 것이 아닙니다. 누가 옳고 누가 옳지 않은지 그 문제를 조사하려는 것이 아닙니다. 우리는 그저 '화해합시다'라고 말할 것입니다."

그분께서는 공의회를 통해 그리스도인들이 화해의 길을 열 수 있을 거라는 영감을 가지고 계셨다. 그분 생각에는 "교회의 얼굴에 드리운 주름을 펴는 것"이 무엇보다 중요했다. 우리는 공의회에 참관인으로 참석해 달라는 요청을 받았는데 정말 고마운 일이었다. 나는 떼제에 편지가 도착한 날을 잊지 못한다. 공의회 자문회의 초청장은 그야말로 하느님의 선물과도 같았다! 1962년 10월 13일, 요한 23세를 찾아뵙고 나서 그분이 떼제 공동체에 대해 이런 말씀을 하셨다는 사실을 알게 되었다. "우리는 협상하지 않고 이야기를 나누었으며 토론하지 않고 사랑 안에 함께 있었습니다."

우리의 마지막 만남은 1963년 2월 25일에 이루어졌다. 막스 수사, 알랭 수사 그리고 나, 이렇게 셋이서 그분을 알현했다. 말기 암 통증에 시달리시던 교황님께서는 죽음이 다가오고 있음을 느끼고 계셨다. 교황청에서는 각별한 주의를 당부하면서 교황님의 통증이 그다지 심하지 않은 날을 택해서 알현할 수 있도록 배려했다. 조금 원기를 회복하시면 교황님께서는 우리만 접견하실 거라고 한 측근이 귀띔했다. 알현 시간은 의외로 길었다. 우리는 그분을 다시 뵐 수 없을 거라는 사실을 직감하고 그분께 일종의 '영적 유언'을 듣고 싶었다. 우리가 공동체의 미래에 대해 염려하지 않는 것을 그분께서 얼마나 중요하게 생각하고 계신지 분명히 알게 되었다. 그분께서는 두 손으로 동그라미를 그리시면서 말씀하셨다. "가톨릭 교회는 동심원으로 이루어져 있고 그 원은 점점 더 커지고 있습니다." "걱정을 떨쳐버리고 마음의 평화를 가지고 길을 계속 간다면 그 본질에 도달하지 않을까요?"라는 말씀도 하셨다. 교황님께서는 격려의 말씀을 해 주시려고 했다. "계속하십시오. 앞으로도 계속." 그래서 우리는 지금까지 걸어온 길을 아무 걱정 없이 계속 걸어갈 수 있었다.

요한 23세께서 선종하신 후 비서신부님은 당신이 교황 재임 때 사용하시던 성무일도 두 권을 보내 주셨다.

그로부터 몇 년 후 요한 23세의 막냇동생이신 주세페 론칼리 씨가 손자 풀겐지오를 데리고 두 번이나 찾아 주셨다. 연세가 많으신데도 그분은 우리 공동체를 꼼꼼하게 살펴보셨다. 그리고 공동체의 청소년 숙소가 무척 초라하다는 사실도 눈여겨보셨다.

어느 날 저녁 론칼리 씨는 당신 손자에게 이런 말씀을 하셨다. "네 큰할아버지께서 시작하신 일이 앞으로 떼제에서 시작될 것이다." 베르가모 지방의 농민인 그분은 우리가 당신 형님을 얼마나 좋아했는지, 우리와 당신 형님이 얼마나 서로 사랑했었는지 잘 알고 있었다. 그분이 하신 말씀이 옳다. "요한 23세가 계시지 않았다면 떼제 공동체는 어떻게 되었을까?"

떼제에서, 로제 수사

차 례

책머리에 ■	요한 23세가 계시지 않았다면 떼제 공동체는 어떻게 되었을까?	5
앞 마당 ■	"교황으로 변장한 인간"	13

첫째 마당 가계: 소토 일 몬테 — 베르가모 — 로마   19

밭과 포도밭   21
형편없는 라틴어 성적과 수학 성적   25
"절대로 여자 아이들을 가까이해서는 안 된다"   28
로마의 영광과 "야만적인" 군대   32
파업 노동자들 편에 선 주교   38
로마의 염탐꾼에 대한 두려움   44
안젤로 론칼리, 그의 '근대주의'가 의심스럽다   49

둘째 마당 귀양살이: 소피아 — 이스탄불   61

발칸 반도 시절은 고된 시련의 시간이었다   63
바티칸에서 잊혀진 대주교   69
이스탄불에 산적한 난제   73
터키어로 드리는 기도   78
큰 물고기가 작은 물고기를 잡아먹다   82
초기 여성주의자와 편지를 나눈 사연   89

셋째 마당	검증 기간: 파리 — 베네치아	99
	정치적 오점 없는 교황대사	101
	포로수용소 방문	105
	카리스마와 망신	109
	연회장의 누드 사진	113
	프랑스 외무성과 빚은 갈등	116
	"아! 이 세상의 잘난 체하고 교활한 모든 사람들!"	120
	단절인가 연속인가?	124
	"노동 사제"라는 유령	128
	추기경관은 장례식 때만 필요하다	133
	불미스런 사건: 사회주의자들에게 건넨 인사말	136

넷째 마당	수확: 베드로의 직무	143
	자신감에 찬 교황 후보	145
	해적 교황에 대한 기억	149
	농부의 어깨와 론칼리라는 신비	155
	"걱정 마세요. 부적절한 행동은 하지 않을 테니!"	159
	"어떻게 진짜 그리스도가 교황이 될 수 있었을까요?"	165
	가난이 주는 해방의 힘	172
	공산주의자가 제작한 청동문	177
	"그가 가는 곳에 하느님께서 현존하셨다"	182

다섯째 마당 결실: 제2차 바티칸 공의회　191

"거룩한 광기의 숨결"　193
즉흥적인 생각이 떠오르기까지 있었던 많은 일들　196
"내 머릿속에 계획이 들어 있습니다"　199
"우리는 불행을 전하는 예언자의 말에 반박해야 합니다"　204
검열당하는 교황　210
교회 자체가 목적이 아닙니다　214
교회일치를 배우는 과정: "대부분 우리 잘못입니다"　220
"믿는 사람은 두려워 떨지 않습니다"　223

여섯째 마당 유산: 요한 23세가 남긴 정신　231

"소박하지만 품위있게 죽는다"　233
열린 문은 그대로 열려 있을 것이다　238
크렘린과의 비밀 접촉　242
핵전쟁의 위험　246
바티칸을 방문한 무신론자　250
아데나워 수상·피카소와의 정상회담?　254
한 예언자의 유언　258

연보　266
20세기 교황들　267
참고 문헌　268

비오 12세와 론칼리 추기경: 전임자와 후계자,
전형과 비전형,
위엄 있고 빛나는 자태와 순박한 수다쟁이(로마에서).
사진: Felici

■ 앞 마당

"교황으로 변장한 인간"

"저렇게 뚱뚱할 수가!" 베드로 광장에서 한 귀부인이 깜짝 놀란 듯 이렇게 말하면서 망원경을 눈에서 떼었다. 금방 실신이라도 할 것 같았다. 베드로 대성전 발코니에 새로 선출된 교황이 모습을 드러냈다. 당시만 해도 통상적이었던 그 화려한 가마를 타지 않고 걸어서 나왔다. 얼굴은 인심 좋은 농민의 얼굴이었고 체격은 자그마하고 땅딸막했다. 때는 1958년 10월 28일이었다.

'사진발'이 별로 안 받는다는 것쯤은 안젤로 론칼리 자신도 알고 있었다. "맙소사, 텔레비전에 나오면 정말 가관이겠지?" 교황에 선출된 지 며칠 후 그는 거울 속에 비친 주먹만 한 코와 삐죽 선 채 잘 들리지 않는 커다란 귀를 보면서 한숨을 쉬었다.

정말이지 전임 교황과는 너무나 대조적이었다. 전임 비오 12세는 20년간 절대군주처럼 가톨릭 교회를 다스렸으며, 외모도 마치 대천사 같았다. 호리호리한 체격에 허리가 반듯하고 대리석으로 깎아 놓은 듯한 얼굴하며 번쩍이는 안경 렌즈 뒤로 먼 데를 바라보는 듯한 두 눈, 그리고 힘이 있고 맹세를 하는 듯한 연설 말투. 그의 모든 것은 이 세상을 초월한 듯한 모습이었다. 또한 그는 아무리 짤막한 회칙이라도 세상에 전하는 메시지는 전부 마지막 글자 하나까지 일일이 다듬어서 정말 장엄하게 낭독했다.

사람들은 비오 12세의 모습을 보면서 천상의 광채를 보는 듯한 느낌을 가졌다. 비오 12세가 넋을 잃은 듯 두 손을 펼치고 전쟁과 폭격의 희생자들을 위해 하느님께 평화를 간청할 때조차도 이상하리만큼 낯설고 거리감이 느껴졌다. 강복을 할 때도 비오 12세의 가느다란 손은 칼처럼 공중을 갈랐다. 가톨릭 신자들은 그런 비오 12세를 보면서 마치 어떤 군왕을 보는 듯한 느낌을 받았다. 한편에서는 비오 12세의 통치하에서 고통을 받았다고 하고 다른 한편에서는 비오 12세가 천상 군대의 사신이라며 그를 존경했다. 하지만 비오 12세는 사람들로부터 별로 사랑을 받지 못했다.

그런데 이제 50년간 외교 업무와 주교직을 수행했는데도 여전히 촌스러운 인상을 풍기는 그야말로 순박한 수다쟁이가 새 교황이 된 것이다! 그는 걸음을 걸을 때도 뒤뚱뒤뚱거렸다. 정말 달리 표현할 수가 없다. 텔레비전 카메라 앞에서 귀 뒤를 긁는가 하면, 마이크에 대고 큰 소리로 말하기도 했다. 또 즉석에서 연설하는 것을 좋아하고 연설을 하다가 갑자기 주제에서 벗어나는가 하면 끝도 없이 이야기를 장황하게 늘어놓는 경우도 종종 있었다. 베네치아 교구의 대주교 시절 소박한 주교 관저에서 개최한 공식 리셉션에서는 위트 있고 굉장히 재미있는 이야기를 잔뜩 늘어놓기도 했다.

그는 군주가 아니라 할아버지였다. 흘러 넘치는 위엄은 조금도 찾아볼 수 없고 이 세상 사람 냄새가 나고 가족 같은 친근함이 느껴졌다. 여류 시인 마리 루이제 카쉬니츠는 그의 이런 모습에 감동한 나머지 "교황으로 변장한 인간"이라는 말을 했던 것 같다. 당시 그가 교황에 선출되자 가톨릭 신자들은 대체적으로 실망한 편이었다.

많은 사람들의 예상을 깨고 교황에 선출된 77세의 그는 도대체 어디서 왔을까? 로마 토박이인 비오 12세는 명망 있는 법률가 가문 출신이었고, 그 부친은 과거에 교황청 변호사로 봉직했다. 반면 론칼리 가문은 한번도 들어 본 적이 없는 소토 일 돈테라는 롬바르디아의 작은 시골 마을에서 수백 년 동안 옥수수와 딜 농사를 지은 농민 집안이었다.

교황 선거 후 기자들이 취재한 내용에 의하면 안젤로 론칼리는 초등학교 시절 호박을 서리한 적이 있고 성적도 그리 좋은 편은 아니었다고 한다. 그는 사목 경험도 없고 교황청에서 일한 경험도 없었다.

그와 반대였다. 젊은 시절 그는 교회로부터 '근대주의' modernism에 빠졌다는 의심을 받기도 했다. 바티칸에서는 그가 불미스런 일을 일으키지 않도록 비중이 전혀 없는 외교 한직으로 그를 내보냈다. 그래서 멀리 발칸 반도로 가게 되었지만 63세에 프랑스 주재 교황대사로 명예로운 소명을 받고, 72세에 추기경으로 서임되어 베네치아 교구 대주교로 임명되었다. 정말 다행스럽고 멋진 일이다. 일종의 명예 회복이었다. 하지만 그렇게 금방 교황이 될 줄이야?

그는 두 진영의 대립 국면을 타개하기 위한 일종의 절충 후보였다는 말이 있다. 교황 선거회에서 보수파와 진보파가 모두 과반수를 획득하지 못하고 있는 상태에서 77세 고령의 론칼리 추기경을 교황으로 선출했다는 것이다. 이탈리아 신문에서는 조금 폄하하여 "과도기 교황"이라는 명칭을 붙였다.

그러나 그들의 말이 꼭 들어맞았다. 바티칸 공의회가 개최될 때 개척자 역할을 했던 브뤼셀 교구의 레온 수에넨스 추기경은 훗날 이런 평가를 내렸다. "역사의 관점에서 보면 그분 ― 요한 23세 ― 은 새로운 시대를 열고 20세기에서 21세기로 넘어가는 과도기에 경계 말뚝을 세웠다고 말할 수 있을 것이다."

1958년, 진퇴양면의 국면에서 어쩔 수 없이 선출된 요한 23세는 실제로 가톨릭 교회에 산사태와 같은 큰 변화를 일으켰다. 그가 4년 반 동안 재임하면서 가톨릭 교회는 보다 인간적이고 정겨운 얼굴을 가지게 되었고 교회 "바깥에" 있는 사람들의 문제와 고민을 귀담아 듣기 위해 교회의 대문을 활짝 열었다. 지난 수백 년 동안 교회는 꿈쩍 않는 바윗돌처럼 움직이지 않고 스스로 안주하며 자족하고 불안해하면서 스스로 고립시키고 있었다.

요한 23세는 매우 독특한 인생관을 가지고 있었다. 한번은 이런 말을 한 적이 있다. "세상은 변하고 있습니다. 소년 같고 또 신뢰에 찬 마음으로 세상에 들어가는 통로를 찾아야 하며 남과 비교하면서 시간을 낭비하지 말아야 합니다. 나는 다른 사람과 충돌을 피하면서 그 사람이 내 앞으로 지나가도록 뒤로 물러서지 않고 그 사람과 보조를 맞춰 가며 같이 걸어가는 것을 좋아합니다."

불신하며 경계를 긋는 일은 그의 방식이 아니었다. 그는 배우려는 자세와 호기심을 가지고 있었고 대화를 무척 좋아했다. 또 모든 일을 항상 정확하게 알고 있다고 생각하는 독선적인 근본주의자들과 전혀 달랐다. 농민처럼 독실하고 순박한 믿음을 지닌 그는 거리낌 없이 사람들을 만나고 어느 누구와도 기꺼이 대화를 했기 때문에 언뜻 보기에 당연한 듯이 보이는 문제를 다시 되짚어 보고 늘 다니던 길에서도 벗어날 수 있었다.

요한 23세는 교회에 대해 바라는 마음을 자신을 알현하러 온 사람들에게 이렇게 말했다. "예부터 전해 내려오는 그 길에만 안주하지 말고 항상 움직이고 계속해서 새로운 만남을 시도하고 또 우리가 이 시대를 살아야 할 소명을 받고 있으므로 이 시대의 정당한 요구를 언제든 받아들일 준비를 하는 것이 중요합니다. 그래야만 그리스도께서 모든 방법으로 선포되고 인식될 것입니다."

팔순을 눈앞에 둔 한 노인의 말이다.

■ 첫째 마당

가 계

소토 일 몬티 — 베르가모 — 로마

나는 가난하지만, 성실하고 겸손한 사람의 자식으로 태어났고,
죽을 때도 가난하게 죽을 수 있으니 매우 기쁘다.

"나는 소토 일 몬테의 가난한 서민 가정 출신이라는 사실을 한 번도 잊은 적이 없다."
1881년 11월 25일 안젤로 주세페 론칼리가 태어난 롬바르디아 지방의 소박한 시골집 마당.
사진: Herder, Roma

밭과 포도밭

1881년 11월 25일 늦은 오후, 트라몬타나 — 이탈리아 북부의 북풍한설 — 가 산에서 거세게 몰아치고 장대같은 비가 쏟아지고 있었다. 농민의 아내 마리안나 론칼리 — 스물일곱 살 — 는 그날 아침에 태어난 넷째 아이의 세례를 받으려고 갓난아기를 따뜻한 포대기에 싸안고 소토 일 몬테의 사제관으로 갔다. 그런데 프란체스코 레부치니 본당신부가 그때 마침 사제관을 비웠다. 베르가모에 갔거나 아니면 환자를 방문하러 옆 마을에 간 모양이었다. 전혀 연락이 닿지 않았다.

   마리안나, 남편 조반니, 대부를 서는 큰삼촌 사베리오, 그리고 이제 갓 태어난 안젤리노 — 앞으로 이렇게 부르게 될 거다 — 모두 기다랗고 딱딱한 나무의자에 앉아 느긋하게 기다리고 있었다. 콧수염에 선량하고 또렷한 눈, 그리고 머리카락이 검은 조반니는 흐뭇하다는 듯 빙그레 웃고 있었다. 사진에서 보는 론칼리 특유의 코와 크고 쫑긋 선 귀는 훗날 론칼리 교황의 모습을 떠올리게 한다. 내리 딸 셋을 낳고 드디어 아들을 보았다! 몸이 늙어서 일을 할 수 없게 될 때 밭일과 포도밭일을 해낼 수 있는 아들이었던 것이다!

   레부치니 신부가 돌아왔다. 이내 기다리고 있던 사람들은 산타 마리아 아순타 성당 — 성모 마리아 승천 성당 — 으로 갔다. 전에 이 성당에서 혼인성사를 받은 마리안나와 남편 조반니는 오늘 다시 경사로운 날을 맞았다. 신앙 공동체에서 론칼리 가족의 막내둥이를 받아들이게 된 것이다.

안젤로 주세페 론칼리의 소박하고 곧은 삶은 이렇게 시작되었다.

소토 일 몬테, 말 그대로 번역하면 "산 밑"이다. 좀 자세히 말하면, 소토 일 몬테는 포 평야와 알프스 산맥 언저리가 맞닿아 있는 곳, 그러니까 베르가모 부근의 농가들이 옹기종기 모여 있는 산골 마을이다. 그래도 마을 사람들은 어림잡아 천이백 명 정도 된다. 붉은 보도블록이 깔린 마을길, 소박한 널판 지붕, 늘 자욱한 안개 속에 유유히 흐르는 아다 강, 산비탈에는 포도나무들이 쑥쑥 자라고 ― '론키'는 포도밭이라는 뜻, 론칼리라는 이름도 여기에서 유래된 듯하다 ―, 여름에는 클로버와 곡식 내음이 풋풋한 마을이었다.

안젤로의 집은 흔히 말하듯이 그렇게 초라하지는 않았다. 지은 지 3백 년이 넘은 4층 건물로 내부가 넓고 마당이 두 개 딸려 있었다. 그런데 마흔세 명이나 되는 대식구가 한집에 살다 보니 집이 비좁을 수밖에 없었다. 론칼리 가족은 4헥타르가 넘는 땅을 부치고 여섯 마리의 소를 길렀다.

조반니 론칼리는 날품을 파는 사람도 자작농도 아니었다. 베르가모 어느 지주의 땅을 부치는 소작농이었다. 말하자면 땅 주인이 자본을 대고 조반니는 노동력을 대고, 이렇게 해서 나온 수확은 절반씩 나눴다. 그밖에 론칼리 집안에서는 옥수수, 양배추, 보리도 재배하고 조금 독하고 신 포도주를 빚었으며 누에도 쳤다.

돌투성이의 척박한 땅, 먹을 것이라곤 수프와 옥수수죽밖에 없었다. 고기 구경은 거의 하지 못했으며 성탄절이나 부활절에야 겨우

케이크 한 조각은 먹을 수 있었지만 걸인들을 안으로 들여 따뜻한 음식을 대접할 정도로 인심이 좋았다고 한다. 안젤로 론칼리는 훗날 로마에서 옛일을 회상하며 이렇게 말했다. "우리는 매우 가난했다. 하지만 그때는 모두가 가난했다. 그래서 우리는 생활이 어렵다는 생각을 하지 않았다."

안젤로와 그의 열두 남매들은 신앙심이 깊은 가정에서 자랐다. 하지만 편협한 신앙은 절대 아니었다. 롬바르디아 지방 농민들은 신앙생활에만 매달릴 시간이 없었다. 안젤로는 마돈나 델레 카네베 — 포도 압착기의 마리아님 — 라는 성지로 생애 첫 성지순례를 갔다. 그곳은 소토 일 몬테에서 꼭 1킬로미터 떨어진 곳에 있었다. 마침 임신 중이던 어머니는 어린 동생 둘을 두 팔에 안고 가셨다. 네 살 된 안젤로와 세 누이는 어머니 옆에서 씩씩하게 걸었다. 가파른 산길을 숨가쁘게 올라 소성당에 도착해 보니 미사는 이미 시작했고 성당 안은 사람들로 발 디딜 틈이 없었다.

80세의 요한 23세는 성지순례를 온 사람들에게 어머니가 그때 아이들을 한 명씩 안아서 성당 안을 보여 주던 일을 이야기했다. 그러면서 적잖이 향수에 젖었다. "우리 어머니께서 나를 번쩍 안아 들어 올린 다음 이렇게 말씀하셨어요. '저기 봐, 안젤로! 성모님이 참 예쁘시지. 엄마가 너를 성모님께 봉헌했단다.' 이것이 내 어린 시절에 대한 생생한 첫 기억이지요."

하지만 그는 힘겨웠던 소작농가의 고달픈 어린 시절을 미화하지 않았다. 교황 재임 시절 그는 이런 말을 한 적이 있다. "인생을 제대로 구기는 길이 셋 있는데, 여자·도박·농사일이 바로 그것입니다. 우리 아버지께서는 그중에서도 가장 따분한 일을 택하셨지요."

아버지에 대해 또 이런 말도 했다. "아버님은 수수하고 선한 분이셨습니다. 하루 온종일 흙을 파고 고르는 일에만 매달리신 농민이셨지요." 안젤로는 어렸을 때 힘껏 아버지를 도와 드렸다. 포도도 따고 소 여물도 주고 무도 심고 밭으로 거름을 내기도 했다.

론칼리 집안이 늘 화목했던 것만은 아니다. 안젤로가 스물여섯 살 때 베르가모에 살고 있는 누이 안칠라에게 이런 글을 보낸 적이 있다. "우리 집에는 인상을 쓰며 쓸데없이 소리를 버럭버럭 지르는 나쁜 습관이 있어요. 누님은 그러시면 안 됩니다. …" 그리고 1948년 프랑스 주재 교황대사 시절 남동생 조반니에게 보낸 성탄 편지에는 옛날 일에 대한 좋지 않은 기억이 그대로 담겨 있다. "옛날에 큰할아버님과 작은할아버님께서는 말다툼하실 때말고는 서로 말씀도 하시지 않았지. 누님들과 동생들이 그분들을 닮지 않아서 정말 다행이다. … 내가 어렸을 때 그 두 분이 서로 화해하시게 해 달라고 성당에 가서 주님께 간절히 기도했던 일을 아직도 기억하고 있단다."

사베리오 큰삼촌이 있어서 그나마 다행이었다. 베르가모 근방 시골에서는 노총각을 "바르바"라고 불렀는데 큰삼촌이 바로 바르바였다. 사베리오 큰삼촌은 가족회의 분위기를 주도하고 바깥세상 돌아가는 소식을 마을에 전해 주는 역할도 했다. 또 신문을 몇 가지씩 구독하는가 하면 베르가모의 사회봉사 단체인 '가톨릭 액션'의 창립 회원으로서, 선교 대상 국가에 대해서도 잘 알고 있었다. 사베리오 삼촌은 묵주기도와 성탄 구유밖에 모르던 어린 안젤로를 본격적인 신앙에 눈뜨게 해 주었다.

형편없는 라틴어 성적과 수학 성적

안젤로는 매일 왕복 12킬로미터의 산길을 걸어 학교에 다녔다. 값비싼 가죽 신발을 아낄 요량으로 늘 맨발을 고집했다. 안젤로는 학교 가는 일이 재미있었다. 학교 친구들과 남동생 사베리오는 그런 안젤로를 특이하게 생각했다. 그런데 사베리오는 비 오는 날만 학교에 갔다. 그래서 사베리오는 "형은 교황이 되고 나는 글도 읽을 줄 모르는 무지랭이가 된 것 같다"고 말하기도 했다.

하나뿐인 교실에는 긴 의자가 세 개 있었다. 나이별로 의자가 하나씩 있었던 것이다. 안젤로는 아주 평범한 학생이었던 것 같다. 성적도 그리 뛰어나지 않았다. 한번은 이런 일이 있었다. 소토 일 몬테에 장학사가 와서 한번 시험을 해 보려고 학생들에게 질문을 했다. "밀짚 50킬로그램과 쇠 50킬로그램 중에서 어느 것이 더 무거울까?" "쇠 50킬로그램이요." 학생들은 너 나 할 것 없이 이렇게 대답했다. 그런데 안젤로만 "50킬로그램은 다 같은 50킬로그램이지요"라고 말했다.

당시의 학교 친구들은 교황 전기 작가들에게 안젤로가 나중에 큰 사람이 될 줄 알았다고 했다. "론칼리는 이해력이 엄청 뛰어났어요." 소토 일 몬테에서 철강 제품 장사를 하던 동창생 바티스텔의 이야기다.

안젤로의 동생 주세페는 형의 기억력이 비상했다는 사실을 특히 강조했다. "형님은 교황이 된 다음에도 사람들이 빼곡히 들어찬 성당에서 신부 시절에 만났던 사람들의 얼굴을 바로 알아보실 겁니다.

원래 어렸을 때부터 그러셨습니다." 그 말이 맞을지 모른다. 하지만 요한 23세가 사람들의 이름을 외우는 데 꽤 둔하다는 것도 잘 알려진 사실이다.

시골 본당 레부치니 신부는 자기 본당 신자 집 어느 송아지가 아프고, 농작물의 진딧물 피해가 어느 정도인지 시시콜콜 다 알고 있는, 교양있고 지성적인 인물이었다. 레부치니 신부는 안젤로의 큰삼촌 사베리오에게 큰 기대를 가지고 똑똑한 사베리오가 그저 시골 소작농으로 눌러앉지 않도록 여러모로 뒷받침해 주었다. 그때 안젤로도 커서 신부가 되겠다는 생각을 하고 있었다. 단짝 친구처럼 함께 놀던 사촌 누이 카밀라에게 자기 생각을 살짝 털어놓기도 했다. 안젤로와 카밀라는 상가喪家에 몰래 들어가 시신을 본 적도 있었다. 둘은 곰팡이 핀 어두컴컴한 방에서 눈빛이 무서운 어느 할머니의 입 벌린 시신을 보고 질겁을 하고 도망쳤다.

안젤로는 레부치니 본당신부와 큰삼촌 사베리오의 주선으로 이웃 본당 피에트로 볼리스 신부에게 라틴어를 배우고 그 본당 보좌신부에게 라틴어 수업을 받았다. 하지만 별 성과는 없었다. 볼리스 신부는 안젤로에게 회초리만 들 뿐 교육자의 소양은 가지고 있지 않았다. 론칼리는 훗날 케사르 강독을 할 때 있었던 일을 이렇게 기억했다. "나는 그때 문장을 번역하고 문장에서 주격과 목적격을 찾아내야 했지요. 그리고 내가 실수를 하면 그분께서는 나에게 회초리를 들었지요. 때로는 바깥에 꿇어앉히기도 했어요."

볼리스 신부의 그 불쌍한 제자는 훗날 교황이 되어서도 공의회를 준비하기 위해 라틴어 회화를 연습하지 않을 수 없었다. 또 그의 이탈리아 말에는 사투리의 흔적이 남아 있었다. 옛 고향에서 성지순례를 하러 온 사람들과 대화를 나눌 때는 베르가모 지방 사투리를 즐겨 사용했다.

라틴어를 배운 지 일 년 후 안젤로는 라틴어 선생님의 회초리에서 벗어나 첼라나의 주교학교에 입학했다. 이 학교는 소신학교 입학을 준비하는 예비학교였다. 그런데 이번에도 실패였다. 라틴어 실력도 보잘것없고 일반 학교에서 배우는 과목을 전혀 공부하지 않은 아홉 살배기를 열두 세 살짜리가 다니는 3학년에 편입시켰기 때문이다. 부잣집 아이들은 꼬마 론칼리를 촌뜨기라고 놀렸다. 게다가 라틴어 선생님은 볼리스 신부보다 훨씬 무지막지한 폭군이었다. 안젤로는, "그 선생님은 내가 그나마 조금 알고 있던 것마저 잊어버리게 만들었다"고 했다. 뿐만 아니라 이탈리아어와 수학 점수도 형편없었다.

안젤로는 친척 집에 살면서 학교를 다니던 터라 마음이 편치 않았다. 아버지는 농사일을 거들어야 할 아들이 학교에 다닌다고 친척 집에 가 있는 게 내심 못마땅했다. 안젤로는 그런 아버지에게 미안했다. "그애는 가난한 농민의 아들이고 나중에 가난한 신부가 될 거야." 아버지 조반니는 이렇게 투덜거렸다.

그런 와중에 안젤로를 구해 준 천사는 레부치니 신부였다. 레부치니 신부는 그해 여름 내내 베르가모 소신학교에 입학할 수 있도록 안젤로를 자상하게 도와주었다. 덕분에 안젤로는 공부에 재미를 느끼고 자신감도 가지게 되었다. 그로부터 얼마 뒤 레부치니 신부는 베르가모 귀족 출신 성직자 몰라니 백작에게 안젤로를 소개시켜 주었다. 몰라니 백작 형제는 론칼리 가문이 소작하고 있는 땅의 소유주이기도 했다. 안젤로에게서 좋은 인상을 받은 백작은 안젤로가 사제 서품을 받을 때까지 신학교 학비를 지원하겠다고 약속했다. 이제 길은 열렸다. 아버지는 안도의 숨을 길게 내쉬었다.

하지만 안젤로는 늘 청빈하게 살았다. 바티칸의 외교관 시절에도 독신으로 사는 누이들을 돌보았고, 가난한 신학생들을 도와주었다. 또 고아원을 돌보면서 자신이 가난한 집에서 태어나 자랐다는 사실을 늘 잊지 않았다. 프랑스 주재 교황대사 시절 엘리제 궁에서 열린 만찬석상에서 갑자기 어머니 생각이 났다고 남동생 사베리오에게 말하기도 했다. "우리 엄마가 수수한 모습으로 어디선가 나타나 어처구니없다는 표정으로 '성모님, 대체 어쩌다가 우리 안젤로가 이런 곳에 발을 들여놓게 되었습니까?' 하고 말씀하실 것만 같더라고."

그 아들에 그 어머니였다! 어머니는 아들이 빈털터리로 베르가모 소신학교에 가는 것이 못내 마음에 걸렸다. 그래서 어머니는 하루 종일 이집 저집 다니면서 2리라 — 당시 돈으로 약 3백 원 정도 — 를 빌려 왔다. 아주 적은 돈이었다. 어머니는 그날 저녁 눈물을 흘리면서 그 돈을 안젤로의 책상에 놓았다.

"절대로 여자 아이들을 가까이해서는 안 된다"

도니체티와 코메디아 델 아르테의 도시 베르가모. 베르가모는 르네상스의 기운이 물씬 풍기는 자그마한 도시이지만 결코 잠에 취하지 않는 생동감 넘치는 곳이었다. 그리고 공장의 노동 조건이 몹시 열악했던 이곳은 당시 이탈리아 가톨릭 사회운동의 중심지였다. 베르가모 지방 사람들은 교황에 대한 신망이 대단해서 이탈리아 교구 중에서 가장 많은 사제를 배출하는가 하면, 정치적 주관이 뚜렷하고 진보적이어서 새로운 사회의 이념에 대한 관심이 남달랐다.

론칼리가 1892년부터 1895년까지 기숙사 생활을 했던 소신학교와 그 후 5년간 다닌 신학교는 물론 이런 새로운 사회의 바람을 비껴 갔다. 아직도 이곳에서는 옛날 방식 그대로 정겹고 즐거운 '봉쇄교육'이 이루어지고 있었다. 그래서 하느님을 모르는 세상의 온갖 유혹을 막고, 바깥세상의 삶을 철저히 차단했다. 신문은 고사하고 바티칸 기관지「로세르바토레 로마노」마저도 읽을 수 없었다. 규율에 따라 철저하게 생활하고, 미사·공부·개인기도·양심성찰·강론·묵상·영적 독서로 이어지는 규칙적인 생활을 매일 반복했다.

안젤로는 자신의 성격에서 모난 부분과 개인주의적인 성향을 없애고 금지된 모든 욕망을 끊어 버리려고 부단히 노력했다. 그리고 엄격한 소신학교의 규정을 지키는 것만으로는 부족하다고 생각했다. 열네 살의 안젤로는 지극히 모범적인 학생들에게만 요구하는 엄격한 규칙을 자신에게도 적용해 달라고 지도신부에게 부탁하기도 했다. 그리고 이 특별 규칙을 공책에 꼼꼼히 옮겨 적었다. 이 공책이 그가 그때부터 세상을 떠날 때까지 썼던 그 유명한 『영혼의 일기』*Giornale dell' Anima*였다. 지켜야 할 규칙들이 세세하게 적혀 있는가 하면, 규칙을 지키지 못했을 때 자신을 심하게 자책하는 글도 있고 마음속으로 하느님과 나눈 대화도 적혀 있었다. 요한 23세가 세상을 떠난 후 이 일기장은 베스트 셀러가 되었다. 하지만 대부분의 사람들은 이

책을 조금 읽다가 말 것이다. 이 일기에 쎠어 있는 요한 23세의 신앙생활은 요즘 눈에는 너무 평범해 보이고 신앙생활 시간표도 기계적이었다. "18시에서 21시 사이에 우리 주 예수 그리스도의 오상을 기억하며 「주님의 기도」와 「성모송」을 바치고 천주의 성모님을 흠숭하며 자신을 희생하는 선행을 적어도 세 가지 이상 실천한다."

"지금까지 나는 하느님께 늘 장난을 쳤다. 하느님한테 장난치면 안 되는데." 소년 안젤로는 이것을 깨달았다. 그리고 "나쁜 짓 하는 급우들"을 조심해야겠다고 다짐한다. 론칼리 말로는 "여자애들을 좋아하고 연애담을 늘어놓고, 절제없이 흥청망청 술 마시고 앙갚음하고 싸움하고 뻔뻔스런 행동을 하는" 뺀질이들이 베르가모 소신학교에도 분명히 있었다고 한다. 론칼리는 "카드 놀이나 주사위 놀이 따위는 구경조차" 하지 않았으며, 친구들과 장난삼아 몸싸움하는 것은 물론, 여자애들을 쳐다보는 법도 없었다. "절대로 여자 아이들을 가까이해서는 안 된다. 아무래도 위험하고 의심을 살지도 모르니까."

그런데 신학교 저학년인 론칼리가 경건함으로 가장한 세상에 대한 경멸과 삶에 대한 불안으로 가득한 이런 생활규범을 스스로 만들지 않았다는 사실을 감안해야 한다. 론칼리가 신학교 말기에 기숙사 사감이 되어 후배 신학생들을 지도할 때는 훨씬 개방적인 자세를 가지고 있었다. 그의 신앙생활은 보다 인간적인 모습을 지니게 되었다. 사제 수품반 학생 중에 하루 종일 땅만 보고 걷고, 친구들의 얼굴도 쳐다보지 않는 학생이 한 명 있었다. 그래서 론칼리가 그 친구를 불러 "그런 생활은 폭력이고 하느님을 사랑하는 일 이외에는 무슨 일이든 도를 넘어서는 안 된다"고 분명하게 말해 주었다고 한다.

그런데 사람을 그렇게 피해 다니던 그 신학생은 결국 사제 서품을 받았지만 나중에 스스로 사제직을 떠났다고 한다.

론칼리는 공부에도 재미를 느끼고 역사에 관심을 가지기 시작하면서 베르가모의 찬란한 과거에 대해 연구하기 시작했다. 신학교에서 철학과 신학 강의만을 들은 것이 그에게는 별로 문제가 되지 않았다. 신학교 공부는 견실하지만 대단한 지적 수준을 요구하지는 않았다. 론칼리가 일반 대학교를 다니고 싶어했는지, 혹은 종교와 전혀 관계 없는 대학교를 다니고 싶어했는지 알 수 없다.

그 대신 가족들과 멀어진 것 때문에 좀 어려움을 겪었다. 방학 때 소토 일 몬테의 고향집에 가면, "신학을 공부해서 편하게 살려는 건방지고 오만한 녀석"이라면서 곱지 않은 눈으로 바라보는 사람들도 많았다. 누이와 동생들이 모두 밭에서 힘들게 일하고 있는데 혼자 방에 틀어 박혀 책만 붙들고 있으면 다냐는 식이었다. 또 한번은 어머니가 큰형한테만 더 맛있는 음식을 준다며 동생들이 불평을 하기도 했다. 그러면 어머니는 동생의 철없는 말 때문에 마음이 상했다. 안젤로는 이 일에 대해 이렇게 일기에 적었다. "한번은 어머니가 너무 꼬치꼬치 캐묻는다고 가볍게 핀잔을 한 적이 있었다. 어머니는 몹시 마음이 상하셨다. … 그리고 어머니께서 나 때문에 슬퍼하시면, 그리고 슬퍼하시는 모습을 뵐 때면, 솔직히 말해서 어머니의 그 약한 모습 때문에 내가 어머니보다 훨씬 더 슬펐다."

안젤로가 1901년 로마 신학대학에 다닐 때 쓴 편지에는 그의 따뜻한 마음이 잘 담겨 있다. 또한 늘 마음을 무겁게 짓누르던 가족과의 갈등이 해소되어 한결 홀가분해졌다. 안젤로가 스무 살 때 권위

있는 교황청 성 아폴리나레 대학 장학금을 받았다. 물론 이 장학금은 학문적인 면에서도 명성이 꽤 높았다. 재능 있는 베르가모 출신 대학생들을 특별히 선발하여 17세기에 설립된 재단으로부터 재정 지원을 받는 이 대학은 교황 신학원 부속 대학이었다. 학교 건물은 어두운 회색이고 안젤로의 방은 거의 감방이나 다름 없었다. 딱딱한 나무 침대에다, 그나마 천장 바로 밑 하나뿐인 창문에는 창살이 달려 있었다. 그러나 로마에 온 '촌뜨기' 론칼리는 열광하며 "우리는 군주처럼 생활하고 있습니다"라고 쓴 편지를 집에 보내기도 했다. 그리고 음식도 아주 잘 나온다고 굉장히 좋아했다.

로마의 영광과 "야만적인" 군대

론칼리는 매일 아침 소성당의 성모상 앞에서 기도했다. 영원한 도시 로마에는 볼거리가 정말 많았다! 그는 미래의 선교사들이 신앙교리성 대학의 학술원에서 40개 국어로 자신의 전공 분야에 대해 발표하는 것을 들었다. "거기에는 백인, 황인, 흑인 할 것 없이 온갖 피부색의 사람들이 다 있었습니다. 몇몇 사람들은 얼굴과 손이 숯처럼 검었습니다. 그리고 교황님은? 주일 저녁, 불빛 찬란한 베드로 대성전에서 교황님을 뵐 수 있었습니다. 저는 그분 가까이 갔습니다. … 인자하신 그 노인께서는 우리 식구들에게 모두 강복해 주셨습니다. … 안녕히 계십시오. 주님의 은총이 함께하시기를 기도합니다. 신학생 안젤로."

바티칸의 그 "인자하신 노인"은 교황 레오 13세였다. 당시 레오 13세는 22년간 교황직을 수행하고 있었고 아흔의 나이를 눈앞에 두고 있었지만 놀라울 정도로 기력이 정정했다. 레오 13세는 라틴어 사용을 고수했지만 20세기에 대해 전반적으로 낙관적인 입장을 보였다. 그래서 레오 13세는 최초의 '현대적' 교황으로 평가받고 있다. 그는 교회로부터 단죄받았던 갈릴레오를 높이 평가하면서 바티칸 천문관측소를 설치하고 문학 및 문학비평 대학을 설립했다. 또한 바티칸의 문서들을 연구 목적으로 개방하는가 하면, "역사가의 첫째 규범은 진실을 말하고 진실이 아닌 것에 대해서는 침묵하는 것이다"라는 키케로의 문장을 즐겨 인용하기도 했다. 폭넓은 교양과 개방적인 세계관, 비판적인 안목을 지닌 레오 13세는 교회와 동시대 문화 간의 대화를 위해 힘썼다. 뿐만 아니라 "교회의 분열을 초래한 자"라든지 "이단자"라는 말보다는 "갈라진 형제들"이란 말을 사용하고 "선의를 가진 모든 세상 사람들"과 함께 협력하라고 가톨릭 신자들에게 권고했다.

그로부터 60년이 지나 교황에 선출된 론칼리는 그런 레오 13세의 자유분방한 방식을 그대로 물려받았다. 당시 론칼리는 레오 13세의 재임 말기에만 로마에 머무를 수 있었다. 교황청 대학에서 수학한 지 불과 몇 달 되지 않아 다시 로마를 떠나야만 했다. 시골 출신인 그가 얼마 전 히브리어 시험에서 상까지 받았는데 그만 입영 통지서가 날아든 것이다. 론칼리의 말대로 병역의무는 성직자들에게 그야말로 "야만적인" 의무였다. 결국 훈련병 — 군번 11331-42 — 이 된 론칼리는 베르가모에 있는 부대에 입소해서 롬바르디아 여단 제73

보병 연대에서 1년간 복무했다.

론칼리는 군 복무를 "바빌론의 종살이"쯤으로 여겼지만 상관들은 론칼리를 신임했다. 그리고 사격훈련에서 좋은 점수를 받아 하사로 진급하고 나중에는 선임하사가 되기도 했다. 한번은 부하들의 명령 불복종으로 론칼리가 구금된 적도 있었다.

더 견디기 힘들었던 것은 음란한 내무반 분위기와 동료 병사들이 성적 욕구를 풀려고 내뱉는 온갖 음담패설이었다. 론칼리는 머리가 혼란스럽기도 하고 놀라기도 했으며 정신적인 충격까지 받았다. "이 세상이 얼마나 추악하고 역겹고 추잡한가." 론칼리는 그때 심경을 이렇게 일기에 적었다. "군대는 도시에 가득 넘치는 부패의 온상이다. … 나는 이성이 있는 사람들이 그렇게 굴욕적인 짓을 할 수 있다는 사실이 도저히 믿어지지 않았다."

결국 제대를 하고 로마로 돌아온 그는 비로소 안도의 숨을 내쉬었다. 그런데 그곳에는 또 다른 유혹이 도사리고 있었다. 유혹은 다분히 지적인 모습을 하고 있었으며 책 속에나 친구들과 나누는 대화 속에 숨어 있었다. 안젤로는 그때 일을 이렇게 기록했다. "나는 모든 것이 알고 싶었다. 중요한 사상가들과 제반 학문 분야의 다양한 연구 방향에 대해서도 알고 싶은 욕구가 강렬했다." 대학생이 참 기특한 생각을 했다고 볼 수도 있을 것이다. 하지만 1903년 레오 13세가 선종하고 베네치아 교구의 주세페 사르토 대주교가 신임 교황에 선출되면서 테베레 강가에 부는 바람의 방향이 바뀌었다. 비오 10세는 소박한 생각을 가진 자애로운 사목자로, 무절제한 사상과 정신의 자유로운 활동을 몹시 경계했다.

비오 10세는 가톨릭 교회의 가르침에 어긋난다고 판단한 모든 사상을 교령과 회칙을 통해 단죄했다. 어떻게 보면 그것은 자신이 이해하지 못하거나 납득하지 못하는 문제들이었다. 그래서 이런 점을 감안해서 비오 10세의 입장을 가능한 한 이해하려는 현대의 교회사가들도 있다. 그런데 당시 비오 10세를 옆에서 부추긴 사람들은 소름 끼칠 정도로 완벽한 밀고제도와 **근대주의**라는 유령 개념을 만들어 내고 기존의 것에서 조금이라도 벗어나면 이단으로 의심했다.

론칼리는 자신처럼 이탈리아 북부 지방 농민의 아들인 신임 교황을 사랑하고 존경했다. 하지만 론칼리의 생각과 행동은 그와 달랐다. 자신의 생각과 행동을 의식하지 않았으며 직감적이고 어딘가에 얽매이지 않았다. 그래서 "조화와 균형과 명확한 판단"을 위해 노력하겠다고 일기에 적으면서 다짐하기도 했다. "쟁점이 되는 문제의 경우, 나는 교회의 믿음에 조금이라도 어긋나는 대담한 주장을 섣불리 내세우기보다는 문제에 관여하지 않고 차라리 침묵을 지키겠다." 그런가 하면 앞으로 "현명하고 신중하고 폭넓은 견해"를 가져야겠다고 다짐하고 또 비판적 사고에 대한 자신의 애착을 스스로 옹호하기도 했다. "나는 현대사상의 토대 위에서 새로운 사조와 사상의 꾸준한 발전을 지켜보면서 그 경향을 공부하고 있다. 나에게 비판은 빛이고, 진리는 거룩하며 불가결한 것이다."

레오 13세도 같은 이야기를 한 적이 있다. 신학생 시절 론칼리는 에르네스토 부오나이우티 교수와 같은 '요주의' 인물과 친분을 맺기도 했다. 로마 사피엔시아 대학교에서 교회사를 강의한 부오나이우티 교수는 1924년 교회에서 파문당했으며 1931년에는 무솔리니의 파시스트 조직에 의해 교수직마저 박탈당한 명망 있는 지식인이었다. 당시 신학교에서는 제비뽑기를 해서 함께 로마 시내를 산책할 상대를 정하는 관습이 있었는데 한번은 론칼리가 우연히 부오나이우티 교수의 제비를 뽑은 적이 있었다. 그러나 사제 수품 무렵에는 자신의 품위를 고려해서 동년배의 후배 신학생들에게 도움을 청했다.

훗날 교황이 된 론칼리는 부오나이우티 교수가 비록 파문을 당했지만 그에게 많은 것을 배웠다고 솔직하게 고백했다. 또 부오나이우티 교수에게 존경을 표하며 그를 "에르네스토 신부"라고 불렀다. 날짜 불명의 어느 기록에 따르면 론칼리가 그를 "애도하며 기념"했다고 한다. 1946년 성토요일 부오나이우티 교수는 자신을 파문한 교회에 대한 열렬한 사랑을 가슴에 묻으며 64세를 일기로 선종했다. 론칼리는 그때 일을 다음과 같이 회상했다. "물론 그분의 시신을 강복해 준 사제도 없었고 묘지 자리를 내준 성당도 없었다. 그 신부님이 남긴 유서에 이런 글이 있다. … '내가 잘못 생각했는지도 모른다. 하지만 내가 가르친 주요 내용을 살펴보면 단호히 배격하거나 취소할 만한 내용이 전혀 없다.' — 주님, 그분에게 부디 은총을 베풀어 주소서." 요한 23세는 로마 교구 시노드에서 불행한 처지에 있거나 교회에서 파문당한 사제들을 외면하지 않고 인간적인 관계를 유지하도록 하는 결의안을 통과시켰다.

줄리오 안드레오티 전 이탈리아 수상은 여러 교황 및 교황청 고위 성직자들과 긴밀한 친분 관계를 맺고 있었는데 이를 과시하기라도 하듯 뒷이야기를 거침없이 털어놓았다. 한번은 론칼리가 줄리오 벨베데리 신부와 친분이 있다는 말을 했다. 안드레오티 전 수상은 벨베데리 신부는 유능한 성서학자지만 '근대주의'의 낙인이 찍힌 책들을 선호했기 때문에 정교수로 임명되지 못했다고 했다. 그런데 요한 23세는 교황 선거가 있던 날 밤 "22시에" 자신의 오랜 친구인 벨베데리 교수에게 전화를 걸어 20분간 환담을 했다. 당시 벨베데리 교수는 정년퇴임을 하고 프리스킬라 대학에서 생활하고 있었다.

론칼리는 스물두 살 때 신학박사 학위를 받았다. 1904년 7월이었다. 박사학위 논술시험의 조교는 교황청 국무원에서 일하고 있는 에우제니오 파첼리 몬시뇰이었다. 파첼리 몬시뇰은 훗날 교황 비오 12세가 된 인물이다. 그해 8월 10일 안젤로 주세페 론칼리는 로마의 포폴로 광장에 있는 별로 알려지지 않은 산타 마리아 인 몬테 성당에서 사제 서품을 받았다. 부모님과 사베리오 큰삼촌은 기차 요금이 너무 비싸서인지 사제 서품식에 참석하지 못했다. 론칼리가 사제 서품을 받은 지 닷새째 되는 날이 마침 성모 승천 대축일인데, 그때 소토 일 몬테에 와서 첫미사 드리기만을 간절히 기다리고 있었다. 그런데 론칼리의 첫미사는 60년 후 자신이 둔힐 베드로 대성전 납골당에서 봉헌되었다.

첫미사 후 론칼리 신부는 비오 10세를 알현했다. 재임 1년을 맞은 비오 10세가 새로 사제 서품을 받은 신부들에게 이런 호의를 베풀었던 것이다. 비오 10세는 무릎을 꿇고 있는 안젤로 론칼리 신부에게 언제 집에 갈 것인지 물어보았다. "성모 승천 대축일에 가려고 합니다." 안젤로 신부는 당황해서 말을 더듬으며 대답했다. 그러자 비오 10세는 인자하게 웃으시면서 이렇게 말했다. "저 위쪽 조그만 마을에 큰 잔치가 벌어지고 경치 좋은 베르가모에 축제의 종소리가 대단하겠구먼!"

로마로 돌아온 론칼리 신부는 교회법을 공부하기 시작했으며, 신앙 단체에서 몇 차례 강연을 하기도 했는데 별로 호응이 좋지 않았다("대실패!"). 그는 교회 지도부에 아주 큰 변화가 일어나는 것을 보고 몹시 당황했다. 이런 변화의 희생자 중에서 가장 알려진 인물은 자코모 마리아 라디니-테데스키 몬시뇰이었다. 그는 론칼리가 모시는 윗사람인 동시에 모범이 되는 인물이며 아버지 같은 존재였다.

파업 노동자들 편에 선 주교

세련되고 위풍당당한 체격을 지닌 라디니-테데스키 몬시뇰은 독일과 스위스의 귀족 가문 출신으로 가문 대대로 헌신적으로 사회사업을 하고 있었다. 1890년, 국가의 이익을 위해 수공업자의 재산 압류를 허용하는 법률이 제정되자 라디니-테데스키 몬시뇰의 부친은 이탈리아의 대도시에 수공업조합을 위한 법률 상담소를 설치했다. 그리고 라디니-테데스키 몬시뇰이 부친의 뜻에 따라 가문의 전통을 지키고 있었다. 그가 비록 성미가 꼬장꼬장하고 불 같고 권위적이었지만 교회와 가난한 사람들의 권리를 위해 헌신적으로 투쟁했다. 론칼리 신부는 훗날 그가 "바늘"이 아니라 "대포"로 싸웠다고 표현했다.

라디니-테데스키 몬시뇰은 서른세 살 때 신학과 교회법 박사학위를 받고 교황청 국무원에 들어가서 빈과 파리를 오가며 중요한 임무를 맡았다. 그는 교황대사로 일해 보라는 레오 13세의 제안을 사양했다. 그때 그는 외교 술수가 그리스도인의 양심에 어긋난다고 대답해서 레오 13세가 당혹스러워했다고 한다.

라디니-테데스키 몬시뇰은 로마를 중심으로 이탈리아 가톨릭 단체의 활동을 조율하고 순회강연을 하는가 하면 — 1900년 대희년 한 해에만 1,300회의 일정이 잡혀 있었다 — 이탈리아 가톨릭 교회의 사회운동 단체인 '오페라 데이 콘그레시' Opera dei Congressi의 지도신부로 활동했다. 물론 이 운동의 중심지는 베르가모였다. 그리고 교구 소비조합, 보험 및 건축협동 조합, 농업 및 수공업 신용협동조합, 포도농조합, 방앗간협동조합, 무료 급식소 등 약 200여 개의 단체가 이 운동에 참여했다.

베르가모 교구에만 4만여 명에 달하는 신자들이 이 운동에 참여하고 있었다. 이렇게 이 운동에 참여하는 가톨릭 신자들은 레오 13세의 뜻을 충실히 따랐다. 레오 13세는 1891년 미래지향적인 회칙 「새로운 사태」를 통해 사회를 쇄신하는 일이 교회의 과제라고 말했다. 그리고 생산과 상업이 "몇몇 소수의 전유물"이 되고, 또 "과도한 부를 가진 소수자가 무산 대중들에게 노예와 다를 바 없는 멍에"를 씌우고 있는 상황에서 그리스도교의 사회복지사업과 국가의 법률만으로는 이런 정의롭지 못한 상황을 치유할 수 없다고 진단했다. 또한 노동의 결실이 마땅히 노동을 한 사람의 몫으로 돌아가야 한다고 선언했다. 레오 13세는 사회주의와 자유주의 사이에서 그리스도교 정의의 독자적인 길을 모색했다. 그리고 어려움을 겪는 사람들이 스스로 조직을 만들어 문제를 해결하려는 노력이 매우 중요하다고 격려하며 가톨릭 노동운동을 적극 후원했다.

가톨릭 신자들이 '사회문제'에 적극 참여하게 되면서 정치에 관여하지 않는 바티칸의 입장과 갈등을 일으키게 되었다. 교황청에서는 교황이 교회국가가 무너지고 난 후 이탈리아 통일 운동의 희생양이 되었다고 판단하고 있었다. 그리고 가톨릭 신자들은 이런 이탈리아 사회의 중심에서 밀려나 있었다. 물론 신자들 중에는 교황이 옛 시대 상황에서 벗어나 세속적 권력을 상실한 것을 도리어 해방으로 생각하고 가톨릭 교회가 다시 이탈리아 정치에 참여하는 발판을 마련해야 한다고 생각하는 사람들이 점점 많아지고 있었다. 이런 사상에 힘입어 훗날 그리스도교 민주연합Demokrazia Cristiana이 창설되었다.

베르가모는 이때도 구심점 역할을 했다. 대부분의 가톨릭 신자들은 로마의 지시대로 국회의원 선거에 참여하지 않았다. 하지만 지방의회 선거에는 적극적으로 참여하여 이탈리아 대다수 지역에서 지방정부를 장악하게 되었다. 베르가모의 사회운동을 이끌었던 니콜로 레차라 교수는 가톨릭 신앙이 박물관의 유물이 아니며 자신의 태만을 버려야 사회주의와 무정부주의를 막을 수 있다고 주장했다.

새로 선출된 비오 10세는 가톨릭 신자들이 이런 식으로 운동을 주도하면서 성공을 거두고 있는 현실을 반가워하지 않았다. 그래서 사회운동이 근대주의처럼 큰 오류를 범하지 않더라도 사람들을 더 현혹하기 때문에 훨씬 더 위험하다는 입장을 보였다. 비오 10세는 결국 사회운동에 제동을 걸었다. 그리고 '오페라 데이 콘그레시'를 즉각 해체시키는 한편, 늘 그러하듯이 승진이라는 편법을 써서 라디니-테데스키 몬시뇰을 교황청에서 내보냈다. 결국 라디니-테데스키 몬시뇰은 베르가모 교구의 주교로 서품되었다.

그러나 당시 사람들이 판단하듯 이 조치가 문책성 인사는 아니었던 것 같다. 가톨릭 사회운동의 중심지 베르가모 교구는, 말하자면 라디니-테데스키 신임 주교에게 안성맞춤이었다. 뿐만 아니라 베르가모의 사회단체와 구호단체를 해산하지 않고 명맥을 유지하도록 하는 교황의 특별한 윤허가 있었다. 그리고 비오 10세가 매우 이례적으로 주교 서품식에 참석해서 라디니-테데스키 몬시뇰을 직접 서품했다. 안젤로 신부는 주교 서품식에서 복사를 했다.

피아첸차 지방의 귀족 출신인 라디니-테데스키 주교는 베르가모 지방 사람들의 기질과 문제를 잘 아는 비서를 한 명 추천해 달라고 성 아폴리나레 대학 학장에게 부탁했다. 이렇게 추천받은 젊은 신부들은 라디니-테데스키 주교의 서신을 담당하며 능력을 시험받았다. 당시 47세의 라디니-테데스키 주교는 23세의 론칼리 신부를 비서로 결정했다. 론칼리 신부가 "로마 가톨릭 교회에 가장 합당하다"는 평가였다. 론칼리 신부는 이 말을 칭찬으로 받아들였다.

이때부터 론칼리 신부는 라디니-테데스키 주교의 그림자로 통했다. 라디니-테데스키 주교를 만나려면 반드시 론칼리 신부를 거쳐야 했다. 론칼리 신부는 라디니-테데스키 주교의 모든 일을 알고 있었고 또 모든 일정을 정하고 중요한 대화에도 배석했다. 그는 항상 빈틈없이 세심했지만 과묵하고 조용히 뒤에서 일을 처리했다. 이것이 바로 론칼리 신부가 나중에 교황청의 외교관이 되고 또 교회의 지도자가 되었을 때 보여준 두드러진 자질이었다.

신임 라디니-테데스키 주교는 취임 후 4년 동안 베르가모 교구에 있는 352개 모든 본당을 사목 방문하고 낡은 성당을 보수하는 데 힘

쓰는 한편, 베르가모 대성당 내부시설을 고치고 신학교에 수도와 중앙난방시설을 설치했다. 그래서 주교 비서로 모든 일에 관여하게 된 론칼리 신부는 현대적인 본당 사목과 그에 따르는 지극히 세속적인 문제에 대해서 그 어느 신학대학 교수보다 자세히 알게 되었다.

시골 소년 론칼리는 이렇게 베르가모 교구 안팎으로 활발한 활동을 하면서 명망 자자한 라디니-테데스키 주교 곁에서 '세상'을 알게 되고 중요한 인물들과 친분을 쌓게 되었다. 한때 밀라노의 암브로시오 도서관 관장을 지내고 후에 비오 11세에 즉위한 아킬레 라티 주교는 라디니-테데스키 주교와 학교 동기였고, 볼로냐 교구 대주교를 역임하고 1914년 베네딕도 15세에 즉위한 자코모 델라 키사는 라디니-테데스키 주교의 절친한 친구였다. 그런가 하면 가톨릭 사회 운동의 지도적 인물들도 베르가모 주교 관저를 자주 찾았다. 론칼리 신부는 밀라노 교구의 안드레아 카를로 페라리 추기경이 지식인뿐 아니라 노동자 계층과 가톨릭 교회 간에 대화가 이루어질 수 있도록 노력하다가 어려움을 겪는 모습도 보았다.

물론 론칼리 신부는 자신이 보좌하고 있는 라디니-테데스키 주교의 열렬한 사회 활동을 열심히 옆에서 도왔다. 해외 이주민과 여성 노동자 연맹의 사무실뿐만 아니라 임산부들을 돕는, 이름이 참 돋보이는 '모성의 집'이라는 단체의 사무실도 개설했다. 주교 비서 론칼리 신부는 이렇게 노동조합원들의 회합뿐 아니라 난방 시설이 형편없는 도시 변두리의 주택 사정에 대해서도 훤히 알고 있었다.

그래서 당시 베르가모에서는 "훌륭하신 우리 론칼리 신부께서 그것도 모자라 전화 교환원 조직까지 만드시려고 했다", "론칼리 신부가 성당 관리인 노조를 결성하는 것으로 그만 만족을 해야 할 텐데!"라는 식의 론칼리 신부를 비방하는 목소리가 있었다.

결국 부유층의 비위를 거스른 주교와 그의 '그림자'에 대한 악의에 찬 투서가 로마에 들어갔다. 마침 베르가모 인근의 라니카에서 제련소 노동자들이 노동시간 단축 — 주 6일 10시간 반 — 과 소폭의 임금 인상을 요구하며 파업을 벌이고 있었는데 이 투서 사건이 벌어졌다. 파업 중이라 임금이 지불되지 않은 것은 물론이고 노동자들의 해고가 코 앞에 다가와 있었다.

이런 상황에서 파업 노동자들을 위해 음식을 마련하고 성금을 모으기 위해 나선 사람은 라디니-테데스키 주교와 론칼리 비서신부를 비롯해 불과 몇 사람뿐이었다. 그러나 라디니-테데스키 주교의 이러한 취지가 한편으로는 좋은 반향을 불러일으켰지만 다른 한편에서는 이를 반대하는 목소리도 있었다. 베르가모 고구 신문은 파업 노동자들을 위한 성금 모금에 나선 반면 우익 성향의 「페르세베란차」 신문은 비판의 목소리를 높였다. "주교의 자선금은 파업에 대한 축성이며 공공연한 사회주의 문제에 대한 강복이다.!"

그러자 론칼리는 교회 신문 「라 비타 디오에체사나」*La vita dioecesana* 에 반박문을 게재했다. 이 글에서 그는 레오 13세가 노조 활동을 옹호했다는 사실을 토대로 교회가 정치 문제에 관여하는 것은 교회의 권리이자 의무라고 주장했다. 그리고 제관들이 예리고로 가는 길에 강도당한 사람을 모른 체 그냥 지나간다는 내용의 성서 비유를 암시하며 이렇게 말했다. "복음의 가르침의 빛을 받으며 사는 사제는 길 건너편에서 그냥 지나갈 수 없습니다." 또한 그리스도의 특별한 사랑은 "권리를 박탈당하고 힘없고 박해받는 사람들"의 몫이기 때문에 주교와 본당신부들은 "정의의 문제"를 위해 일하다 고통당하는 사람을 마땅히 도와주어야 할 의무를 지니고 있다고 역설했다.

훗날 론칼리 신부는 이 사건을 회고하면서 라니카의 문제가 단순히 임금 문제가 아니라 "거대 자본에 맞서 그리스도교 노동 단체를 결성하는 자유의 기본 원칙"에 관한 문제였다고 말했다. 당시 파업 노동자들은 교회의 도움을 받으며 50일간 파업을 지속할 수 있었다. 그래서 결국 금속 노조 결성 허가를 받아 냈다.

비오 10세는 이 문제에 관대한 입장을 보이며 '선동자'를 문책하지 않았다. 그는 다음과 같은 내용의 서한을 베르가모 교구에 보냈다. "주교님께서 그곳 지역과 당사자와 문제 상황을 누구보다 잘 알고 계실 것이므로 우리는 주교님께서 현명하게 판단하시고 행하신 일에 대해 문책하지 않겠습니다." 그러나 라디니-테데스키 주교는 이 서한에 대해 다소 비판적인 입장을 보였다: "많은 사람들은 아무 일도 하지 않은 것을 현명하다고 생각한다". 그리고 "현명하다 함은 행동하는 것, 즉 올바로 행동하는 것을 뜻한다"라고 덧붙였다.

로마의 염탐꾼에 대한 두려움

교황 서한은 어쩌면 신문과 언론에 열심히 글을 게재하고 때에 따라서 외교상 적절하지 못한 표현을 사용한 라디니-테데스키 주교의 비서신부에 대한 가벼운 질책으로 생각할 수도 있을 것이다. 전에 론칼리 신부가 예루살렘 성지순례를 가면서 「레코 디 베르가모」L'Eco di Bergamo라는 지역 가톨릭 신문에 그 지역의 열악한 도로 사정을 신랄하게 비판한 글을 게재한 적이 있었다. "우리 이탈리아 사람들은 이런 길을 그저 시골길로 생각할 것이다. … 여기서는 터키 사람들과 함께 살고 있다. 그런데 협박과 엄청난 부정을 저지르는 데는 뛰어난 터키 정부가 도로 건설에는 무지하다." 그리고 교구 신문 「라 비타 디오에체사나」에 역사에 대한 필자 미상의 글이 다수 실렸는데, 독자들은 론칼리 신부가 이 글의 필자일 거라고 생각했다.

말하기 조심스러운 문제인데, '근대주의'에 대해 부정적 시각을 가지고 있던 교황청 일각에서는 론칼리 신부에게도 의혹의 눈길을 보내고 있었다. 그리고 론칼리 신부도 이 사실을 알고 있었다. 1907년 9월 8일, 교황 회칙 「근대주의자들의 신조」Pascendi dominici gregis가 발표되었는데 이 회칙에는 신학계에서 사용하는 역사비평적 방법과 교회의 내적 개혁에 대한 모든 요구, 특히 공동결정권에 대한 요구와 이른바 '미국주의'에 대한 엄중한 경고가 담겨 있었다. 또한 '근대주의' 사상을 조장하거나 옹호하고, 역사학·고고학·성서학 분야에서 교도권을 비판하고 교회의 권위에 순종하지 않는 사람은 "가차없이" 교회 직무와 교수직을 박탈한다는 내용도 실려 있었다.

밀라노 출신의 대단히 보수적인 예수회 신학자 구이도 마티우시는 베르가모에서 행한 몇 차례 강연에서, 대학 교수들을 전부 비난하고 독일 철학자 임마누엘 칸트를 신앙의 적으로 낙인찍는가 하면, 이미 세상을 떠난 레오 13세까지 비판했다. 그의 강연을 통해 알려진 로마 교황청의 이런 강경한 입장은 결국 베르가모에서 문제를 일으키게 되었다. 그래서 라디니-테데스키 주교는 론칼리 비서신부에게 이 사건을 조사하라고 지시했다. 그러자 론칼리 신부는 연사가 "너무 절대적이며 일방적인 판단을 했다"는 결론을 내렸다. 또한 진리를 분명하게 말하는 것은 좋지만 "왜 그가 강연에서 호숫가나 산 위에서 보여 주신 예수의 평온함과 즐거움을 보여 주지 못하고, 시나이 산의 번개와 천둥만을 보여 주었는지, 그 이유를 알 수 없다"고 말하기도 했다.

당시 라디니-테데스키 주교가 문제의 강연을 한 예수회 신학자의 입장을 지지하지 않은 사실과 론칼리 신부의 조사 결과는, 치밀한 조직망을 갖춘 염탐꾼들을 통해 교황청에 상세히 보고되었다. 비오 10세는 라디니-테데스키 주교가 바티칸의 입장을 지지하지 않은 데 대해 직접 유감을 표명하고 베르가모 출신의 론칼리 신부가 금서를 즐겨 읽은 것을 단죄했다. 그리고 교황청에서 대단한 영향력을 행사하던 데 라이 추기경은 론칼리 신부가 "전통의 가치와 과거의 권위를 무시하는 경향을 지닌 사상에 빠져 있는데, 이는 매우 위험한 결과를 낳을 수 있는 위험한 사상"이라고 질책했다.

론칼리 신부는 몹시 당황했다. 데 라이 추기경에게 정중하게 편지를 보내어 이렇게 맹세했다. "저는 근대주의 사상이 담긴 책이나 팸플릿은 물론, 잡지 한 권조차 읽은 적이 없습니다." 그러나 최근에 한 교회사가에 대한 논쟁을 벌이면서 베르가모 교회 신문에 글을 게재한 사실에 대해서는 일절 함구했다. 당시 문제의 교회사가가 쓴 책은 조만간 교회의 금서 목록에 오른다는 이야기가 있었다. 또 한 신문의 기고문에서는 논쟁에 가담하지 않고 "책을 읽고 연구하는 데만 관심이 있다"는 입장을 밝히기도 했다.

론칼리 신부의 일기에도 당시 그의 복잡한 심경이 잘 나타나 있다. 그는 일기에서 1910년 라디니-테데스키 주교와 함께 피정을 하면서 "이 성직자가 교활하고 유혹적인 방법으로 가톨릭 교리의 토대를 무너뜨리려고 하는 현대의 — 소위 근대주의의 — 그릇된 가르침에 물들지 않도록 특별히 보호하시려는 교황님의 지시와 조처가 얼마나 현명하고 적절하고 훌륭한지" 깨닫게 되었다고 고백했다.

론칼리 신부는 이 일 때문에 무척 노심초사했다. 론칼리 신부가 그렇다면 자신의 서랍을 뒤지고 일기장까지 훔쳐보는 그런 염탐꾼들을 두려워했을까? 하여튼 그때부터 그는 수년 동안 교회사 연구에 매달렸다. 교회사 연구를 통해 역사에서 선견지명과 관용, 거침없는 대화의 용기를 배우게 되었다. 여기서 론칼리 신부의 또 다른 면모를 볼 수 있다.

론칼리 신부는 1906년부터 베르가모 신학대학에서 교회사와 교부학과 호교론 등을 강의했다. 또한 베르가모 시민학교에서 성인들을 대상으로 강연했다. 강연 주제는 현대의 과학적 사고와 교회의 관계, 그리스도교 교육학의 역사, 중세 천문학과 르네상스 문화 등이었다. 그의 강연은 이해하기 쉽고 재미있어서 편안하게 들을 수 있었다. 론칼리 신부는 강의에 늦게 오는 경우가 종종 있었는데 그럴 때마다 숨을 가쁘게 몰아쉬며 계단을 뛰어 올라갔다.

론칼리 신부는 도서관과 필사본 보관소에서 열심히 자료를 찾곤 했는데, 한번은 밀라노 대주교 부속 자료실에서 성 가롤로 보로메오의 방문 보고서에 대한 기록을 찾아냈다. 39권의 두꺼운 책으로 된 이 기록은 반종교개혁 시대에 관한 엄청난 정보를 담고 있었다. 또한 이 기록은 내적 쇄신과 주교와 성직자, 교회 지도자와 성직 직무자 간의 돈독한 신뢰 관계를 주축으로 하는 교회개혁의 구체적 강령이었다. 론칼리 신부는 즉시 이 자료를 연구해서 책으로 낼 결심을 했다. 그리하여 이 일은 평생의 과업이 되었다.

1958년 론칼리 추기경이 교황에 선출되던 해, 그가 새로 편집한 『성 가롤로 보로메오의 베르가모 사도적 순시 행전』의 마지막 권이 출간되었다. 그때 그는 평생 숙원을 이룬 감회를 담담하게 밝혔다. 그는, 길든 짧든 이 모든 문서에는 "가련한 인간 본성 때문에 변절하고 타협하는 모습도 있지만 쇄신과 젊음을 위해 끊임없이 노력하고, 진정한 정신적 진보를 향한 거룩한 열정을 품고 올바른 생활과 행동을 제시하려는" 교회의 모습도 나타나 있다고 말했다.

론칼리 신부가 그동안 잊혀져 있던 교회사가 체사르 바로니우스를 열심히 연구한 데는 나름대로 깊은 뜻이 있었다. 반종교개혁 시대의 인물 바로니우스의 저서는 주로 가톨릭과 프로테스탄트 간의 논쟁을 다루고 있었다. 특히 그는 『교회연감』*Annales Ecclesiastici*에서 최근 프로테스탄트의 역사 서술 문제를 지적했다. 하지만 비판적인 논조를 피하고 자료와 사실을 근거로 해서 자신의 주장을 펼쳤다.

론칼리 신부는 1907년 바로니우스 추기경 선종 300주년을 맞아 베르가모 신학대학에서 의미심장한 기념 강연을 했다. 그는 '근대주의' 사상을 둘러싼 갈등이 절정에 이른 시점에서 학문적 연구의 근본정신을 다시 강조했다. 그의 말은 조심스러웠지만 그 뜻은 분명히 알 수 있었다. 그는 "어느 누구도 교회가 빛에 대해서, 모든 빛에 대해서 전혀 모르고 있다고 주장하지 못하게 하기 위해서", 또 "그 어느 곳에서 오는 진리이든" 진리의 승리는 항상 교회의 승리가 될 것이기 때문에 정확한 출처 연구가 필요하다고 말했다. 그리고 그는 바티칸이 경험에 근거한 비판적 역사학에 대해 점점 불신하고 있는 상황에서 이 저작 —『교회연감』— 의 "놀라운 진보" 덕분에 교의 발달 과정 연구에 "대단히 새로운 빛"이 비추어졌다고 스스로 만족스런 평가를 내렸다.

안젤로 론칼리, 그의 '근대주의'가 의심스럽다

1914년 여름, 참화를 피하는 듯싶었다. 비오 10세가 79세의 나이로 선종했다. 뒤를 이은 베네딕도 15세는 앞서 말했듯이 라디니-테데스키 주교의 절친한 친구였다. 새 교황 베네딕도 15세는 베르가모 일을 덮어 주고 로마의 염탐제도를 폐지했다. 종잡을 수 없는 사상들로 넘치는 세상을 향해 다시 교회의 문이 활짝 열렸다.

그런데 비오 10세가 선종한 지 며칠 되지 않아 그의 신비스런 예견대로 라디니-테데스키 주교도 선종했다. 이에 크게 상심한 안젤로 론칼리 신부는 자신의 정신적 아버지였던 라디니-테데스키 주교 영전에 500쪽에 달하는 전기『나의 주교님』을 헌정했다.

그리고 론칼리 신부가 다시 군복을 입는 너무나 어처구니없는 일이 벌어졌다. 이번에는 상황이 심각했다. 이탈리아가 1차 세계대전에 휘말려 들고 있었다. 이탈리아는 몰락의 길에 접어든 오스트리아 왕국과 벌인 전쟁에서 크게 패하여 이탈리아 국민들은 기아에 시달리게 되었다. 베네딕도 15세는 평화를 위해 중재에 나섰으나 양측이 타협할 의사가 전혀 없었기 때문에 아무런 성과를 거두지 못했다. 그런 와중에 이탈리아가 막판에 ─ 1918년 10월 ─ 작으나마 군사적 승리를 거두자 국수적인 경향이 거세게 일어났다.

물론 전쟁에 참전한 병사 중에는 전쟁터에서 비로소 정치와 대량 살상의 참상에 대해 깨달은 병사들도 있었다. 의무醫務 부사관으로 복무하다 나중에 소위가 된 론칼리 신부도 틀림없이 이런 군인이었을 것이다. 부모님과 형제자매들에게 보낸 론칼리 신부의 편지에는 정치적인 문제에 대한 이야기는 없었지만 성스런 숙명론에 빠져 있는 것을 볼 수 있다. "전쟁은 전쟁이구나. 그러니까 사베리오야, 항상 저 높은 데를 바라보면서 고결한 마음과 기도하는 마음을 가져야 한다!" 또 다른 편지에는 이런 구절이 있었다. "주님께서는 우리가 파멸하지 않고 좋은 일을 이루라고 전쟁을 허락하신 것이다."

그러나 론칼리 신부는 인플레이션에 시달리는 독일과 오스트리아 사람들이 "우리보다 훨씬 더 고통을 당하고 있다"고 가족들에게 말하고 세상에 속죄양과 무고한 희생자만 있는 건 아니라고 생각했다. 그러면서 그는 너 나 할 것 없이 모두 죄인이라고 전제하고 "그들 모두가 차례로 속죄하라는 부름을 받게 될 것이다. … 그러나 한 가지 사실만은 분명하다. 현재 벌어지고 있는 전쟁은 부유한 사람들이 가난한 사람과 벌이는 전쟁이고, 배부른 사람들이 먹고살기 고달픈 사람들과 벌이는 전쟁이며, 자본가들이 노동자들과 벌이는 전쟁이다. 그리고 그와 반대이기도 하다. 모든 사람들이 서로서로 공격하고 또 방어하고 있다"고 말했다.

론칼리 신부는 이탈리아 북부의 한 야전병원에서 복무했다. 며칠 밤을 뜬눈으로 지새우면서 포탄에 맞아 부상당한 병사들의 상처에 붕대를 감고 사경을 헤매는 부상자 곁을 지키면서 말로만 듣던 그 무서운 '바깥' 세상을 직접 눈으로 보고 온몸으로 체험했다. 한때 난폭한 행동과 난잡한 여성편력 때문에 가까이할 수 없었던 그 강한 남자들이 이제 중상을 입고 어린아이처럼 절망하는 모습을 보면서 론칼리 신부는 어느덧 그들 가운데 있었다. 병사들의 고통을 함께 나누면서 그들의 희생정신에 깊이 감탄하기도 했다. 병사들이 서로 총을 겨누며 싸우다 부상을 당한 것은 모두 사랑하는 조국과 부모, 그리고 부인과 자식들 때문이었다. 이에 감동한 론칼리 신부는 그때 일을 이렇게 기록했다. "우리 민족의 강력한 도덕적 힘이 아직도 남아서 위력을 발휘하고 있다!" 그리고 한 전쟁 미망인에게 편지를 보내 상심한 마음을 위로했다. "그렇습니다. 우리는 이 세상을 위해서 태어난 것이 아닙니다!"

카포레토 전투에서 이탈리아군은 오스트리아와 독일 연합 포병부대의 공격에 밀려 전선에서 무려 100킬로미터나 후퇴했다. 이 전투의 패배로 이탈리아군 쪽에서만 45,000명의 사상자가 났다. 야전병원이 모자라 교회와 학교에서도 부상병을 치료했다. 의무 부사관이었던 론칼리 신부는 이 광경을 보면서 깊은 절망에 빠졌다. "나는 우리 민족의 그 많은 불행한 아들들이 평범하고 거룩하게 죽는 모습을 보면서 어찌할 바를 모르고 그저 무릎 꿇고 어린아이처럼 울 수밖에 없었다." 론칼리 신부는 세상을 떠나던 해 이 일을 이렇게 회고했다. "카포레토 야전병원에서 의무 부사관으로 복무할 때 대검에 … 가슴이 찔려 후송된 한 오스트리아 병사의 신음소리를 아직도 잊을 수가 없다. 내가 회칙「지상의 평화」를 준비할 때도 그때 그 모습이 아직 눈에 선했다."

1918년 11월, 거만한 독일 황제 빌헬름 2세가 결국 퇴위했다. 이탈리아 사람인 론칼리 신부는 이 소식에 기쁨을 감추지 못했다. "그 사람은 늘 '주님, 주님!' 하면서 주님을 마치 자기 종처럼 대하던 사람이었다."

전쟁이 끝나면서 론칼리 신부는 새로운 일을 맡았다. 기숙사를 건립하는 일이었는데, 당시 이탈리아에서는 처음으로 학생 기숙사가 한창 건립되고 있었다. 또 '가톨릭 액션'이라는 여성 단체의 지도신부로도 활동했다. 그리고 당시 40세였던 론칼리 신부는 베네딕도 15세로부터 선교회 ─ 1822년 프랑스 리옹에서 마리 폴랭 자리꼬에 의해 창설된 선교회는 교황 비오 11세에 의해 교황청 기구로 승격되고 포교성성에 소속되었다 ─ 를 근대화하고 국제화하라는 직무를 받았다. 그래서 론칼리 신부는 전 유럽을 다니며 책임이 막중한 이 일을 수행했다.

교황청 부설 선교 단체는 프랑스에서 설립되어 그동안 줄곧 운영해 왔는데 1차 세계대전이 발발하면서 국제적으로 고립된 상태였다. 그래서 베네딕도 15세는 세계교회의 대리자로서 바티칸에 이 단체의 본부를 설립하고 직접 단체를 이끌면서 다시 전 유럽에 확산시키려는 계획을 가지고 있었다. 또한 그는 당시 선교 대상 국가에서 유럽 출신 성직자들이 선교활동을 주도하고 있는 상황에서 지역 사정을 잘 아는 지역 출신 성직자들이 선교활동을 이끌어 나가도록 적극 후원했다. 따라서 교황청 부설 선교 단체를 새롭게 정비하는 일은 베네딕도 15세와 뜻이 맞았다. 그동안 수고해 온 선교 단체의 창설자들을 설득해 단체를 대대적으로 정비하고 재조직하는 데는 정말 세심한 배려와 지혜가 필요했다.

백발이 성성하도록 이 단체에서 헌신적으로 일한 리옹의 한 지부장은 이렇게 불만을 털어놓았다. "지난 백 년 동안 우리는 이 일을 충실하게 해 왔습니다. 그런데 이제 당신들 로마에서 우리에게 참견을 하려고 하는데 그 이유가 도대체 무엇입니까?" 론칼리 신부는 이렇게 프랑스 지부장을 설득했다. 프랑스 말은 서툴렀지만 타고난 외교관답게 아주 깍듯이 대했다. "회장님께서 보여 주신 그 좋은 본보기를 다른 모든 단체가 본받도록 하기 위해서입니다. 다른 단체들도 최상의 수준으로 끌어 올리기 위해서입니다!"

론칼리 신부는 교황청 관리로 승진하면서 몬시뇰에 임명되자 누이 안칠라와 마리아를 로마로 불러와 식복사 일을 맡겼다. 그리고 직무도 성공적으로 수행해 나갔다. 그가 단체를 이끌면서 기부금이 두 배로 늘었으며, 그가 조직한 선교활동 전시회는 좋은 반향을 불러일으켰다. 국제적인 언론과 좋은 관계를 맺은 것도 한몫을 했다. 하지만 시골 농사꾼의 아들로 태어난 론칼리 몬시뇰은 평범한 시골 본당의 신부나 교회사 교수가 되고 싶었다. 그가 평생 동안 관심을 가진 일은 역사의 맥락을 공부하는 것이었다. 론칼리 몬시뇰은 그로부터 몇 달 후에 교황청 라테란 대학의 교수로 임명되었다. 그런데 이 대학이 전통을 대단히 중시하는 대학이어서 시골 출신에다 진보적 성향의 론칼리 몬시뇰은 어쩔 수 없이 사람들의 주목을 받게 되었다.

그러나 론칼리 몬시뇰은 한 학기도 제대로 채우지 못하고 그만 교수직에서 해직되었다. 그가 진보주의 교회사가인 부오나이우티와 교류하면서 친분을 유지하고 있다는 사실이 성무성성 — 교황 바오로 3세 재임 시에는 검사성성이었고 현재의 명칭은 신앙교리성이다 — 에 아주 상세하게 보고되었던 것이다.

1958년, 론칼리 몬시뇰은 교황이 되어 성무성성을 관할하면서 자신에 대한 개인 자료를 열람했다. 그리고 소중하게 보관된 우편엽서 한 장을 발견했다. 반항 인물 부오나이우티가 수십 년 전에 자신에게 보낸 그 엽서에는 "안젤로 론칼리, 그의 '근대주의'가 의심스럽다"라는 경고 문구가 있었다.

그리고 시칠리아 출신의 루이지 스투르초 신부가 가톨릭 농민과 노동자의 정당인 이탈리아 국민당(PPI)을 창당했는데 론칼리 몬시뇰이 이 당에 대해 지지 의사를 표명한 것이 결국 화근이 된 것 같다. 이탈리아 국민당은 무솔리니가 이끄는 파시스트 당의 집권을 막을 수도 있었을 것이다. 그러나 교황청에서는 평신도들이 큰 영향력을 행사하는 가톨릭 정치조직에 대해 반대 입장을 표명했다. 바티칸은 오히려 교회국가의 주권을 포기하는 조건으로 거액의 배상금을 제시하는 무솔리니와 막후 협정을 맺는 방법을 택했다. 1929년, 라테란 조약에서 교황은 실제로 17억 5천만 리라의 배상금을 받고 바티칸 시국의 독립 주권을 인정받았다.

론칼리 몬시뇰은 오래 전부터 자신을 정신적 지도자로 인정하고 있는 가족들에게 이 문제에 대한 견해를 담담하게 적은 편지를 보냈다. 국민당에 투표를 하든지 아니면 투표를 하지 말고 그냥 집에 있으라는 내용이었다. "그리고 세상이 돌아가는 대로 그냥 보고 계십시오. 하지만 이탈리아의 구원이 … 무솔리니로부터 오지 않는다는 사실만은 꼭 알아 두십시오. 무솔리니가 아무리 유능한 사람이라고 해도 그렇게는 안 될 겁니다. 그의 목표는 훌륭하고 옳을지 몰라도 그 방법은 좋지 않고 복음의 정신에 어긋납니다."

론칼리 몬시뇰은 자신의 입장을 공개적으로 밝혔다. "아닙니다. 이탈리아의 그리스도교는 죽지 않았습니다." 1920년 그는 베르가모 성체대회에서 열광하는 신자들을 향해 이렇게 외쳤다. 또 '가톨릭 액션'은 성직자들의 선전 작품이 아니라 진정한 국민들의 문제라고 역설했다. 그리고 베르가모 대성당에서 봉헌한 라디니-테데스키 주교 선종 10주년 기념 미사에서 그는 파시스트들을 정면으로 비판했다. 그리고 진정한 애국주의는 자랑스런 군사적 행위와 경제적 성공뿐만 아니라 "법률을 통해 구현된 정의와 교육의 자유"도 함께 추구한다고 주장했다. 한때 초등학교 교사였던 무솔리니는 그리스도인들에게 교육의 자유를 허용하지 않았다.

그 무렵 로마에서는 다시 새 교황이 즉위했다. 새 교황 비오 11세는 볼셰비키파 못지않게 파시스트들을 싫어했다. 하지만 요란스런 공개적인 저항방법보다는 은밀한 외교적 방법을 선호했다. 베르가모 시절 비오 11세를 만난 적이 있었던 론칼리 몬시뇰은 그가 "정말 인자하시고 현명하신 분"이라고 생각하며 존경을 표했다. 하지만 교황청에서 벌어지는 일에 대해서는 점점 회의적인 시각을 보였다. 친구에게 보낸 편지에서 자신의 심정을 털어놓았다. "가능하면 그분과 마주치지 않으려고 하네. 그리고 바티칸의 넓은 방을 지날 때마다 등골이 오싹해지는 느낌이 든다네."

그즈음 론칼리 몬시뇰은 대학생 지도신부로 활동하고 있는 젊은 조반니 바티스타 몬티니 신부를 알게 되었다. 몬티니 신부의 아버지는 활동적인 언론인이었으며 이탈리아 국민당(PPI) 출신으로 국회에 진출해 있었다. 그리고 몬티니 신부는 대학에서 용감하게 파시스트들에 맞서서 싸우고 있었다. 그런데 대학 잡지에 실린 그의 정치에 관한 기사 때문에 파시스트들이 잡지 편집부에 방화를 저지르는 사건이 벌어졌다. 몬티니 신부는 론칼리 몬시뇰을 강사로 초청해서 자신이 지도하고 있는 대학생들에게 강연을 부탁하기도 했다. 이 두 사람의 친분은 이후로도 계속 유지되었다. 그 후 몬티니 신부는 교황청 국무원에서 일하게 되었고, 또 론칼리 몬시뇰은 뜻하지 않게 발칸 반도에 있는 국가에 외교관으로 가게 되었다. 1963년, 몬티니 신부는 론칼리 몬시뇰의 뒤를 이어 교황에 선출되었다. 당시 요한 23세(론칼리)가 몬티니 추기경을 후계자로 마음에 두고 있었다는 사실을 모르는 사람은 없었다.

1901년, 약관 스무 살의 안젤로 톤칼리
(베르가모 제73 보병 연대 시절).
사진: Helmuth Nils Loose/Alpha Omega, LEVALLOIS-PERRET (F)

"나는 무릎을 꿇고 어린아이처럼 우는 일이 종종 있다."
제1차 세계대전, 이탈리아 북부 야전병원에서 의무대 부사관 시절.
(1915년, 베르가모에서)

출처: *GIOVANNI XXIII*, Marietti Ed. Ltd., Torino

"론칼리 신부는 전화 교환원들까지도 조직하려고 했다."
1919년, 베르가모 교구장 비서 시절.
사진: Helmuth Nils Loose/Alpha Omega, LEVALLOIS-PERRET (F)

■ 둘째 마당

귀양살이

소피아 — 이스탄불

나는 가는 곳마다 차이점보다는 공통점을 더 발견하게 된다.

발칸 반도 시절은 고된 시련의 시간이었다

론칼리 교수가 로마에서 좌절을 겪고 수십 년간 외교 한직으로 돌며 귀양살이한 것이 가톨릭 교회로 볼 때는 어쩌면 축복이었다. 이 시절은 물론 고된 시련의 시간이었지만 교황으로서 교회 쇄신을 이루는 데 꼭 필요한 과정이었다. 카리스마에서 뿜어 나오는 추진력, 현명한 외교, 다른 사람의 의견과 경험을 존중하는 자세. 론칼리라는 인물의 신비는 이런 특징이 절묘하게 조화를 이루는 데서 비롯된다.

그로부터 무려 30년 후 론칼리 몬시뇰이 교황 선거회에서 교황에 선출되었을 때는 정말 풍부한 삶의 경험을 가지고 있었다. 그는 바티칸의 외교관으로 발칸 지역에 가 있던 시절을 이렇게 정리했다. "나는 하느님의 섭리에 따라 다른 종교와 이념을 가진 사람들을 만날 수 있었고 당면한 사회문제들을 체험할 수 있었으며, 사회문제들을 연구하고 평가하면서 평온한 마음과 형평성을 잃지 않게 되었다. 서로 다르고 대립되는 면을 찾기보다는 서로 일치하는 면을 찾는 데 더 마음을 두면서도 신앙과 도덕성은 조금도 흔들리지 않았다."

론칼리 몬시뇰이 이런 경험을 할 수 있었던 곳은 불가리아였다. 천년 이래 처음 파견된 교황청 외교관이었던 그는 이곳에서 "'서로 이해하도록 합시다'라는 삶의 자세를 지닌 몬시뇰'이라는 별명을 얻었다. 그야말로 그에게 걸맞은 별명이었다. 1925년 2월, 불가리아 수도 소피아 주재 감목대리로 임명받은 론칼리 몬시뇰은 무척 당황했다. 외교관 수업을 한 번도 받은 적이 없고 불가리아에 대해서도 아는 것이 전혀 없다고 항변해 보았지만 이미 결정된 일이었다.

그러나 인사권자인 피에트로 가스파리 추기경도 불가리아 사정에 대해서 잘 모르고 있었다. 성무성성 장관인 가스파리 추기경은 불가리아의 사정이 현재 "매우 혼란스럽다"는 말 이외에 다른 말은 하지 않았다. 요한 23세는 당시 가스파리 추기경이 곤혹스런 표정으로 한 이야기를 1959년 어느 기자와의 회견에서 전해 주었다. "모든 사람들이 서로 싸우고 있는 것 같습니다. 이슬람 신자들은 정교 신자들과 싸우고, 그리스 가톨릭 신자들은 로마 가톨릭 신자들과 싸우고, 로마 가톨릭 신자들은 자기들끼리 서로 싸우고 있습니다. 그러니 몬시뇰께서 가셔서 현지 사정을 좀 파악해 주시겠습니까?"

그리고 처음에는 잠시 동안만 불가리아에 가 있다가 정식 외교관 경력이 쌓이면 더 편안한 자리로 옮겨 주겠다는 말도 했다고 한다. 당시 가장 선호되던 파견지는 이탈리아 교민들이 많이 사는 아르헨티나였다.

론칼리 몬시뇰은 한숨을 쉬며 늘 그랬듯이 순명하는 자세로 결정에 따랐다. 하지만 식복사를 하고 있던 누이 안칠라와 마리아는 잔뜩 실망해서 소토 일 몬테로 돌아갔다. 그리고 론칼리 몬시뇰이 불가리아의 주교와 같은 품계를 가지도록 하기 위해 부랴부랴 론칼리 몬시뇰의 주교 서품식이 거행되었다. 론칼리 몬시뇰의 누이들은 동생의 주교 서품식에 참석하고 교황 비오 11세를 알현한 것으로 그나마 위로를 삼았다. 론칼리 몬시뇰의 부모님도 로마에 와서 주교 서품식에 참석했다.

론칼리 주교는 부모님이 걱정을 하자 이렇게 말했다. "괜한 걱정이십니다. 소피아도 사람 사는 곳입니다. 밀라노에서 그곳까지 기차 — 저 유명한 오리엔트 특급 — 로 이틀 걸리고, 중간에 갈아탈 필요도 없습니다."

그러나 론칼리 주교가 실제로 가 보니 불가리아 땅은 말 그대로 화약고였다. 론칼리 명의주교가 소피아에 도착했을 때 좌익 테러범에게 암살된 게오르기예프 총리의 장례식이 거행되고 있었다. 그런데 스바테 네델랴 교회에서 장례식이 진행되는 중에 또 폭탄이 터져 100명 이상의 사망자가 발생했다. 500년 동안 터키의 지배를 받다가 1908년에 독립한 불가리아는 1차 세계대전에서 막대한 피해를 보았으며, 터키·루마니아·세르비아·그리스 등을 상대로 두 차례에 걸쳐 '발칸 전쟁'을 벌였지만 모두 패배했다. 그래서 경제는 피폐해 있었고 쿠데타를 일으킨 우익 세력과 강력한 공산당 세력은 시민들의 개혁 요구를 거부하고 있었다.

소수에 불과한 가톨릭 신자들의 상황 또한 무척 어려웠다. 국가 정교회에서는 약 6만 명쯤 되는 가톨릭 신자들을 조국을 배반하면서 외국의 조종을 받는 무리로 생각하고 있었다. 불가리아 가톨릭 교회는 거대한 정교회에 둘러싸인 작은 섬과 같았다. 론칼리 감목대리는 로마가 불가리아 신자들을 잊지 않고 기억한다는 사실을 그들에게 전해 주는 한편 미온적인 태도를 보이는 교회 지도자들의 신뢰를 얻기 위해 노력했다.

하지만 가톨릭 신자들이 서로 분열되어 있었기 때문에 그 일은 상당히 어려웠다. 동방교회의 전례에 따라 미사를 드리는 가톨릭 신자들은 어느 정도 불가리아 사회에 적응하고 있었지만 교육수준이 낮고 교리교육을 제대로 받지 못했다. 게다가 주교도 없었다. 그런 반면 도시의 '라틴' 교회는 나름대로 자리를 잡고 있었다. 그러나 선교수도원의 전례가 제각각이어서 혼란을 일으키고 있었다. 소수 교회에서 볼 수 있는 그야말로 전형적인 문제였다.

그 사이 대주교에 임명된 론칼리 감목대리는 덜거덕거리는 노새마차를 타고, 또 때로는 말 등에 딱딱한 나무 안장을 얹고 다시 그 위에 양털을 깔고 앉아 불가리아 방방곡곡을 누비고 다녔다. 신자들의 가정을 방문하기 위해 외지고 험한 길을 가기도 하고 위험한 산길을 오르기도 했다. 그런데 정작 신자들은 이렇게 자신을 찾아온 사람이 누구인지 모르는 경우가 허다했다. "나는 아무리 외진 곳에 사는 신자라도 일일이 다 방문했다. 그들이 사는 허름한 집에 들어가 그들의 이웃이 되었다." 론칼리 대주교는 자신이 기울인 각고의 노력에 자부심을 느꼈다. 한번은 산속에서 마부가 산적 때문에 도망간 적도 있었고, 군 순찰대에 연행되어 초소의 나무침대에서 하룻밤을 보낸 적도 있었다. 군인들은 십자가를 눈에 띄게 걸고 다니지 말라고 경고했다.

그러는 동안 론칼리 대주교는 불가리아 사람들의 따뜻한 인정과 민속 음악의 멋을 알게 되었다. 불가리아 사람들도 그런 론칼리 대주교를 좋아하게 되었다. 그들은 론칼리 대주교를 "좋은 아버지"라고 불렀다. 론칼리 대주교는 이제 비로소 종교 간에 다리 놓는 일을 시작할 수 있었다. 물론 쉬운 일은 아니었다. 불가리아 정교회는 콘스탄티노플의 대주교와 갈라선 이후 상당히 자신감을 가지고 있었다. 뿐만 아니라 동방교회로서는 이례적으로 교회일치운동에도 관심을 보이고 있었다. 그러나 당시 가톨릭 신자들은 프로테스탄트 신자들이 참된 신앙을 어지럽히려고 교회일치운동을 생각해 냈고, 그것은 악마의 흉계라고 여겼다. 그야말로 교회일치운동은 도저히 용납할 수 없는 일이었다.

하지만 론칼리 대주교는 롬바르디아 사람답게 진득하고 참을성이 있었다. 그리고 그는 신학적 논쟁을 벌이거나 공식적인 협상위원회를 결성하기보다는 종교와 종파를 떠나 인간적으로 서로 만날 수 있는 분위기를 만드는 것이 훨씬 중요하다고 생각했다. 그는 이런 일을 하기 위한 탁월한 능력을 가지고 있었다. 옥스퍼드 출신으로 한때 예수회 수사였던 피터 헤블레스웨이트는 『요한 23세. 공의회의 교황』에서 이런 말을 했다. (그의 전기는 다양한 정보가 담겨 있지만 영국인 특유의 과소평가하는 듯한 어투가 엿보인다.) "이해할 수 없는 역사에 통하지 않는 언어, 수염 때문에 누가 누군지 구별이 안 되는 근동 사람들. 교황청이 이렇게 추상적이고 막연하게 생각하던 정교회 지도자들을, 론칼리는 직접 만나 친분을 쌓으면서 교회일치운동의 토대를 닦았다."

"이해하고 공감을 표시하는 것이 얼마나 멋진 일입니까!" 론칼리 대주교는 소피아 출신의 편지 친구 아델라이다 코아리에게 이렇게 썼다. 이 편지에서 그는 가톨릭 쪽에서도 정교회에 대해서 많은 것을 알아야 하고, 이웃 사랑의 정신을 발휘해서 "형제들이 교회일치를 향해 되돌아오는 그날을 하루라도 앞당겨야 합니다. 신학적인 논쟁을 통해서가 아니라 이웃 사랑을 통해서 말입니다"라고 말했다.

론칼리 대주교가 마음속에 그리는 교회일치는 잃었던 아들들이 후회하며 집으로 돌아오는 그런 것이었다. 어쩌면 그런 것이 아니었는지도 모른다. 그는 가톨릭 신자들과 정교회 신자들이 형제가 될 수 있는 모든 방법을 동원해야 한다면서 교회일치에 대해 이렇게 설명했다. "이렇게 서로 형제가 됨으로써 모두가 그리스도인의 종교적 삶의 순수한 원천으로 되돌아갈 수 있습니다." 그는 우리 모두가 되돌아갈 수 있다고 믿었다.

한번은 불가리아 정교회에서 가톨릭으로 개종하여 신부가 되겠다는 젊은이가 있었는데, 개종한 사람들이 흔히 그렇듯이 이 젊은이도 사람들에게 자신의 신앙심을 과시해 보이려는 마음이 있었다. 론칼리 대주교는 청년에게 편지를 보내 신중하게 다시 한번 생각해 보라고 권했다. "가톨릭 신자와 정교회 신자는 적이 아니라 형제입니다. 우리는 같은 신앙을 가지고 같은 성사에 참여하고 있으며, 무엇보다 같은 성찬례에 참여하고 있습니다. 우리가 갈라서게 된 것은 다만, 하느님의 뜻에 따라 예수 그리스도의 교회를 세우는 일에 몇 가지 오해가 있었기 때문입니다. 이런 오해를 한 사람들은 이미 수백 년 전에 죽었습니다. 그러니 해묵은 싸움은 이제 그만두고 각자 자신의 위치에서 우리 형제들에게 도움이 되는 일을 하도록 합시다. 청년은 신학교에서 많은 것을 배우게 될 것입니다. 특히 예수님의 사랑과 사도직과 순교자의 정신을 배우게 될 것입니다. 비록 우리가 서로 다른 길을 가고 있지만 우리 주 예수 그리스도의 참되고 유일한 교회를 함께 이루기 위해 교회들의 통합체에서 꼭 다시 만나게 될 것입니다."

바티칸에서 잊혀진 대주교

론칼리 대주교는 불가리아에서 삶의 가장 중요한 깨달음을 얻고 있었다. 비록 신앙은 다르지만 귀중한 사람들을 수없이 많이 만났다. 색다른 전례와 바티칸에서 인정하지 않는 종교적 관습이 하느님께 이르는 더 확실한 길이 될 수도 있다는 사실을 자인하기도 했다. 또 자신이 좋아하고 존경하는 성직자들과 함께 나란히 제대 앞에 설 수 없다는 사실에 괴로웠다. 그러나 고전적인 방식대로 바티칸과 '통합'을 이룰 경우 또다시 분열이 일어날 수 있다는 사실도 깨달았다.

론칼리 대주교는 상황을 관찰하면서 문제점을 파악했다. 그리고 마음속 깊이 고뇌했다. 친구 클리엔체 신부에게 보낸 편지에 자신의 심경을 털어놓았다. "그냥 베르가모에서 신부로 살았으면 좋았을 텐데, 신명나게 교리를 가르치고 고해성사를 주고 신학교에서 신학생들을 지도했으면 좋았을 텐데." 그런데 지금 "(나는) 하루 종일 타자기와 씨름하고 귀찮은 업무에 매달리고 또 수많은 난관과 질시에 시달리고 있네. 예수 그리스도께 속해 있고 법률상 가톨릭 교회에 속해 있지만 그리스도의 뜻을 전혀 생각하지 않는 그런 사람들 틈에서 …. 이른바 세상의 위대한 사람들과 항상 접촉하고 있지만 초자연적인 문제와 관련해서 그들의 정신이 보잘것없다는 사실에 서글픔을 느낀다네. 선이 풍성하게 샘솟는 일들을 신중하게 준비하고 있지만 인간적인 기대가 참 부질없다는 사실을 새삼 깨닫게 되네."

론칼리 대주교는 계속해서 이렇게 말했다. "클리엔체 신부, 이 모든 것에도 불구하고 사람들은 평화롭게 살고 있네. 왜냐하면 정말 대범한 마음으로 주님의 뜻을 실천하고 모든 일을 좋게 받아들이고 온전히 순명하는 사람들이 마지막에 성공하게 될 것이기 때문이지."
하지만 론칼리 대주교는 이런 생각을 하면서도 마음의 위안을 얻지 못했다. 불가리아는 그저 잠시 거쳐 가는 곳이라고 했는데 불가리아에 부임한 지 벌써 몇 년이 지났다. 그리고 새로운 곳으로 부임하게 될 기미는 전혀 보이지 않았다.

바티칸 지도자들은 론칼리 대주교가 불가리아 교회에 관해 현실적인 제안을 해도 귀담아듣지 않았다. 론칼리 대주교는 러시아 교회의 전례를 따르는 교회에 지역 출신 주교를 임명함으로써 발칸 지역 교회 공동체들이 자립할 수 있도록 도와주고 바티칸의 간섭을 완화할 것을 제안했다. 그리고 마케도니아와 트라키아 등지의 외국 주재 교황대사들이 이런 교회 공동체들을 '관리'하는 현실에 문제가 있다고 지적했다. 하여 론칼리 대주교는 34세의 스테판 쿠르테프 신부를 주교 후보로 추천했다. 결국 바티칸에서는 일 년간의 심사숙고 끝에 론칼리 대주교가 추천한 쿠르테프 신부를 주교에 서품했다.

론칼리 대주교는 가톨릭 교회가 불가리아에 깊이 뿌리 내리기 위해서는 신학대학을 설립하는 일이 무엇보다 시급하다고 판단했다. 그래서 대학 부지까지 마련했는데 끝내 이 계획은 성사되지 않았다. 그리고 동방교회의 전례를 행하면서 바티칸의 가르침을 따르는 가톨릭 신자들에게 더 많은 자유를 주자는 제안도 받아들여지지 않았다. 로마 가톨릭 전례를 행하며 선교활동을 하고 있는 사람들이 그의 제안에 거세게 항의했다. 그들은 바티칸에 든든한 후원자가 있었다.

평소 그토록 겸손하고 순명하면서 "내 탓이오" 하던 론칼리 대주교도 당시 바티칸의 중앙집권주의를 몸소 경험하고는 몹시 실망했다. "정말 예상하지 못했는데 나는 그 일로 인해 모욕감과 굴욕감을 느꼈으며 그래서 무척 괴로웠다." 1926년, 예루살렘의 성 바오로 수도원에서 피정하면서 자신의 심경을 일기장에 적었다. 주교직을 수행하면서 생긴 불만은 불가리아 사람들 때문이 아니라 "교회 행정의 중앙기관 때문"이었다고 속내를 내비쳤다. 그리고 누이들이 예전의 식복사직을 그리워할 것 같아 누이 안칠라와 마리아에게도 편지를 보내 위로하는 한편 로마에는 다시 가고 싶지 않다고 말했다. "인간의 가련한 모습을 보고 있으려니 정말 언짢습니다. 저마다 자리를 지키고 출세하려고 안달하면서 온통 그 이야기를 하느라고 정신이 없습니다. 성직 생활을 이런 식으로 경멸하고 있으니…."

한번은 론칼리 대주교가 교황청 어느 기관에 20쪽에 달하는 편지를 보낸 적이 있었다. 안타깝게도 그 편지가 남아 있지는 않지만 교황청의 조처에 대해 항의하는 내용이거나 론칼리 대주교가 자신의 정당한 입장을 밝히는 편지였다고 한다. 비오 11세는 론칼리 대주교의 편지를 직접 읽고 직설적으로 이렇게 말했다. "이 양도 화를 내실 줄 아는구먼." 물론 여기서 양은 론칼리 대주교를 말한다.

비오 11세와 론칼리 감목대리. 판이한 성격의 두 사람. 1930년 10월, 불가리아의 보리스 3세가 이탈리아의 빅토르 엠마누엘 왕의 딸 조반나 공주와 아시시에서 결혼식을 거행하자 가톨릭 국가인 이탈리아 국민들은 이를 환영했다. 보리스 왕이 정교회 신자였으므로 물론 교황의 관면이 있었다. 보리스 3세와 조반나 공주는 결혼 후 자녀를 가톨릭의 가르침에 따라 교육시키겠다고 서면으로 약속했다.

이 결혼은 동화 속에 나오는 꿈의 결혼이었지만 불가리아와 이탈리아 양국의 정치에 대단히 중요한 의미를 지니고 있었다.

그런데 비오 11세가 진노하는 사건이 발생했다. 아시시에서 혼인식을 올린 지 일주일 후 보리스 3세와 조반나 공주는 소피아의 알렉산더 네프스키 대성당에서 정교회의 전례에 따라 한 번 더 결혼식을 거행했다. 비오 11세는 추기경회의 연설에서 불편한 심기를 드러내며 보리스 왕이 약속을 지키지 않은 사실을 지적했다. 바티칸에서는 곧 사건을 수습하기 위한 속죄양을 찾아냈다. 감시 기능을 제대로 하지 못한 론칼리 감목대리가 이 사건의 책임을 지게 되었다.

하지만 론칼리 감목대리는 사실 이 사건에 아무런 책임이 없었고 또 비오 11세보다 신중하게 대처했다고 볼 수 있다. 정교회 대성당에서 거행된 결혼 예식을 어떤 식으로 해석하느냐가 사건의 관건이었다. 정교회 결혼식을 바티칸에 대한 모독으로 볼 것인지 아니면 분열된 불가리아의 정치적 안정을 도모하기 위한 조처로 볼 것인지에 따라 문제는 달라졌다. 보리스 왕도 가톨릭 교회에서 세례를 받은 가톨릭 신자이지만 국시國是 때문에 정교회로 개종하고 정교회 지도자들의 반감을 사는 행동을 삼가는 처지였다. 따라서 이런 상황에서 정교회에서 이루어진 혼인성사가 가톨릭 교회의 입장에서 볼 때 유효하지 않고 문제가 있었을까?

그로부터 3년 후 불가리아 왕가에서 합의를 깨고 왕자를 정교회의 전례에 따라 세례를 받게 하자 바티칸에서는 또다시 질책이 있었다. 론칼리 감목대리는 불가리아 왕실에 "교황 성하와 모든 가톨릭 신자들이 실망하고 있다"는 내용의 엄중한 항의각서를 전달했다. 그 후 론칼리 감목대리는 일 년간 왕실의 영접을 받지 못했다. 하지만 그는 슬기롭게 갈등의 실마리를 풀어 나갔다. 그는 이 일 때문에 심려하는 왕비를 자신이 집전하는 미사에 초대해서 아름다운 미사책을 선물했다. 또 가톨릭 성당이 아닌 장소에서 미사를 드림으로써 세인의 이목을 피할 수 있도록 배려했다. 한편 정교회에서 왕위 계승자가 가톨릭의 전례에 따라 세례를 받는 일에 절대로 동의하지 않을 것이기 때문에 교황청에서 보리스 왕이 제시한 현실성 없는 약속을 받아들인 것이 문제라고 지적했다.

들리는 말에 의하면 비오 11세가 진노하여 론칼리 대주교를 벌로 45분간 자기 앞에 무릎을 꿇게 했다는 말도 있고, 비오 11세가 론칼리 대주교를 "개인적으로" 용서했다는 말도 있다. 하여튼 이때부터 론칼리 대주교가 교황청에서 더욱 명망을 잃은 것만은 확실하다. 그는 분명 외교 업무를 수행하기에는 너무 순수하고 교회정치의 거센 정치적 갈등을 견디어 내기에는 너무나 유약했다. 결국 그는 감목대리 대신 교황사절이라는 멋진 직위를 새로 받았지만 사람들이 예상한 대로 밀라노 교구의 대주교로 임명되지는 않았다.

이스탄불에 산적한 난제

1935년, 왜 비오 11세가 그다지 명성도 없던 론칼리 감목대리를 그리스와 터키 주재 교황사절로 임명하여 이스탄불르 발령했는지는 확실하지 않다. 새 부임지 이스탄불은 불가리아보다 훨씬 복잡한 문제를 안고 있었다. 바티칸에서는 론칼리 교황사절이 언뜻 순박하게 보이지만 나름대로 호감을 주는 인물이라는 사실을 깨달았던 모양이다. 십 년 전 론칼리 주교가 감목대리로 소피아에 갔을 때 아무도 그를 주목하지 않았다. 그러나 그가 소피아를 떠날 때는 성대한 이임식이 거행되었고 불가리아 왕실과 정교회 대표들이 모두 그 자리에 참석했다.

론칼리 대주교가 이임 연설에서 "그의" 아레오폴리스 교구를 반환하고 교황의 윤허로 메셈브리아 대주교로 명명되었다고 말하자 참석자들 모두 이를 축하했다. 메셈브리아는 불가리아 흑해 연안의 옛 항구도시로 이곳에는 불가리아 문화와 비잔틴 문화가 융화된 유서 깊은 성당들이 있었다. 부연하면, 실제로 교구를 관할하지 않는 명의주교는 대개 초기 그리스도교 시절의 폐허 도시를 헌정받았다. 론칼리 대주교가 관리하는 아레오폴리스는 당시 영국 보호령이었던 팔레스타인에, 즉 사해와 홍해 사이에 있었다. 그러나 론칼리 대주교는 그동안 정들었던 불가리아에 대한 기억을 간직하고 싶은 마음에 메셈브리아 대주교라는 명칭을 그대로 유지하려고 했다.

론칼리 대주교는 고별 강론에서 성탄절에 창가에 촛불을 켜 놓는 옛 아일랜드 관습에 대해 이야기했다. 이 촛불은 거처를 찾아 헤매는 마리아와 요셉에게 거처가 있다고 알려 주는 신호였다. 론칼리 대주교는 이렇게 약속했다. "어디서든지 불가리아 사람이 제 집 앞을 지나가면 밤에도 그리고 아무리 길눈이 어두운 분이라도 창문에 켜진 촛불을 보실 수 있을 겁니다. 문을 두드리세요, 문을 두드리세요! 가톨릭 신자인지 아닌지 물어보지 않을 겁니다. 불가리아에서 오신 형제이기만 하면 됩니다. 들어오세요! 여러분의 형제인 제가 두 팔 벌려 환영할 것입니다. 여러분의 친구인 제가 기쁜 마음으로 그날을 축제의 날로 지낼 것입니다."

냉정히 말해 그리스와 터키 교황사절이라는 직책은 세계 정치와 가톨릭 교회의 중심으로부터 멀리 떨어진 한직이었다. 그러나 이 자리도 그리 쉬운 자리는 아니었다. 전통적인 이슬람 극가인 터키에서 바티칸 외교사절이 불청객 같은 기분을 느끼는 것은 어쩔 수 없는 일이었다. 1923년에 집권한 케말 아타튀르크 정부는 종교활동을 금하고 이슬람 지도자 물라스의 영향력을 통제하고 있었다. 그리고 그리스도교 성직자들은 외국 스파이로 몰리는 바람에 은둔생활을 하고 있었다.

한편 케말 아타튀르크 정부는 서구에서 많은 제도를 도입했는데 론칼리 교황사절은 이를 매우 환영하는 입장이었다. 그레고리력 — 1582년 교황 그레고리우스 13세가 제정한 달력 — 이 도입되고 일부다처제가 폐지되었으며, 스위스 민법과 이탈리아 형법이 도입되었다. 그러나 아타튀르크 정부는 종교와 정치를 엄격히 분리하면서 종교가 학교와 아동 교육에 관여하지 못하도록 했다.

터키와 바티칸 간에는 외교관계가 없어 바티칸 교황사절은 외교관 신분으로 터키에 입국할 수 없었다. 이런 상황에서 론칼리 교황사절이 이스탄불에 도착하자 즉시 가톨릭 교회 신문의 발행이 금지되었고 또한 얼마 되지 않아 공공 장소에서 종교적 복장 착용을 금지하는 법률이 발효되었다. 이슬람 신자들은 페스를 착용할 수 없고, 가톨릭 성직자들은 수단을 착용할 수 없게 되었다. 론칼리 교황사절은 이런 전횡적인 조치에 대해 지나치게 비판하지 않았다. 그는 수단 대신 바지를 입고서도 하느님 말씀을 전할 수 있다고 생각했다. 몸에 익숙하지 않은 사복을 입어서 조금 위엄이 없어 보일 뿐이었다. 요한 23세의 전기를 쓴 피터 헤블레스웨이트는 중산모를 쓰고 검은 양복을 입은 론칼리 대주교의 당시 사진을 보며 "영락없이 파스타 요리를 앞에 두고 안달하는 롬바르디아 지방의 사업가 같다"고 짓궂은 촌평을 했다.

하지만 무신론을 표방하는 국가 정책이 유일한 문제는 아니었다. 당시 이스탄불은 3만 5천여 명의 가톨릭 신자들과 10만여 명의 이슬람 신자들이 서로 반목하며 힘겨루기를 하던 도시였다. 가톨릭 교회도 제각각 분열되어 있었고 프랑스 교회의 영향을 받은 라틴 교회 외에 시리아 교회, 칼데아 교회, 아르메니아 교회, 야콥 교회 등도 독자적인 교회법과 전통을 가지고 있었다.

그리스의 상황도 터키 못지않게 복잡했다. 론칼리 신임 교황사절은 이스탄불에 주재하면서 그리스도 관할하고 있었다. 터키뿐 아니라 그리스도 공화정이 잠시 실시되다가 권위적 왕정으로 바뀌면서 혼란스런 변혁의 과정을 겪고 있었다. 1936년, 메탁사스 장군은 비상계엄령을 선포하면서 의회를 해산하고 군정을 실시했다. 가톨릭 교회는 엄중한 감시와 탄압을 받았고, 국교인 그리스 정교회는 비잔틴 전례를 따르고 있어서 외양상 거의 차이가 없는 가톨릭 교회를 위험한 집단으로 생각했다. 그리고 그리스 정부는 정교회의 전례 이외에 다른 전례에 의해 거행된 혼인을 무효화하는 법안을 마련하는 중이었다.

게다가 바티칸에서는 불가리아가 그리스의 적대국이라는 사실을 고려하지 않고 신임 교황사절을 불가리아의 소피아에서 곧바로 다음 부임지로 파견함으로써 처음부터 그리스 정부의 불신을 받게 되었다. 또 이탈리아 사람을 교황사절로 파견한 것도 적절하지 못한 판단이었다. 1923년, 이탈리아군이 그리스의 코르푸 섬을 폭격한 사건이 아직도 불쾌한 기억으로 남아 있는 데다 알바니아를 점령한 무솔리니가 그리스까지도 넘보고 있는 상황이었다.

걷잡을 수 없이 혼란한 이런 정국에서 여느 사람 같으면 수도원에 숨어 몇몇 신자들과 이따금 미사를 드리고 또 가끔씩 바티칸에 비관적인 내용의 현지 보고서나 보냈을 것이다. 그러나 론칼리 교황사절은 한번도 제대로 능력을 인정받지 못했지만 이스탄불에서 시련을 겪으면서 깨달음을 얻었다. 겉으로 보기에 론칼리 교황사절은 가톨릭 세계의 끝자락에 와 있었지만 안전한 교황청에 있으면서 그에게 직무를 맡긴 사람들보다 훨씬 더 많은 경험을 쌓았다.

아타튀르크 치하의 터키, 정교를 국교로 하는 '신정국가' 그리스. 론칼리 교황사절은 수많은 난관에 봉착한 가톨릭 교회를 이 두 국가와 비교해 보았다. 그리고 가톨릭 교회가 공식적인 무신론 국가에서도 살아서 활동을 해야 하고 그러기 위해서는 지금까지 누려 온 특권과 국가의 보호가 없어진 것이 오히려 약이 될 수 있다는 사실을 깨달았다. 또한 터키에서는 모든 그리스도교 종교가 국가의 탄압을 받고 있었기 때문에 자연스럽게 교파 간의 교류가 이루어지고 있었다. 론칼리 교황사절은 그리스도교가 탄압받는 이런 상황에서 스스로 문을 걸어 잠그지 말고 시련을 겪고 있는 모든 그리스도 교회와 함께 대화해 나가는 것이 슬기로운 대처 방법이라고 생각했다.

터키어로 드리는 기도

론칼리 교황사절은 이탈리아 사람으로서 터키와 그리스에서 불신의 장벽을 허물고 가톨릭 신자들의 숨통을 터 주기 위해 각고의 노력을 했다. 그리고 이스탄불 — 아타튀르크가 집권하기 이전의 지명은 콘스탄티노플이었다 — 에 유배된 것이 도리어 그토록 원하는 신자 사목을 할 수 있는 좋은 기회라고 생각하며 기뻐했다. 교황사절인 그는 교회 안에 갈등이 생길 때 여느 주교처럼 교도권을 행사할 수 있었다. 하지만 그는 그럴 때마다 신자들을 다독거리면서 마음의 문을 열고 귀를 기울였다. 권력 중심부에서 파견한 대리인이라는 인상을 주지 않고 형제처럼, 친구처럼 사람들에게 다가갔다.

1940년, 보스포러스에서 피정을 하면서 그는 "이해와 관용을 베푸는 넓은 마음"으로 신중하게 판단하도록 노력하겠다고 스스로 다짐을 했다. 또한 "겸손한 말과 행동으로 거만하게 보이지 않도록 주의해야 한다. 존경과 지혜와 친근감을 풍기는 노주교의 자상하고 위엄있는 모습을 보여 주어야 한다"고 생각했다. 론칼리 교황사절은 당시 59세였는데 벌써 노령의 교회 지도자들이 즐겨 사용하는 위엄 있는 문체를 쓰고 있었다.

본당과 수도원을 사목 방문하는 일도 그의 직무였다. 그는 교회 행정을 맡은 사람들에게 신중하고 조심스럽게 감독 업무를 수행하라고 간곡히 당부했다. 그의 표현대로 하자면 "까치발을 하고" 일을 하라고 했다. 또 '가난한 사람들의 작은 자매 수녀회'가 100주년을 맞았을 때 수녀들의 반대를 무릅쓰고 모든 사람을 초대해 성대하게 기념잔치를 했다. 그리고 수도원에서 연로한 수사가 선종하면 즉시 달려가 손수 장례미사를 집전했다. 대성당에서 백발이 성성하도록 평생 제의를 관리하던 노인이 성 예레미야 병원에서 선종했을 때도 론칼리 교황사절이 손수 장례미사를 드렸다.

당시 가톨릭 신부 중에 터키어를 완벽하게 할 줄 아는 사람이 없었기 때문에 터키의 가톨릭 교회는 마치 외국 세력의 거점으로 인식되고 있었다. 물론 바티칸에서도 오래 전부터 이 점을 나무라고 있었다. 그러나 론칼리 교황사절은 구체적으로 이 일을 행동에 옮겼다. 가톨릭 교회의 공식 문서를 터키어로 작성해 보내고 미사의 복음을 터키어로 봉독했으며, 라틴어·이탈리아어·프랑스어로 집전하던 모든 성사를 터키어로 집전했다. 또 미사 중에 사도신경을 바칠 때 사제들이 통상적으로 하듯이 "로마 교회"라고 하지 않고 사도신경의 원문대로 "거룩하고 공번된 사도의 교회"라고 말했다. 작은 변화가 놀라운 효과를 불러일으키는 경우가 종종 있는데 이 경우가 그랬다. 론칼리 교황사절이 성스러운 미사 전례에서 전에 없이 터키어를 사용하자 전통에 얽매인 가톨릭 신자들은 자리를 박차고 성당 밖으로 나갔다. 그런 일이 몇 차례 벌어졌다. 그러나 터키 외무성에서는 이 일로 인해 '이탈리아 사람'인 론칼리 교황사절을 존경하기 시작했다.

론칼리 교황사절 특유의 사려 깊은 행동이 또 한 번 빛을 발했다. 그는 터키의 정교분리 정책을 정면으로 비판하지 않고 터키 정부가 실시하고 있는 국가 현대화 정책을 높이 평가했다. 그는 사순절에 대한 짤막한 교서 — *mandement*, "사목교서"라는 말이 거부감을 불러일으킨다고 생각한 것 같다 — 에서 "비약적인 발전의 길을 모색하고 있는 강하고 힘찬 (터키) 민족"을 위해 함께 기도하자고 말했다. 1937년, 론칼리 교황사절은 외무 차관 누만 리파트 메네멘코글루를 예방하고 싶다는 의사를 전달했다. 그러나 메네멘코글루 외무 차관은 터키 정부가 모든 종교와 거리를 두는 것이 터키의 국정 방침이며 "우리의 자유를 보증하는 일"이라고 밝히면서 정중하고 단호하게 거절했다. 그는 앙카라의 입장에서 볼 때 바티칸과 같은 종교권력을 "어느 정도 존중하고 있지만 우리로서는 낯설다"는 입장을 보였다.

그러자 론칼리 교황사절은 다음과 같은 답신을 보냈다. "잘 알겠습니다. 그럼에도 불구하고 이 종교적 권력은 터키의 발전을 환영하며 터키의 새 헌법에 그리스도교의 기본원리가 담겨 있다는 사실을 주시하고 있습니다. … 저는 낙관주의자입니다. 저는 모든 문제에 있어서 차이점보다는 공통점이 더 많다는 사실을 잘 알고 있습니다. 자연법의 원칙에 관해 서로 일치된 견해를 가지고 있으므로 우리는 그만큼 함께 길을 걸어갈 수 있을 것입니다."

론칼리 교황사절은 다른 그리스도교 교파 지도자들과 만날 때도 같은 입장을 보였다. 이런 만남이 이루어졌다는 사실만으로도 획기적인 일이었다. 그는 그리스도교 초기 시대 이후 콘스탄티노플의 그리스 정교 대주교 관저에 발을 들여놓은 최초의 가톨릭 신자였다. 그는 순례자로서 겸손한 마음을 가지고 또 교회사가로서 대단한 관심을 가지고 아토스 산과 같은 정교회 신앙의 중심지들을 방문했다. 그리고 로마의 신학대학 교수로 잠시 재직할 때 연구한 동방 교부들에 대해서도 미사 강론에서 자주 언급했다. 한번은 폐허가 된 옛 도시를 산책하다가 비잔틴 시대의 비문을 발견해서 해독함으로써 외국 학자들을 깜짝 놀라게 한 일도 있었다.

1939년, 다시 가톨릭 교회의 지도자가 바뀌었다. 에우제니오 파첼리 추기경이 교황에 선출되어 비오 12세로 즉위했다. 비오 12세는 추기경단의 수석 추기경으로 론칼리 대주교의 직속 상관이었다. 론칼리 대주교는 이런 변화에 대해 대단히 만족스럽게 생각했다. 그리고 추기경들이 순조로운 교황 선거를 위해 「사은 찬미가」Te Deum를 바치는 자리에 정교회 대주교가 파견한 사절도 참석했다. 정교회 측에서 보여 준 대단히 성의 있는 자세였다. 더욱 놀라운 것은 론칼리 교황사절이 그리스 정교회 대주교 관저에서 이에 대해 감사의 뜻을 전하자 대주교가 론칼리 교황사절을 다정하게 포옹한 일이었다.

1942년 성령강림절, 가톨릭 교회는 비오 12세의 주교 수품 은경축을 축하하고 있었다. 그런데 론칼리 대주교는 이스탄불에서 행한 강론에서 예수의 사도들이 모두 "동등한 사명"을 받았다는 의미심장한 말을 했다. 물론 베드로 사도가 "수월적 지위"를 가지고 있었다는 말을 잊지 않았지만 의식적으로 교황을 "그리스도의 대리자"라고 하지 않고 단순히 "로마의 주교"라고 말했다. 이 명칭은 그리스도 교회가 분열되기 **이전에** 사용하던 말이었다.

조심스런 그의 말속에는 깊은 뜻이 담겨 있었다. 물론 론칼리 대주교도 수백 년 동안 가톨릭 교회와 그리스 정교회 사이에 존재한 장벽을 일거에 무너뜨릴 수는 없다는 사실을 솔직히 시인했다. "나는 장벽 여기저기서 벽돌을 하나씩 뽑아내려고 애쓰고 있다"면서 희망을 버리지 않았다. 그가 마음속에 그리는 교회의 모습이 서서히 윤곽을 드러내고 있었다. 그것은 론칼리 대주교가 훗날 교황으로서 모든 그리스도 교파의 신자들에게 제시해서 공감을 얻어 낼 수 있는 교회상이었다. 1940년, 론칼리 대주교는 보스포러스 부근 테라피아에 위치한 '시온 산에 계신 우리의 사랑하올 성모의 자매회 수도원'에서 피정을 하면서 이런 글을 남겼다: 교회는 "과거의 역사적 유물"이 아니라 "살아 숨쉬는 기구"이다. 또 교회를 세우는 작업은 수천 년 동안 계속되고 있으며 누구나 이 작업에 함께 참여해야 한다.

큰 물고기가 작은 물고기를 잡아먹다

1940년 10월, 이탈리아군과 독일군이 연이어 그리스를 침공했다. 그 결과 6만여 명의 민간인이 학살되고 수백만 명의 그리스인이 자국에서 추방당했다. 그리고 설상가상으로 큰 기근마저 들었다. 그때 론칼리 교황사절이 무엇을 느끼고 무슨 생각을 했는지 정확히 알 수는 없다. 그는 외교적인 문제에 대해 한마디도 언급하지 않고 힘닿는 대로 어려움에 처한 사람들을 도왔다. 하지만 이탈리아의 가톨릭 신자로서 이 사건에 대해 입장을 밝히지 않고 침묵하면서도 내면적으로는 심한 갈등에 시달렸다. "본성적으로는 나의 사랑하는 조국이 승승장구하기를 희망하고 있고, 하느님의 은총은 그 어느 때보다 평화를 찾으며 평화를 위해 싸우고 싶은 열망을 내 마음속에 가득 채우고 있습니다." 론칼리 교황사절은 이스탄불의 기우아 몬시뇰에게 이렇게 심경을 털어놓았다. 프랑스 사람인 기우아 몬시뇰과 론칼리 교황사절, 두 남자는 눈물을 글썽이며 서로 평화의 포옹을 했다. 당시 이탈리아가 프랑스를 상대로 전쟁을 선포한 상태였다.

무솔리니가 고도의 그리스도교 문화를 가진 아비시니아 — 에티오피아의 옛 이름 — 민족을 침략했을 때 바티칸은 침묵했고, 많은 주교들이 국수주의적 논조로 환영 입장을 표명했다. "아프리카의 미개인들에게 우리는 폭탄과 독가스뿐만 아니라 서구 문명을 가져다주었고, 무일푼으로 이탈리아 남부로 이민 오려는 사람들은 보다 나은 미래를 설계할 수 있는 곳이 어디인지 이제 알게 되었을 것이다."

론칼리 교황사절은 소토 일 몬테의 가족에게 보낸 편지에서도 이 사건에 대한 분명한 입장을 밝히지 않았다. 세상이 온통 "혼란스럽고" 또 복잡한 문제들을 판단하다 보면 그릇된 판단을 할 수 있다고 충고하면서 군인들은 아무런 죄가 없다고 말했다. "책임을 져야 하는 사람들은 지도자들입니다. 그 사람들은 모두 고집불통입니다." 그러면서 오래된 우화 하나를 이야기해 주었다. "큰 물고기가 자기보다 작은 물고기를 잡아먹으려고 하자 작은 물고기가 말했습니다. '바다는 넓고 모든 물고기가 바다의 주인이야.'" 이 이야기 속에는 작은 물고기를 잡아먹는 큰 물고기 이탈리아를 못마땅하게 생각하는 론칼리 교황사절의 마음이 잘 나타나 있다. 그리고 앞서 말한 피정에서 그는 자신의 입장을 분명하게 밝혔다. "세상은 복음 정신에 위배되는 건강하지 못한, 피와 인종의 민족주의로 중독되어 있다." 또 그는 전쟁이 전쟁 당사자 모두에게 엄청난 희생을 안기는 "도살장"이라고 말하기도 했다. "그 많은 어머니와 아내와 무고한 어린이들에게 얼마나 큰 고통을 안겨 주는가!"

그런데 그즈음 론칼리 교황사절과 1939년 나치 독일에서 터키에 파견한 프란츠 폰 파펜 독일 대사 간에 깊은 우정이 싹트기 시작했다. 러시아와 전쟁을 하고 있는 독일 제국 입장에서 볼 때 터키는 우측 공격로를 확보하는 중요한 군사적 요충지였다. 론칼리 교황사절은 파펜 독일 대사가 시민계급 출신의 독실한 가톨릭 신자라고 생각했다. 그는 파펜 대사가 독일 제국 수상이자 히틀러 내각의 장관으로서 '총통'과 그의 추종자들을 교화하기 위해 노력했다고 믿었다. 그리고 파펜 대사는 룀이 주동하는 히틀러 암살 사건 이후 사임했다. 그러나 바티칸에서는 파펜 대사가 준군사적 활동을 전개한 슈탈헬름 조직과 연루되어 있고, 오스트리아 대사로 오스트리아를 히틀러의 독일에 '합병'시키는 작업에 깊이 관여했다는 이유로 그를 부정적으로 평가하고 있었다.

말하자면 파펜 독일 대사가 자신에 대한 바티칸의 비판적인 시각을 바꾸기 위해 론칼리 교황사절을 이용한 것으로 볼 수 있었다. 론칼리 교황사절은 파펜 대사와 장시간 대담을 한 후에 바티칸에 보고서를 보냈다. 가톨릭 교회의 "든든하고 열광적인 세력"이 현재 진행되고 있는 민족주의 건설을 거부하지 않으면 전쟁이 끝난 뒤 독일에서 "가톨릭 신앙이 새로운 사회질서의 '규범적 원칙'이 될 수 있을 것"이라는 내용이었다. 그리고 그는 파펜 대사에게 나치의 이데올로기가 이교도적인 사상이며 히틀러가 상습적으로 협정을 위반할 것이라는 말을 했다고 보고했다.

이 글을 보면 평소 자상해 보이는 론칼리 교황사절도 그리 호락호락하지만은 않은 듯하다.

론칼리 교황사절은 독일과 소련의 불가침조약이 파기될 것이라는 사실을 전혀 예상하지 못했다. 또 그가 당시 교황청 국무원에 있는 자신의 오랜 친구 몬티니 주교에게 파펜 대사의 문정관 쿠르트 폰 레르스너에 대한 추천서를 써 주었는데 어쩌면 이것은 성급한 행동이었는지 모른다. 당시 레르스너 문정관은 론칼리 교황사절에게 독일군 내부의 강력한 세력이 종전에 관심을 가지고 있고, 교황이 중재자 역할을 해 주기를 바란다는 암시를 주었다. 나중에 밝혀진 사실이지만 그는 진심으로 독일이 나치 정권의 압제에서 벗어나기를 바라면서 히틀러 정권에 저항한 인물이었다.

1946년, 파펜 대사는 전범으로 체포되어 뉘른베르크 국제 전범 재판소에서 재판을 받았다. 론칼리 교황사절은 파펜 대사에 대한 우정을 생각하여 사형선고를 받지 않도록 그를 변호해 주었다. 전범 재판소 판사에게 보낸 편지에서 그는 파펜에 대한 정치적 판단에 관여할 뜻이 없음을 분명히 밝히면서, 자신이 망명자들을 위한 활동을 벌일 때 파펜 대사가 많은 액수의 돈을 지원해 준 사실을 증언했다. 그 돈은 파펜이 관리하고 있는 첩보활동 기금이었다. 또한 그는 자신이 이스탄불에서 구호단체를 설립해서 활발한 활동을 벌였다는 사실을 간접적으로 시사했다. 그동안 그는 이 사실에 대해 침묵하면서 양심의 가책을 느꼈다. 사실 론칼리 교황사절은 2차 세계대전 초기 독일군이 바르샤바를 침공했을 때 정치적 망명자들을 돕는 활동을 펼쳤으며 나중에는 적십자 및 바티칸과 공동으로 전쟁 포로에 대한 정보 시스템을 조직하기도 했다. 그런데 당시 교황청 일각에서 적십자를 달갑지 않은 경쟁자로 보고 있었기 때문에 바티칸 및 적십자와 함께 전쟁 포로에 대한 정보체계를 마련한 것은 큰 성과로 볼 수 있다. 그리고 그는 야전병원에서 치료받고 있는 독일군 병사와 영국군 병사를 방문했다. 그런가 하면 1928년 불가리아에 지진이 일어나 엄청난 피해가 발생했을 때는 구호단체를 조직해서 신속하고 원활하게 이재민들을 도와준 일도 있었다. 당시 그는 사고 즉시 재해 지역으로 달려갔으며, 교황청에 연락해서 식량과 담요를 수일 내에 조달하기도 했다.

1941년 가을, 매일 수천 명의 사람들이 기아로 목숨을 잃을 정도로 그리스의 참상은 극에 달했다. 그리스 국민들은 구호식량을 애타게 기다리고 있었고, 밀 36만 톤과 외국의 구호물품이 팔레스타인의 하이파 항구에 선적되어 있었다. 그런데 영국군이 독일군과 이탈리아군의 보급로를 차단하기 위해 그리스 항구를 봉쇄했다. 론칼리 교황사절은 배에 실린 구호품을 한시라도 빨리 받기 위해서 아테네 정교회 대주교와 협의했다. 론칼리에 대한 전기를 쓴 사람들은 론칼리 교황사절이 당시 이 일을 성사시켰다고 주장하고 있는데 사실은 성공하지 못했다. 하지만 당시 그가 교황청에 급히 연락해서 식료품, 우유, 약품 등을 지원받아 16개 지역의 구호소에서 이재민들에게 구호품을 나누어 준 것은 사실이다.

한번은 식량 부족으로 기아가 심각한 상황에서 아테네의 어느 상인이 밀가루와 말린 채소를 팔아 엄청난 폭리를 취하려고 했다. 그러자 평소 온화했던 론칼리 교황사절이 그 상인에게 주먹맛을 보여줄 기세로 불같이 화를 냈다. 결국 그 장사꾼이 사태를 파악하고 정상 가격을 제시하자 문제가 해결되었다. 이 이야기는 그가 화내며 가게로 쳐들어갈 때 뒤따라갔던 비서신부가 들려준 것이다.

론칼리 교황사절이 각 나라에서 쫓기던 유다인들을 다른 사람들보다 비교적 쉽게 도울 수 있었던 것은 정치적 중립지역인 터키에 주재하고 있었기 때문이다. 그는 1940년에 폴란드 바르샤바에서 온 피난민으로부터 유다인 수용소와 독일군 특수부대의 집단 학살 만행에 대해 전해 들었다. 발칸 지방을 거쳐 팔레스타인으로 피난 오는 유다인들은 점점 늘어나는데, 영국의 통치령인 팔레스타인에서는 피난민이 들어오는 것을 막고 있었다.

론칼리 교황사절은 유다인 난민조직, '팔레스타인을 위한 유다인 중개소'의 카임 바를라스와 함께 일을 했고, 나중에는 대랍비 이스라엘 헤르촉 폰 예루살렘과 협력했다. 그리고 그들의 부탁을 바티칸에 전해 주기도 했다. 그 부탁 중에는 가톨릭 교회가 박해받는 유다인을 돕는 일이 하느님께서 기뻐하시는 자비로운 행동이라는 내용의 공식적인 입장을 발표해 달라는 간절한 부탁도 있었다. 그러나 늘 그렇듯이 바티칸의 반응은 냉담했다. 론칼리 교황사절은 이에 경악했다. 그래서 그는 바티칸에 다음과 같은 편지를 보냈다. "저는 매일 이스라엘의 불쌍한 어린이들이 제 곁에서 신음하는 소리를 듣고 있습니다. 이 어린이들은 예수님의 친척이며 고향사람입니다." 그는 자신이 도울 수 있는 방법을 나름대로 모색하다 헝가리와 불가리아에 발이 묶여 있는 수천 명의 슬로바키아 유다인들에게 자신이 서명한 팔레스타인행 통과 비자를 발급받게 해 줌으로써 죽음의 수용소로 끌려가는 것을 막았다.

1943년 가을, 바티칸에서 이탈리아 유다인들이 독일 점령군을 피해 피난 갈 수 있도록 적극적인 활동을 전개하자 론칼리 교황사절은 교황청의 행위를 비판하는 편지를 마글리오네 교황청 국무원장에게 보냈다. 그는 이유를 이렇게 설명했다: 교황 성하께서 "소박하고 고결한 자비"를 보이심으로써 "메시아의 꿈을 실현하는 데 간접적으로 기여하고" 이스라엘 왕국과 유다 왕국을 다시 설립하는 데 간접적으로 기여한다는 의심을 받을 수 있다.

하지만 그는 사람의 생명을 구하는 일이 닥치면 신학적인 문제에 연연하지 않았다. 1944년, 론칼리 교황사절은 강제수용소에 끌려갈 위험에 처한 루마니아 유다인들을 구출해 팔레스타인으로 가는 터키 배에 탈 수 있도록 도와주었다. 그리고 "팔레스타인을 위한 유다인 중개소"에서 발행하는 이주 허가서를 루마니아 주재 바티칸 외교관을 통해 발급받도록 주선했다. 물론 이주 증명서가 인정되지 않는 경우가 허다했지만 그래도 통용되는 경우도 꽤 있었다. 그래서 당시에 론칼리 교황사절이 유다인의 생명을 구하는 위조 세례증명서를 발행한다는 소문이 나돌기도 했다.

1943년 7월, 연합군이 시칠리아에 상륙했다. 그리고 무솔리니가 교수형을 당하고 이탈리아가 휴전협정에 서명했다. 독일군은 로마를 점령하고 연합군을 상대로 게릴라전을 전개했다. 론칼리 교황사절은 근심하면서도 내심 안도했다. 그는 고향에 있는 동생 조반니에게 보낸 편지에서 큰 소요 없이 정치적 개혁이 이루어지고 있는 것은 "이탈리아에 아직도 건전한 이성과 인간의 존엄성을 가진 사람들이 많고 이것이야말로 잔인한 무기를 써서 얻은 그 어떤 승리보다 값진 것이라는 사실"을 보여 주는 것이라고 말했다.

초기 여성주의자와 편지를 나눈 사연

바티칸에서는 그때까지도 론칼리 교황사절을 높이 평가하지 않았다. 그의 옛 친구들은 교황청 인맥을 통해 진작에 승진해 있었다. 친구들은 롬바르디아 출신의 론칼리 교황사절이 무엇 때문에 발칸 지방에 나가 있는지 의아하게 생각했다. 론칼리 교황사절이 교황청에 보내는 보고서와 제안은 대부분 좋은 평가를 받지 못했다. 그래서 그런지 그는 소피아에서 만난 한 친구에게 바티칸에서 성공하려면 자신의 이름을 거명하지 않는 것이 좋다는 충고를 한 적도 있었다. 그리고 당시에 불가리아에 수녀원을 개원하는 일에 대해 "이 생각이 나한테서 나왔다는 말을 퍼뜨리지 않는 것이 좋을 것이다. …"라는 말을 하기도 했다.

이 일이 있고 나서 십 년이 지났다. 론칼리 교황사절은 자신의 착잡한 심경을 이렇게 일기에 적었다. "일을 손에서 놓은 듯한 느낌이다. 일을 계속하고 싶다는 생각도 없다. 나는 아무런 공적도 없고 초조함도 느끼지 않는다. 하지만 이곳 상황에 대한 나의 판단과 로마에서 이곳 문제들을 판단하는 방식이 이렇게 크게 다를 수 있다는 사실에 마음이 아프다. 이것이 내가 짊어져야 할 유일한 십자가다.

나는 이 십자가를 겸손하게 짊어질 것이며, 나의 최고 상관을 흡족하게 해 드릴 마음의 준비가 되어 있다. 왜냐하면 정말 내 마음으로부터 우러나오기 때문이다. 나는 항상 진실을 말할 것이다. 하지만 온유하게 말할 것이다. 그리고 내가 부당한 처사를 당하거나 상처 받았다고 생각한 일에 대해서도 일체 침묵할 것이다. … 주님께서 모든 일을 보고 계시니 내가 옳다는 것을 입증해 주실 것이다."

론칼리 교황사절은 마음을 다스리는 다짐을 수없이 하면서 간간이 몇 줄 정도 원망섞인 마음을 일기에 적어 놓았는데, 이 정도는 너그럽게 봐줄 만하다. 그리고 드물지만 친지들에게 보낸 편지에 불만을 토로하기도 했다. 한번은 신학교 동창신부가 본당 사목을 하는 것을 부러워하며 "외교관이나 관료가 될 수밖에 없는 주교나 신부의 삶은 얼마나 불쌍한가 말일세!"라고 한탄하기도 했다.

이스탄불에서 론칼리 교황사절은 히틀러의 집권을 음으로 양으로 도운 파펜이 귀띔해 준 이야기를 상세하게 편지에 적어서 교황청에 보냈다. 그러자 교황청의 도메니코 타르디니 몬시뇰은 퉁명스럽게 "그 양반은 아무것도 모르시는구먼"이라고 말했다. 국무원 외무차관 타르디니 몬시뇰은 론칼리 교황사절의 보고서를 처리하는 담당자였다. 타르디니 몬시뇰은 비오 12세를 충실히 보좌하고 정치적인 안목은 있었지만 대하기에 매우 껄끄러운 인물이었다. 퉁명스럽고 거만했으며 때로는 대단히 냉정했다.

그런데 어떤 사람이든 기꺼이 대화를 하고 모든 사람과 골고루 마음의 정을 나누는 안젤로 론칼리 교황사절이 정말 순박한 건지 아니면 현명한 건지 쉽게 판단할 수 없다. 론칼리라는 인물을 이해할 수 있는 글 중에 이런 구절이 있다. "저는 부러지기보다 차라리 휘어지는 쇠가 더 좋습니다." 가족에게 보낸 편지에 나오는 구절이다. 론칼리 교황사절의 조카 바티스타 신부는 삼촌의 영향으로 사제가 되었다. 그런데 바티스타 신부는 론칼리가 파리에서 교황대사로 있을 때 그를 찾아온 적이 있었다. 그는 외교 업무를 수행하면서 어떻게 그렇게 솔직하고 자신에게 충실하실 수 있느냐고 삼촌에게 물었다. 한편으로는 존경스러우면서도 마음 한구석에 미심쩍은 부분이 있었던 모양이다. 그러자 론칼리 교황사절은 "다른 사람들이 무슨 생각을 하든 나는 언제나 진실을 말했단다"라고 대답했다.

빈틈없는 론칼리 교황사절은 많은 사람들이 생각하듯이 그렇게 고분고분하고 만만한 인물이 결코 아니었다. 그는 늘 웃고 이야기하는 것을 좋아하고, 어느 사람이든 허심탄회하게 마음을 나누는 사람이지만 비밀을 지킬 줄도 알았다. 부드럽고 온화하고 토론하기를 좋아하고 다른 사람의 의견에 귀를 기울이지만 결정적인 순간에는 자신의 분명한 생각을 가지고 있었다. 또 주위 사람들의 고정관념을 깨고 참신한 생각을 하는 여유를 보였다. 론칼리 교황사절은 조반니 파피니의 『그리스도인이라고 생각하는 사람들에게 보내는 편지』 중에서 한 장章 전체를 당시 비판적인 글을 쓰던 신문 편집인인 예수회의 로베르 루케트 신부에게 직접 읽어 준 적이 있었다. 그 글은 현대적인 사고방식을 가지고 있다고 생각하는 사람들을 빈정대는 내용이었다. 론칼리 교황사절은 글을 다 읽고 나서 로마의 보수적인 입장에서 당시 프랑스 신학을 왜곡하고 있는 상황을 시정하라고 로베르 루케트 신부에게 지시했다.

론칼리 교황사절은 아델라이다 코아리라는 여성과 편지를 주고받으며 대화를 나눴다. 가톨릭 신자로 그와 동갑내기인 코아리는 그리스도교의 일치운동에 관심을 가지고 있었으며 사회봉사 활동에 열심히 참여하고 있었다. 론칼리 교황사절이 베르가모에서 교구장 비서로 일할 때 그녀를 알게 되었다. 당시 그녀는 여성의 정치 참여와 교회 참여 그리고 그리스도교 노동운동을 위해 일하고 있었다. 그런데 그때 비오 10세의 국무원장 메리 델 발은 회람을 통해 여성이, 아무리 "저명하고 신심이 두터운" 여성일지라도 가톨릭의 날 행사와 가톨릭 단체에서 발언하지 말라는 지시를 내렸다. 그러나 코아리는 이에 개의치 않고 그리스도교 민주여성연맹을 결성하고 독립적인 신문을 창간했다. 그러나 보수파들의 반대에 부딪혀 결국 그 일을 그만두고 교사를 양성하면서 초등학교 장학사로 활동했다.

소피아로 쫓겨 간 당시 론칼리 주교는 코아리에게 편지를 보내, 포기하지 말고 "일반적인 테두리 밖에서" 가톨릭 문제를 위해 일을 하고 "어느 한 방향에 얽매이지 말고 폭넓게 보라"고 부탁하기도 했다. 공식적으로 인정받지 못해도 교회를 위해 일할 수 있다는 뜻이었다. 그래서 그는 예수회 잡지 『치빌타 카톨리카』 편집인에게 그녀를 소개하기도 했다. 코아리는 요한 23세(론칼리)가 세상을 떠나는 순간까지 그와 편지를 주고받았고 그보다 3년 더 살았다. 그녀는 요한 23세와 바티칸 주변 사람들 간의 관계에 대한 귀중한 증언을 남겨 주었다. 그녀의 말에 의하면 요한 23세가 "네 이웃에 대해 거짓 증언을 하지 말라"는 제8계명이 바티칸에서 거의 통하지 않는 현실에 무척 가슴 아파했다고 한다.

론칼리 교황사절이 소토 일 몬테에 있는 가족들에게 보낸 편지에는 물론 여러 가지 다른 이야기도 있었고 그중에는 근심도 담겨 있었다. 그는 마치 한 가족의 가장처럼 가족들에게 조언도 하고 칭찬도 하고 또 어떤 때는 꾸지람도 하고 주교의 삶이 장밋빛만은 아니라는 사실을 넌지시 암시하기도 했다. "오늘 나를 좀 생각해 달라고 백 리라 한 장을 보냅니다. 이백 리라 지폐가 내 허리띠에 있는 마지막 총알입니다. … 올해 저는 이 총알을 헛된 곳에 많이 쏘아 버렸습니다."

론칼리 교황사절이 어렸을 때 그의 가족은 집 근처에 있는 농장 관리인 집으로 이사를 했다. 그로부터 40년 후 그의 아버지는 아들의 도움과 은행 융자를 받아 농장과 그에 딸린 4헥타르 땅을 사들였다. 그의 가족은 40년이 지나서 겨우 은행 융자를 받았고 그 후 20년 동안 은행 빚을 갚아 나갔다.

1926년, 론칼리 교황사절은 "난로 사셨습니까? 난로는 괜찮습니까?"라고 물으면서 집안일에 관심을 보였다. 그는 '가난한 사람들의 겨울'이 얼마나 고달픈지 잘 알고 있었다. 겨울 혹한기의 흔적이 아직도 그의 손에 역력히 남아 있었다. 그는 능장 보수 작업이 얼마나 진척되었는지 물었다. 그리고 계단을 "진주색 페인트"로 칠하고 계단 문에는 반투명 유리를 달며, "화장실 내부"를 넓혀서 창문 반쪽에는 햇볕이 들게 하고 나머지 반쪽 창을 통해 입구 계단 쪽으로 햇볕이 들게 하라고 일일이 지시했다. 정말 아주 세세한 일까지 직접 챙겼다. 뿐만 아니라 부엌을 두 개 만들고 부엌이 서로 떨어져 있게 하라고 조언했다. 물론 부엌을 개조하는 데 드는 돈은 자신이 일부

부담하겠다고 약속하기도 했다. 그러고는 "집에 제수씨와 형수님들이 많고 또 아이들도 많다 보면 서로 마음이 맞지 않을 때도 틀림없이 있을 겁니다"라고 그 이유를 설명했다.

언젠가 고향 마을에 큰 홍수가 났을 때는 부모님께 편지를 보내 위로하고 천 리라를 빌려서 보내기도 했다. "우리는 확실한 보호를 받고 있습니다. 우리 원망하지 않기로 합시다! 그냥 있는 대로 받아 들입시다. 식구들 모두를 진심으로 강복합니다." 그는 부모님의 누에 농사에도 아주 큰 관심을 가졌다. 부친은 누에를 쳐서 번 돈으로 농장을 구입할 때 융자받은 은행 대출금을 모두 상환했다. 또 누이 안칠라와 마리아에게 이스탄불에 있는 주교 관저 마당에서 닭을 키워 보고 싶다는 계획을 말하면서 의견을 묻기도 했다.

식구들에게 보낸 편지 중에는 체중 감량에 대한 이야기도 있었다. 살을 빼려고 했는데 뜻대로 되지 않아서 기분이 별로 좋지 않다고 했다. 아침은 빵과 과일을 조금 먹고 밀크커피를 마시고, 점심은 든든하게 먹되 "빵과 포도주는 조금만 먹고", 저녁에는 수프·야채·빵을 조금 먹고 과일을 먹는다고 하루 식단을 소개했다. 그러면서 "저항력을 기르기 위해서 체중을 줄여야겠어요. 나이 들면서 건강이 점점 나빠지는 것 같아"라고 걱정하기도 했다. 그러나 이런 노력은 허사였다. 식간 언니들은 살이 빠지지 않는 게 이상하다며 "주교님처럼 뚱뚱한 남자가 꼭 참새처럼 드시는군요. 책과 신문만 마구 잡수시는 모양이죠!" 했다.

아순타 누님이 손자를 보았다는 소식을 듣고 그는 예의 소박한 말투로 축하하면서 너무 걱정하지 말라고 위로했다. "생각나세요, 자식들을 키우시느라고 얼마나 힘드셨어요. 그런데 그 아이들이 전부 자기 일을 가지고 있지 않습니까? 그게 다 하느님의 크신 은총이 아니고 뭐겠어요? 저도 고향 집을 떠난 지 30년이 넘었습니다. 누님은 내 생활이 마냥 즐겁고 편하다고만 생각하세요? 아순타 누님! 이런 말씀을 드리고 싶습니다. 이 세상에서 우리는 늘 걱정을 안고 살아갑니다. 우리가 걱정거리를 짊어지면 더 좋은 삶이 으리를 기다리고 있을 겁니다. 이미 그곳에 가 계시는 매형 — 조반니 — 께서도 이 고통을 다 겪고 지금은 기뻐하고 계실 겁니다. 매형께서는 안젤리노와 세상을 떠난 모든 사람들과 함께 천당에서 성 요한의 축일을 맞으며 얼마나 기뻐하시겠어요?"

론칼리 교황사절은 이미 세상을 떠난 매형 조반니(요한)의 영명축일 전날 저녁에 누이 아순타에게 이 편지를 보냈다. 그리고 안젤리노는 론칼리 교황사절의 조카였다. 그의 남동생의 아들이었다. 안젤리노도 큰아버지처럼 신부가 되려고 했었는데 열두 살 때 심한 감기 후유증으로 세상을 떠나고 말았다. 그리고 또 다른 조카는 그리스 전쟁 때 전선에서 사망했다. 그리고 론칼리 교황사절의 부모님도 이미 선종했다. 아버지는 1935년 81세를 일기로, 어머니는 1939년 85세를 일기로 세상을 떠났다. 그러나 아들 론칼리는 부모님의 장례식에 참석하지 못했다. 아버지가 선종하실 때는 터키 교회의 갈등이 극에 달해 있었고, 어머니가 돌아가셨을 때는 비오 11세의 문상과 장례미사에 참석하느라고 어머니께 가지 못했다.

세상을 떠나기 전 그의 어머니는 꼭 한번 아들을 보고 싶어했다. 그러나 한번은 교황의 장례미사 때문에 갈 수 없고 또 한번은 사정이 있어서 이스탄불을 떠날 수 없다는 아들의 편지만 받았다. 어머니는 고개를 끄덕이며 나지막이 말했다고 한다. "안젤로가 올 수 없는 사정이 있겠지. 이제는 내가 여기에 조금 더 머무를 수 있도록 주님께 기도드려야지. 그게 안 되면 그분의 뜻을 따라야지. 하늘에서 다시 만날 수 있을 게야."

"내가 진실만을 말한다는 사실을 알게 되면 그들은
'이 사람, 정말 능수능란하구먼' 하고 생각할 것이다!"
론칼리 교황대사가 드골 대장이 주례한 신년 하례식에서
외교사절단 대표로 인사말을 하고 있다. 1945년, 파리.
사진: *ITALY'S NEWS PHOTOS*, Roma

1953년 1월 15일,
추기경에 서임된 론칼리 교황대사에게 추기경관을 씌워 주는
벵상 오리올 프랑스 대통령.
출처: *GIOVANNI XXIII*, Marietti Ed. Ltd., Torino

■ 셋째 마당

검증 기간
파리 — 베네치아

나의 창은 활짝 열려 있고 내 귀는 들을 준비가 되어 있다.
오직 내 입만은 그 많은 일들을 간직한 채 굳게 닫혀 있다.

정치적 오점 없는 교황대사

론칼리 교황사절이 20년 전 노동자 교구 베르가모에서 교구장 비서로 일한 적이 있었다는 사실을 기억하는 교황청 사람들은 거의 없었다. 그런데 2차 세계대전이 막바지에 달할 즈음(1944년 12월) 비오 12세가 느닷없이 당시 63세의 론칼리 교황사절을 바티칸 외교의 가장 중요한 창구인 프랑스 주재 교황대사로 발령했다. 바티칸에서는 당시 론칼리 교황사절의 능력을 그다지 높이 평가하지 않았다. 론칼리 교황대사가 자신의 승진에 놀랐다고 말하자 교황청 장관들은 시큰둥하게 말했다. "우리도 다들 놀라고 있습니다. 그분이 혼자서 결정하신 겁니다!" 그러면서 비오 12세의 집무실을 향해 손사래를 쳤다.

론칼리 교황대사는 비오 12세가 원래 다른 인물을 임명하려고 했었다는 사실을 알게 되었다. 교황청 고위 성직자들이 추천한 인물은 피에타 아르헨티나 주재 교황대사였다. 그러나 피에타 대사는 건강상의 이유로 사양했다. 론칼리 교황대사는 쓴웃음을 지으며 르네상스 시대에 살았던 한 시인의 시를 인용했다. "말이 없으면 당나귀라도 타고 가야지." 그는 사목을 할 기회도 없고 또 정치 술수와 외교 술수의 무대를 혐오했기 때문에 주불 교황대사로 승진한 사실이 별로 달갑지 않았다.

당시 상황으로 볼 때 론칼리를 주불 교황대사에 임명한 것은 무모한 모험에 가까웠다. 화려한 신앙의 역사를 자랑하는 프랑스 가톨릭 교회는 "교회의 맏딸"이라는 명예로운 이름을 가지고 있었다. 그런데 프랑스 국가 지도자와 교회 지도자들의 관계는 최악이었다. 이름 없는 수많은 그리스도인들이 독일 점령군에 맞서 레지스탕스에서 싸울 때 대다수의 주교들은 나치 독일에 긴밀히 협력했고, 비시를 앞세워 프랑스의 미점령 지역을 통치한 페탱 원수의 충실한 신봉자 노릇을 했다. 권위적인 페탱 정권하에서 프랑스 가톨릭 교회는 그야말로 공의회 이전의 가톨릭 신앙의 꽃을 피웠다. 평소 민감한 폴 클로델 시인조차도 "프랑스가 교수, 변호사, 유다인, 프리메이슨파 등과 같은 반反가톨릭 정당의 멍에에서 풀려났다"고 말하며 환호했다.

물론 비시 정권과 유착했다고 해서 나치의 정책에 동조한 것은 아니었고 페탱이 법적인 국가의 수반이었다. 그리고 1942년, 독일이 프랑스 유다인들을 강제수용소로 추방하기 시작하자 그때까지 정부에 순응하던 많은 주교들이 반체제 인사로 변했다. 젤리에 추기경이 그 예인데, 그는 1940년까지 겉으로는 "페탱, 그가 바로 프랑스다"라고 말하면서 리옹의 유다인들을 구출하는 기지를 발휘했다.

1940년, 샤를르 드골 장군은 런던에서 망명정부를 조직하고 북아프리카에서 독일 점령군과 전투를 벌이다 1944년 마침내 파리를 수복했다. 바티칸을 방문한 드골 장군은 비오 12세를 알현한 자리에서 비시 정권에 협력한 전력 때문에 비난을 받고 있는 발레리오 발레리 교황대사를 소환하고 나치에 협력한 30명의 주교들을 교구장직에서 해임하라고 요구했다. 물론 비오 12세는 처음에 요구사항을 받아들일 수 없다고 입장을 밝혔다. 이제 막 정권을 잡은 정치 권력이 교황의 교구장 임명에 관여한다면 어떻게 하겠는가?

그런데 시간이 지나면서 바티칸에서도 발레리 교황대사가 물러나지 않을 경우 프랑스 가톨릭 교회가 분열될 것이라는 사실을 인정하게 되었다. 때는 12월에 접어들고 있었다. 시간이 촉박했다. 그동안 프랑스 신년 하례식에서 각국 외교사절을 대표하여 프랑스 국가 수반에게 신년 인사를 하는 것은 외교사절단의 최고령자인 교황대사 몫이었다. 그런데 교황대사 자리가 비게 되면 당시 외교사절단의 최고령자인 (구) 소비에트 연방 공화국(이하 소련) 대사가 신년 인사를 할 수밖에 없었다. 바티칸이 외교적 망신을 당하지 않으려면 어떻게든 손을 써야 했다.

12월 2일, 바티칸에서는 부에노스아이레스의 요셉 피에타 대사에게 전보를 쳤다. 그러나 뜻밖에도 발령을 수락할 수 없다는 통보를 받았다. 그래서 12월 5일에 이스탄불의 안젤로 론칼리 대주교에게 전보를 보냈다. 12월 27일, 론칼리 교황사절은 터키를 떠나 대여섯 군데를 거쳐 12월 28일 로마에 도착했다. 12월 29일, 비오 12세가 론칼리 대주교를 접견하고, 12월 30일 오전 10시 론칼리 대주교는 프랑스 정부 전세기 편으로 로마를 출발했다. 당일 14시 파리에 도착한 론칼리 교황대사는 저녁에 프랑스 외무장관을 예방했다. 그리고 1945년 1월 1일, 문제의 신년 하례식이 드디어 열렸다. 호사가들의 말에 의하면, 소련 대사가 준비한 신년 하례사를 론칼리 신임 교황대사가 그대로 낭독해서 소련 당국자들이 아주 흐뭇해했다고 한다. 그러나 그 연설문은 노련한 바티칸 관리가 작성한 것이었다.

차선책으로 선발된 론칼리 교황대사. 교황청 사정에 밝은 사람들 사이에서는 프랑스 측의 요구와 발레리 몬시뇰의 소환 압력을 불쾌하게 생각한 교황청이 일종의 보복 조처로 가장 무능하다는 평가를 받는 후임자를 파견했다는 추측이 나돌았다. 말하자면 "그분 — 비오 12세 — 이 별로 탐탁하게 여기지 않는 농사꾼 출신 외교관"을 보내셨다는 것이다(루케트). 또한 권위주의적인 비오 12세는 가톨릭 교회의 지적인 경향이 교회에 활력을 불어넣고 있는 것에 대해 도리어 교회의 분열을 일으킬 수 있다고 판단하면서 대단히 우려하고 있었다. 신학과 사목의 방향은 모두 바티칸에서 결정하고 그 어디서든 이를 거슬러서는 안 된다는 입장이었다.

론칼리 교황대사에 대한 악담 중에는 이런 주장을 뒷받침하는 이야기도 있다. 1944년 12월 29일, 신임 교황대사 론칼리 대주교가 앙카라에서 파리로 가는 도중에 로마에 들러 비오 12세를 알현했다. 이 자리에서 비오 12세는 무뚝뚝한 말투로 정확하게 7분의 시간이 있다는 말로 말문을 열었다고 한다. 그러자 론칼리 대주교는 정중하면서도 단호하게 "이 경우 나머지 6분은 필요하지 않습니다"라고 대답하고 집무실을 나왔다고 한다. 하지만 이 이야기는 그저 소문일 뿐이다.

또 다른 소문도 있다. 비오 12세가 교황대사 후보들 중에서 론칼리 대주교의 특출한 재능을 높이 평가했기 때문에 그를 임명했다는 이야기다. 위베르 게린느 바티칸 주재 프랑스 대리공사가 바티칸 관리에게 들은 바에 의하면 "그(론칼리 주교)의 경험과 대범한 인품 때문에" 비오 12세가 론칼리 대주교를 임명했다고 한다. 이스탄불에 나가 있는 론칼리 대주교가 비난받을 만한 정치적 전력 — "하얀 조끼" — 이 없다는 점도 교황대사 임명에 유리하게 작용했다. 발칸 반도에서는 동방교회와 바티칸이 전제적인 정권에 협력한 사실이 없었고, 또 론칼리 대주교가 그리스도교적 민주주의에 호감을 가지고 있었다는 사실은 이미 베르가모에서 입증되었다. 물론 당시에 그의 태도에 대한 부정적인 시각도 있었다.

  비오 12세가 결정을 내릴 때 정말 이런 요인이 작용했다면 론칼리 대주교를 적극 추천한 사람은 아마 몬티니 주교였을 것이다. 당시에는 국무원장이라는 직책이 없었고 비오 12세가 이 직책도 직접 맡고 있었다. (아데나워 독일 연방 수상이 75세에 직접 외무장관을 겸임한 것과 비슷하다.) 하여튼 당시 바티칸에서는 타르디니 '교황청 특별 업무원장'과 론칼리의 오랜 친구이자 교회 살림을 맡고 있는 몬티니 대리권자 두 사람이 막강한 영향력을 행사하고 있었다. 나치의 잔재를 청산하려고 하는 드골 장군과 그의 세력과 원활한 관계를 유지하기 위해서는 냉정한 외교관보다는 선한 사목자가 더 적임이라는 몬티니의 판단은 결국 옳았다.

포로수용소 방문

정치적 전력에 대한 시비가 없고 전혀 알려지지 않은 참신한 론칼리 교황대사는 뛰어난 수완과 타고난 성품을 바탕으로 프랑스 국가와 교회 간의, 더 정확히 말해서 프랑스 사회와 교회 간의 새로운 관계 정립을 위한 발판을 마련했다. 당시 파리에서는 아직도 폭도들이 난동을 일으키고 성직자들에게 돌을 던지는 일이 있었지만 사회와 교회 간의 문화적 갈등은 이미 수그러든 상태였다. 결국 세 명의 주교가 교체되고, 들것에 실린 상태로 대성당에 들어가서 유다인 추방을 반대하는 강론을 한 툴루즈의 살리에쥐 대주교는 추기경에 서임되었다. 프랑스 국민들은 이를 자랑스럽게 생각하며 기뻐했다.

　론칼리 교황대사가 사회와 교회의 갈등을 해소하기 위해 어떤 일을 했는지 자세히 알 수는 없다. 하지만 그가 나치에 협력한 주교들의 행각에 대한 기록 원본과 자료 조사를 바티칸에 요청함으로써 사건을 교묘하게 지연시킨 것은 사실이다. 프랑스 정부 측에서도 이 문제에 대해 점차적으로 타협의 자세를 보였다. 그리고 드골 프랑스 대통령이 철학자 자크 마리탱을 바티칸 주재 프랑스 대사로 임명하자 양측 간에 완연한 화해의 분위기가 조성되었다. 자크 마리탱은 가톨릭 신자이면서 무척 완고한 인물이었다. 당시 소문에 의하면 바티칸에서 대사 파견 문제를 진행시키면서 론칼리 주불 교황대사를 배제하고 직접 프랑스 측과 협상했다고 한다. 이 소문이 사실일 수도 있다. 그러나 론칼리 교황대사가 없었다면 과거의 상처가 그리 쉽게 치유되지 않았을 것이다. 또 양측이 전향적인 자세로 새로운 분위기에서 대화하기까지 상당한 시간이 걸렸을 것이다.

　파리에서도 론칼리 교황대사 특유의 신중하고 세심한 성격이 여실히 드러났다. 그는 프랑스의 모든 주교들에게 보낸 "겸손한 서한"에서 자신을 주교들의 형제라고 소개하면서 많은 지도편달을 바란다고 부탁했다. 그리고 에펠탑 밑에서 거행된 전쟁 포로와 강제수용소 생존자를 위한 미사에도 참석했다. 론칼리 교황대사는 한 외국 대사에게 그때 일에 대해 이렇게 이야기했다. "포로수용소복을 입은 백여 명의 신부들이 영성체를 했습니다. 그때 우리는 한편에서는 고통과 죽음의 비극적 모습을 보았고, 다른 한편에서는 다시 잠에서 깨어난 생명을 보았습니다."

당시 독일군 전쟁 포로는 샤르트르 부근의 르 쿠드레이 포로수용소 제6구역에 수용되어 있었다. 독일군 포로들은 격식을 차리지 않으면서도 신뢰감을 주는 론칼리 교황대사의 인품을 그때 이미 체험했다. 훗날 그가 교황이 되었을 때 전 세계 사람들은 그런 그의 모습을 보고 감탄했다. 그는 포로수용소를 의례적으로 방문하는 것으로 만족하지 않고 자주 찾아가서 수용소 안을 구석구석 살피기도 하고 환자들의 병상 앞에 앉아 대화를 나누기도 했다.

당시 포로수용소에 있었던 한 독일 병사는 론칼리 교황대사에게 받은 인상을 이렇게 표현했다. "이탈리아 사람답게 날렵하면서도 땅딸한 그 양반은 풍기는 분위기가 어딘지 모르게 믿음이 가고 그러면서도 성격이 유쾌하고 익살스러우면서 정이 있고 또 자비로운 모습이었다. 자연스럽게 풍겨 나오는 그의 경건한 모습에 모두들 마음이 매료되었다. 그분은 사람들을 대할 때 자신을 낮추어 친근하게 대했지만 가까이하기 힘든 고행자의 모습은 전혀 아니었다. 그분은 우리에게 꼭 필요한 적임자였으며 한군데 매달리면서도 묘하게 무언가 갈망하는 듯한 그런 분이었다. … 수용소에 있는 전쟁 포로들과 함께 미사를 봉헌하고 성체를 분배했으며, 미사가 끝난 뒤에는 생바람이 술술 들어오는 식당에서 포로들과 함께 앉아 음식이 입맛에 맞는지 살피는 그분을 정말 말릴 수가 없었다. 아무도 그분을 막을 수 없었다. 대령이나 소령과 함께 계셔도 마찬가지였다. 겨울에는 살을

에일 듯이 추운 그 거대한 막사 구석구석을 살피시면서 동행한 사람들에게 당신의 심경을 말씀하셨는데 눈에서는 측은한 마음이 엿보였다. 그리고 3층 침대 위를 올려다보다가 마침 침대 앞에서 차려 자세를 취하는 포로를 보시자 둥근 중절모를 살짝 벗어 답례하셨다. 그것도 아주 절도있게."

론칼리 교황대사는 '철조망 안의 신학교'도 자주 찾아갔다. 이 신학교는 르 쿠드레이에서 전쟁 포로가 된 신학생을 위해 설립한 것으로 한때 학생 수가 400명에 달했다. 정말 열악한 환경이었지만 수용소 신학교에서는 성서학, 교회사, 강론법 등에 관한 강의가 개설되었다. 론칼리 교황대사는 신학생들과 함께 양은 주발에 음식을 담아서 먹고 공부에 진전이 있는지 물어보는가 하면 책과 석탄을 가져다주기도 했다. 그리고 전설적인 프란츠 슈톡 재속사제를 사귀기도 했다. 전쟁 기간 중에 파리의 독일 가톨릭 공동체 지도신부를 맡았던 슈톡 신부는 사형선고를 받은 약 2천 명의 프랑스 레지스탕스가 처형될 때 마지막 순간까지 함께하며 기도해 준 인물이다. 프란츠 슈톡 신부는 전쟁이 끝난 뒤 독일과 프랑스 양국의 화해의 물꼬를 트는 데 크게 기여했다. 1947년 성토요일, 론칼리 교황대사는 로텐부르크 교구 출신 신학생 두 명을 사제로 서품했다.

독일어가 서툰 론칼리 교황대사는 신학생들과 더듬더듬 라틴어로 이야기했다. 신학생들도 전쟁터에 온 지 오래되어서 라틴어를 거의 잊어버린 상태였다. 그리고 사람을 기분 나쁘게 하지 않으면서도 아주 유쾌하게 자주 웃었으며, 촌구석에서 라틴어를 배우느라고 무척 고생했다는 이야기도 곧잘 했다.

이런 상황에서 론칼리 교황대사는 프랑스 주교들과 힘을 합쳐 포로 수감 기간을 단축하고 26만 전쟁 포로들이 고향으로 돌아갈 수 있도록 노력했다. 그런데 맨 마지막으로 석방되어 귀향하던 포로들이 프랑스 철도 노동자들의 파업으로 발이 묶인 적이 있었다. 기차가 무려 7일 동안 선로에 그대로 정차해 있었다. 론칼리 교황대사는 곧바로 화물차를 동원해서 병사들에게 식량을 가져다주었다.

카리스마와 망신

론칼리 교황대사는 정식으로 외교관 수업을 받지 않았지만 사건을 역사적 맥락에서 보는 안목이 있었다. 그는 프랑스에서 이미 오래전부터 교회와 국가가 분리되었고 사회에도 정교분리의 경향이 강하다는 사실을 잘 알고 있었다. 프랑스 정부는 1904년에 이미 나폴레옹과 당시 교황이 조인한 종교협약을 파기했다. 론칼리 교황대사는 터키에서 비슷한 문제를 처리한 경험이 있었기 때문에 프랑스에서도 그 경험이 많은 도움이 되었다. 그는 프랑스에서도 종교에 대한 국가의 견제를 긍정적으로 해결했다. 많은 가톨릭 신자들은 그로 인해 생긴 자유와 자주성을 도리어 소중하게 생각하고 있었다.

그렇지만 정부가 가톨릭 학교의 우수성을 높이 평가하면서도 — 당시 프랑스 학생의 22%가 사립학교에 다녔고 나머지 대부분은 가톨릭 학교에 다녔다 — 적은 액수의 정부 보조금을 지원하는 것은 이런 상황에서 빚어진 부정적 결과였다. 그런데도 사회주의자들과 공산주의자들은 헌법 개정 논의에서 가톨릭 학교 국가 보조금을 전액 삭제할 것을 요구하며, 독일 점령하에서 많은 교회 지도자들의 부적절한 처신을 비난했다.

론칼리 교황대사는 이번에도 양측을 중재하는 데 앞장섰다. 그는 "하느님의 명칭에 대한 경외감을 가지고 있는 것은 일단 차치하고라도 근본적으로 수많은 핵심적인 인간 문명이 이곳에서 이루어졌다"고 평가하면서 프랑스 문화에 대해 경의를 표했다. 그리고 가톨릭 교육기관의 우수성에 대해서도 넌지시 언급했다.

또 그는 브레타뉴에서 코르시카까지 프랑스 전역을 다니면서 성지순례를 하고 여성 수도회 장상회의에 참석했다. 사블돌론느에 갔을 때는 어민들의 집을 방문하고 보느에서는 포도농사를 짓는 농민들의 집에 손님으로 초대되어 아침 식탁에서 하느님과 세상에 대해 격의 없는 대화를 나누기도 했다. 또 1789년 프랑스 혁명의 발단이 된 바스티유 감옥 습격 사건을 기념하는 행사가 매년 개선문에서 열렸는데, 론칼리 교황대사는 행사 중에 소나기가 쏟아지자 자연스럽게 소련 대사 옆으로 가 큰 우산을 함께 쓰며 환담을 나누기도 했다. 또 수리공들이 대사 관저에 와서 작업을 하면 술을 한잔씩 대접하기도 했다. 주세페라는 이탈리아 용접공은 매월 첫 토요일에 관저에서 교황대사와 함께 식사를 했다고 한다. 그 자리에는 그의 부인과 일곱 자녀들도 함께했다.

사람 마음을 매료시키는 론칼리 교황대사의 능력은 당시에도 정평이 나 있었다. 로베르트 슈만 전 독일 외무장관 및 유럽 의회 의장은 그에 대해 "그분은 파리 사회에서 평화에 대한 뛰어난 감각을 가진 유일한 분이었다"고 말했다. 현재 독실한 가톨릭 신자였던 슈만의 시복 절차가 진행되고 있다. 뿐만 아니라 자유로운 사상을 가진 인물들도 론칼리 교황대사의 온화한 인격과, 대화 상대자의 근심과 닫힌 마음을 보듬는 세심한 배려에 감격했으며, 그의 순수한 인품에 탄복했다.

1950년, 푸아티에 출신 신학생들이 교통사고로 라베나의 한 병원에서 치료를 받고 있었다. 그때 마침 고향 소토 일 몬테로 휴가를 온 론칼리 교황대사가 이틀 후 라베나의 병원으로 병문안을 간 적이 있었다. 그런데 어찌 된 일인지 이 병문안을 두고 의견이 분분했다. 론칼리 교황대사의 정치적 수완이 돋보이는 행동이라는 평도 있었고 그가 당시 프랑스 가톨릭 신앙이 새롭게 부흥하는 현실을 잘 파악하고 있다는 말도 했다. 그런가 하면 가톨릭 교회의 중심부인 바티칸, 지역교회인 프랑스 교회, 프랑스 정치, 무신론자가 많은 프랑스 사회 등등의 요소들이 복잡하게 얽힌 상태에서 그의 입지가 대단히 어렵다는 평가도 있었다. 이처럼 론칼리 교황대사의 동지와 적대자 그리고 비판적 관찰자들이 내놓은 의견은 다양했다.

프랑스의 외교가에서는 일반적으로 외교관의 행동에 대해 대단히 까다로운 평가를 내리는 것이 사실이다. 이런 관점에서 소피아와 앙카라 시절 론칼리 교황대사의 외교적 행동을 평가한다면 망신스러운 일들이 상당히 많이 있었다. 볼로냐의 종교학 연구소는 요한 23세 (안젤로 론칼리)의 삶과 행적에 대한 연구서에서 그가 외교관으로서 파리에서 보여 준 활동에 대해 상당히 상반된 평가를 내렸다. 론칼리 교황대사의 행동 중에는 "웃음을 자아내면서도 불쾌감을 일으키는"

경우가 여러 번 있었다고 한다. 또 그가 "싱거운" 이야기를 하면서 장황하게 연설을 하고, 고급 요리를 먹을 줄 모른다고 사람들이 뒤에서 비웃는 일도 있었다고 한다. 그리스도교적 민주주의를 표방하는 국민공화당 당원 중에서 론칼리 교황대사에게 반감을 가진 사람들은 그에게 "어릿광대"라는 별명을 붙이기도 했다. 이 별명은 정치적 소신이 없고 단순히 바티칸의 지시를 따르는 하수인이나 첩보원이라는 뜻이었다.

또 그가 몇 차례 연설을 그르친 적이 있는데 그것은 그의 프랑스어 실력이 별로 좋지 않았기 때문이다. 어떻게 보면 연설을 할 때 미사여구를 즐겨 사용하기 때문이었다. 론칼리 교황대사는 부임 이듬해에도 각국의 외교사절이 참석한 신년 하례식에서 드골 대통령에게 신년 인사를 했다. 마침 드골 대통령 딸의 결혼식이 얼마 남지 않은 시점이었다. 론칼리 교황대사는 그냥 간단하게 대통령 따님의 결혼을 축하한다고 말하면 될 걸 "며칠 있으면 각하 댁 대문은 신선한 오렌지 꽃 화관으로 장식되어 있을 겁니다"라고 했다.

"그분의 소탈하고 자애로운 마음과 허물없는 농담이 늘 호감을 얻지는 못했습니다. 그런 농담을 다 모으면 아마 굉장히 많을 겁니다." 루케트 신부는 조심스럽게 말했다. "그분은 별로 대수롭지 않은 일을 연설에 끼워 넣는다거나 입장 표명을 하지 않고 슬쩍 넘어가시는 경우도 무척 많았습니다. 그래서 청중들이 종종 야유를 하면서 비웃기도 했습니다. … 낭시의 사회복지사업연합회 회의에서 시급한 사목 현안을 토의하던 중, 그분은 얼마 전 성지순례를 다녀온 플라스 스타니슬라의 어느 멋진 궁전 이야기를, 거기 브누아 라브르 성인이 살았네, 하시면서 장황하게 늘어놓으셨습니다. 참석했던 수천 명의 신부들은 정말 어리둥절했습니다. 내 옆에 앉아 있던 한 신부는 '저분이 교황대사이신가요?'라고 묻기도 했습니다. 또 랭스에서의 대미사 강론 때는 포도주와 포도주 통에 대해서만 말씀하시는 바람에 사람들이 모두 웃은 적도 있습니다."

이런 이야기를 듣다 보면 그가 순진하지만 늘 실없는 소리만 해서 아무한테도 존경을 받지 못하는 사람인 것 같은 인상을 받는다. 그러나 자신을 냉정하게 비판하는 그의 일기를 읽어 보면 전혀 다른 느낌을 받게 된다. "요란스럽게 수다를 떨다가 표현을 과장되게 하는 경우가 종종 있었다." 1945년 성주간 피정을 하면서 그는 "조심해야 한다. 조심해야 한다. 침묵할 줄 알아야 하고 말을 절제할 줄 알아야 한다"라고 말하면서 자신의 잘못을 시인했다. 그리고 자신이 근신해야 하는 진짜 이유를 설명했다. 망신을 당할까봐 두려워서가 아니라 행여 다른 사람에게 옳지 못한 일을 할까봐 겁이 나서 그런 것이라고 했다. "자제해야 한다. 남들과 그들 입장에 대해서 판단하는 일을 자제해야 한다. (정말 그래야 한다.) … 이웃 사랑이 살아 있다는 사실을 특히 명심해야 한다! 이것이 바로 나의 규칙이다."

연회장의 누드 사진

그런가 하면 유머 덕분에 약점과 실수가 별 탈 없이 그냥 넘어가는 경우도 있었다. 한번은 론칼리 교황대사가 생 피에르 드 샤이오에서 프랑스어로 강론하던 중 마이크가 고장난 일이 있었다. 그의 말소리가 들리지 않자 곳곳에서 히히덕거리고 깔깔거리는 웃음소리가 들렸다. 그러자 그는 강론대에서 내려와 중앙 통로에 서서 마이크 없이 강론을 했다. "어린이 여러분, 내가 한 말을 듣지 못했지요. 하지만 괜찮아요. 그건 중요한 게 아니에요. 내가 프랑스어를 별로 잘 못하지요. 우리 어머니께서 연세가 많으신데, 옛날에 농사일을 하시느라고 내가 어렸을 때 프랑스어 공부를 안 시키셨어요."

그리고 그는 다른 사람들이 이야기를 하기 전에 스스로 자신의 비대한 몸에 대해서 농담을 했다. 한번은 프랑스 학술원 기념행사가 끝난 뒤 이런 농담을 건넸다. 의자가 정말 멋있다고 운을 띄운 뒤 "정말 굉장히 고상한 이야기를 들었습니다! 그런데 안타깝게도 이 의자가 교황대사를 반쪽만 걸터앉게 하더군요"라고 했다. 급진적 사회주의자인 에두아르 에리오 학술원장은 론칼리 교황대사의 친한 친구였다. 한번은 에리오 학술원장이 사람이 나이가 들면서 점점 성숙해지냐고 진지하게 그에게 질문을 했다. 그러자 그는 "경우에 따라 다릅니다. 포도주하고 비슷합니다. 시간이 가면서 숙성하는 사람도 꽤 있습니다"라고 대답했다. 또 한번은 목선이 깊이 파인 옷을 입은 여자들이 같이 만찬에 참석하면 무척 난처하시지 않느냐는 짓궂은 질문을 받은 적이 있었다. 그러자 그는 태연하게 말했다. "아니오, 그렇지 않습니다. 상반신 노출이 심한 옷을 입은 숙녀가 참석하면 사람들은 그 숙녀를 보지 않고 교황대사를 본답니다!"

자색 대주교복을 입은 자애로운 노인 론칼리 교황대사도 자신의 마음을 상하게 하는 말을 듣거나 이용당하는 기분이 들면 조금 빈정거렸지만 굉장히 재치있는 말로 매섭게 되받아쳤다. 당시 파리 시장이었던, 드골 대통령의 동생 피에르 드골은 교황대사가 리셉션에 참석한 것에 대해 교황이 드골당 창당을 강복한 것이나 다름없다고 말했다. 일순간 침묵이 흘렀다. 이어서 답사를 하기 위해 연단에 선 론칼리 교황대사는 국제도서전시회를 방문한 일에 대해 평소처럼 장황하게 이야기했다. "프랑스에서 발행된 고서 중 제 고향 베르가모 출신의 16세기 인본주의자 가스파리노 드 바르시치의 책을 한 권 발견하게 되어서 대단히 기뻤습니다." 그리고 잠깐 피에르 드골 시장을 쳐다보고 온화한 표정으로 다시 청중들에게 시선을 돌리면서 이렇게 말했다. "그 책의 내용은 좋은 매너에 대한 이야기입니다."

파리의 연회에서 있었던 일이다. 짓궂은 장난을 좋아하는 한 남자가 론칼리 대주교를 떠보려고 무례하게 여자 누드 사진 한 장을 불쑥 내밀었다. 론칼리 대주교는 사진을 슬쩍 쳐다보더니 히죽히죽 웃는 그 남자에게 사진을 돌려주며 물었다. "사모님이신가 보죠?"

중세풍의 교황대사 관저에서 소박하고 검소하게 사는 론칼리 교황대사를 사람들은 무척 좋아했다. 대사 업무를 돕는 비서 두 명, 식복사 수녀가 세 명 있었으며, 여행을 할 때는 검정색 캐딜락 자동차를 이용했다. 그런데 동네 사람들은 그를 뚱뚱하고 친절한 재속사제로 알고 있었다. 그는 거리에서 산책을 하면서 모로 가의 신문 가판대에서 일하고 있는 이베트 모랭이라는 여성과 이야기를 나눴다. 유다인인 그녀의 어머니는 한때 라벤스브뤽 여성 강제수용소에 끌려간 적이 있었다. 그는 또 세느 강변에 늘어선 책방 진열대를 열심히 뒤져 희귀본을 찾기도 했다. 그런데 비오 12세는 산책을 하며 돌아

다니는 행동이 교황대사의 품위를 손상시킨다는 이유로 몹시 화내며 질책했다고 한다.

하지만 바티칸에서 들려오는 이런 비판의 소리는 어느새 별로 대수롭지 않은 일상이 되어 버렸다. 그는 이런 일들을 담담하게 받아 넘겼다. 1946년 대림절, 조카딸에게 보낸 편지 중에 이런 구절이 있다. "잘 있었니, 안나야? 내가 며칠 전에 66세가 되었단다. 거울을 보지 않으면 내가 아직도 무척 젊다고 착각하곤 해. 하지만 오래전부터 매일 하늘나라를 생각한단다. 그러면 이 세상의 모든 유혹들이 부질없어 보여." 그리고 교황대사 관저에서 귀족과 정치인과 학자들을 접견한다는 말도 하면서 이렇게 속마음을 털어놓았다. "그 어떤 일로도 나는 자제력을 잃지 않는다. 나는 농장에서 우리가 소박하게 살았던 일을 생각한다. 그리고 온화하고 겸손하게 직무를 수행해야겠다고 생각하면 더할 나위 없이 마음이 기쁘단다. …"

프랑스 외무성과 빚은 갈등

"자애로우신 요한 23세"의 행적을 모은 일화집에서부터 인간적 결함과 꾸밈없는 모습을 사실에 가깝게 기록한 전기에 이르기까지 론칼리 교황대사에 대한 평은 다양하다. 그래서 볼로냐의 학자들은 열네 살 소신학생 시절부터 세상을 떠나기 며칠 전까지 요한 23세가 남긴 글과 기록을 컴퓨터 프로그램을 이용해 어록을 만들고 그의 사상과 내면을 조망했다.

그야말로 평범한 신앙심을 가진 롬바르디아 지방 출신의 시골 소년이었던 그가 프랑스에서 자유롭고 개방적이고 도시적인 가톨릭 신앙을 이해하고 받아들이는 데 어려움을 느꼈다는 사실은 이미 잘 알려져 있다. 또 "노동사목을 하는 신부"들과 론칼리 교황대사 간의 관계가 모호했다는 사실도 익히 알고 있다. 적어도 프랑스에서는 그랬다. 또한 자연과학과 신앙 간의 새로운 대화의 장을 연 위대한 선구자이며 "우주적 그리스도"의 예언자인 떼이야르 샤르댕 신부를 못마땅하게 생각했던 것 또한 새로운 사실이 아니다. 론칼리 교황대사는 떼이야르 신부에 대해 "떼이야르 신부님! … 그분은 문젯거리를 만들지 않고 교회의 교리와 사회론을 가르치는 데 만족하실 수 없을까?"라는 말을 한 적이 있다.

그런데 볼로냐의 학자들이 론칼리 어록을 출간하면서 당시 론칼리 교황대사에 대한 프랑스 정부의 평가가 새롭게 밝혀졌다. 프랑스 정부는 론칼리 교황대사가 프랑스 외무성과 접촉하는 일에 관심을 보이지 않은 것에 대해 불쾌하게 생각하고 있었다. 그가 8년 임기 동안 프랑스 외무성에 보낸 공식문서는 단 한 건밖에 없고, 그것도 외무성의 요청에 의해 이루어졌다는 것이 외무성 측의 비난 내용이었다. 또한 프랑스 국내 출장을 외무성에 통보하는 관례를 지키지 않은 것에 대해서도 비난했다.

1949년, 프랑스 내무성의 프랑수와 메장 문화국장은 외무성에 불만을 토로했다. "교황대사께서는 1921년부터 이어져 온 전임자들의 관행을 깨고 우리나라에서 개최되는 중요한 모든 종교 축제의 의장직을 맡으시려고 하는 것으로 사료됩니다." 1955년, 메장 문화국장은 과거의 일을 회고하며 "교황대사께서는 사실상 교회의 실제 수장이 되려고 하셨습니다"라고 꼬집었다.

물론 론칼리 교황대사가 지역 행사에 자주 참석하고 (겉보기에) 마구잡이로 정치권 인사들과 접촉한 사실에 대해서는 도리어, 열심한 사목자인 그가 외교관이라는 역할을 통해 낯선 나라 프랑스를 이해하고 프랑스 사람을 사랑하려고 노력했다고 이해하는 사람도 있었다.

론칼리 교황대사는 이런 비난에 대해 예의 천연덕스러운 반응을 보였다. 전 교황대사였던 페라타 추기경은 1900년대 초에 매주 한 번씩 외무성을 방문한 사실을 인정하며 외무성의 뒤멘느 일등서기관에게 이렇게 말했다. "하지만 당시의 외무장관은 일반적으로 교회의 반대자였으며, 그래서 교황대사가 모습을 보여야 했습니다. 하지만 저의 경우는 다릅니다. 제가 상대하는 사람들이 다 친구인데 그 친구들을 웃음거리로 만들고 싶지 않습니다!"

교회와 우호 관계를 유지하던 기민당 의원들은 론칼리 교황대사가 사회주의자 및 급진주의자들과 친분을 맺은 것에 대해 비난했다. 그는 실제로 대표적 좌파 인물인 프랑스 대통령 벵상 오리올에게 구아레스키의 『돈 카밀로와 페포네』 한 권을 선물하기도 했다. 그런가 하면 외무성의 한 자문위원은 론칼리 교황대사가 우파 정치인들과 가깝게 지낸다고 불만을 털어놓았다. 참 희한한 일이었다.

프랑스에서는 론칼리 교황대사가 처음 부임해 왔을 때 프랑스의 학교 제도에 대해 잘 알지 못한 것에 대해 두고두고 말을 했다. 당시 론칼리 교황대사는 프랑스에는 국립학교와 사립학교가 있지만 이탈리아에는 공립학교만으로 충분하다고 말한 적이 있었다. 이탈리아의 공립학교를 종교재단에서 운영하고 있다는 사실을 미처 생각하지 못했던 것이다. 여러 가지 정황으로 볼 때 교황청에서도 그에 대해 만족하게 생각하지 않았다. 1947년 2월 12일, 드골 대통령이 파견한 마리탱 바티칸 주재 프랑스 대사는 파리에 보낸 보고서에, 타르디니 몬시뇰이 프랑스 주재 교황대사관으로부터 받은 자세한 정보에 대해 만족스러워하지만 "다른 한편으로 타르디니 돈시뇰이 론칼리 몬시뇰의 외교 역량에 대해 그다지 높이 평가하고 있지 않다는 사실을 감추지 않았다"고 썼다.

또 마리탱 프랑스 대사의 후임자는 론칼리 교황대사가 외교문서 처리를 지연시키거나 외교문서 처리에 무관심하다는 비난을 받고 있다고 기록했다. 그리고 그의 대사 관저를 방문한 사람들은 그의 책상에 아무것도 놓여 있지 않은 것을 보고 의아해했다. 론칼리 교황대사의 절친한 친구인 몬티니 몬시뇰, 론칼리 교황대사를 달갑지 않게 생각하는 타르디니 몬시뇰. 국무원 살림을 함께 꾸리기도 한 이 두 사람 사이에는 다소의 반목 기류가 형성되기도 했다. 그런데 몬티니 몬시뇰이 한번은 프랑스 대사에게, 로마에서 추천한 주교 후보들에 대해 론칼리 교황대사가 반대 의사를 표명해 결국 그의 추천과 소견을 토대로 "상당한 명망이 있는 고위 성직자들"을 "주요 직책"에 임명했다는 말을 했다. 이 말은 당시 론칼리 교황대사가 독자적인 견해를 가지고 있었고 솔직하게 그 견해를 개진했다는 사실을 입증한다.

이에 대해 다른 견해를 가진 프랑스 정부 관리들도 있다. 전쟁이 끝난 직후 교황청과 프랑스 정부 간에 갈등이 잔존했을 때는 적어도 그랬다. 1945년 11월, 외무성의 한 관리는 론칼리 교황대사가 "교황에게 무조건 복종하는 평범한 인물들"을 추천했다고 주장했다.

"아! 이 세상의 잘난 체하고 교활한 모든 사람들!"

서로 엇갈리는 이런 증언을 토대로 론칼리 교황대사의 본모습을 그려 내는 일은 그리 간단하지가 않다. 가톨릭 청소년운동 출신으로 프랑스 외무장관을 지낸 조르쥬 비돌은 2차 세계대전 때 파리에서 레지스탕스 활동을 한 인물인데 론칼리 교황대사를 가리켜 "수프로 배가 잔뜩 부른 뚱보"라고 비난하는가 하면 "융통성 있고 훌륭한 중재자"라고 높이 평가하기도 했다.

바티칸의 외교관들처럼 파리의 정치인들도 론칼리 교황대사를 과소평가했던 것 같다. 그의 농담과 듣기 좋은 말 속에는 늘 예리하고 깊은 뜻이 있지 않았는가? 자신의 깊은 생각을 가벼운 잡담 속에 숨기는 지혜를 가지고 있었던 것이 아닐까? 앞서 몇 번 언급한 적이 있는 루케트 신부는 교황대사를 방문하면 그가 끊임없이 무슨 이야기를 하고, 고향 베르가모에 대한 화보집을 보여 주거나 파리의 고서점에서 구한 두꺼운 교회사 책들을 보여 주었다고 한다. 말하자면 이게 다 "심각한 이야기를 하지 못하게 하기 위해서"라는 것이다. 아무래도 루케트 신부 말이 맞는 것 같다.

역사가 앙리 다니엘 롭은 이에 대해 객관적이면서도 균형있는 판단을 내렸다. "론칼리 몬시뇰은 늘 이야기하고 늘 움직이고, 대화하는 사람의 이야기를 잘 듣지 않았다. 모든 사람들이 하고 싶어하는 이야기 주제에서 완전히 벗어난 이야기를 많이 해서 듣는 사람을 즐겁게 한 분으로 잘 알려져 있다. 그는 자신의 위트에 혼자 웃기도 하고 지나치리만큼 재치있게 이야기하려고 애쓰는 경향이 있었다. 하지만 이런 말을 한다고 해서 그분을 이해할 생각이 없다는 뜻은 아니다. 사실 장황한 이야기를 ― 틀림없이 일부러 그러는 것 같다 ― 주의깊게 들어 보면 대개 무언가를 암시하는 촌철살인의 말이 있다. 말 속에 깊은 생각이 담겨 있다. 처세에 능한 사람들에게 그는 산만한 수다쟁이로 비치고 겉보기에 남의 말을 잘 듣지 않는 것 같지만 실은 반년 전에 들은 말을 정확하게 기억하고 있는 분이다."

론칼리 교황대사처럼 알프스 산 기슭의 산골 마을에서 자랐고, 열정적인 사목자이자 핵무기 반대론자였으며, 1949년 파리 교구의 대주교가 된 모리스 펠탱 추기경도 비슷한 견해를 보였다. 론칼리 교황대사가 훗날 교황에 선출되었을 때 펠탱 추기경은 프랑스의 기자들과 가진 인터뷰에서 요한 23세가 교황대사 시절 늘 다정다감하고 서로 다른 의견을 조정하려고 애썼다고 말했다. 그리고 이렇게 덧붙였다. "하지만 상황에 따라 행동이 필요한 경우에는 과감한 결단력을 보여 주셨습니다. 그분의 자애로움, 그것은 우유부단한 모습이 아니고 무언가 힘에 넘치는 것입니다. 또한 그분은 현명하시고 통찰력과 선견지명이 있으셨으며 어느 한쪽에 편향되지 않으셨습니다. 예를 들라면 얼마든지 들 수 있습니다!"

론칼리 교황대사가 여행을 자주 다니는 것도 자주 구설수에 올랐다. 그는 로마에서 달갑지 않은 편지가 올 것 같으면 슬쩍 자리를 비웠다. 하지만 많은 연구가들은 교황대사직 수행에 도리어 이것이 도움이 되었다고 보고 있다. 리옹의 푸리우 교수는 이런 말을 했다. "교황대사라는 옷이 갑갑하다고 느꼈던 론칼리 교황대사는 주로 인맥에 의지하는 비추종주의적 외교를 펼쳤으며, 때로는 그 인맥이 파격적이기도 했다." 그리고 발레리 전 교황대사가 지적이면서 융통성이 없었던 반면 론칼리 교황대사는 자신이 '사제'라는 사실을 한시도 잊지 않았다고 한다.

이런 론칼리 교황대사도 주변 사람들에 대해 대단히 예리한 판단을 하고 있었다. 1948년 칼카의 베네딕도 수도원에서 피정을 하면서 쓴 일기 중에 이런 구절이 있다. "예수님과 성인들의 근본적이며 위대한 가르침에 따라 솔직함과 순수함의 빛에 비추어 보면 금세기의 모든 학자들과 잘난 체하고 교활한 사람들이 모두 얼마나 가련한 모습을 하고 있는가!" 그런가 하면 그는 평소에 "유능하다고 평가받는 성직자들"이 힘없고 가난하고 미천한 사람들에게, 그 대상이 누구든 온갖 "불신과 무례"를 범하는 것이 대단히 가슴 아프다고 고백했다. 하지만 침묵하는 것이 엄격한 조치를 취하는 것보다 더 좋은 교육 방법이기 때문에 그냥 침묵했다고 털어놓기도 했다.

한번은 그가 한 외교관에게 이런 말을 한 적이 있다. "제 창은 활짝 열려 있고 제 귀는 들을 준비가 되어 있습니다. 하지만 제 입만은 모든 일을 굳게 함구하고 있습니다."

1951년, 론칼리 교황대사는 파리에 개설된 유네스코 기구의 초대 상임 참관인에 임명되었다. 유네스코 총회와 일 년 후 열린 노동분과에서 행한 두 차례의 연설을 통해 그는 가톨릭 신자와 비신자 간의 신뢰를 바탕으로 한 협력 방안을 제시했다. 그리고 이 협력 방안에는 제2차 바티칸 공의회의 기본 방향이 이미 나타나 있었다. 그는 대부분의 교황청 관리들과 달리 교육적 목적과 문화적 관심을 추구하는 이런 국제조직이 교회의 경쟁자가 아니라 잠재적인 협력자라고 생각했다. 뿐만 아니라 유네스코가 각 민족의 종교적·문화적 가치를 상실하지 않고 "상호 존중하는 자세를 배우는 장"이 될 것이라 판단했다. 그리고 1893년 당시 전 교황대사가 엘리제 궁에서 한 말을 인용했다. "서로의 눈을 믿음으로 쳐다보고, 두려움 없이 다가가 서로 돕고, 상대방의 체면을 손상하지 않도록 합시다!"

그는 가톨릭 신자들이 인류 문화의 최고 가치들이 신앙으로 통합되는 분위기에서 항상 하느님의 모든 모상을 진심으로 존중하고 사랑하면서 살아야 할 것이라고 말했다. 또한 역사는 "역사를 잘 통제해서 세상을 파멸시키지 않고 구원하기 위해" 존재한다고 주장했다. 그리고 교육적·문화적·학문적 활동을 보면 그 본연의 가치인 생명존중 정신이 결여되어 있다는 인상을 받는 경우가 종종 있다고 조심스럽게 지적하기도 했다. 따라서 가톨릭 신자는 이런 활동에 참여할 때 「산상설교」의 지혜와 힘과 양념을, 즉 "성공의 지속성과 고품격을 보증하는 소금"을 이런 활동에 뿌려야 한다고 그는 충고했다.

알제리 문제를 바라보는 론칼리 교황대사의 시각 또한 결코 단순하지 않았다. 과거 2차 세계대전 때 레지스탕스 활동의 본거지였던 알제리는 당시 프랑스의 식민지로, 알제리의 이슬람 신자들은 독립을 거세게 요구하고 있었다. 이후 벤 벨라 주도하에 8년에 걸쳐 무장 봉기가 전개되었고 결국 1954년 알제리는 독립하게 되었다. 그때는 이미 론칼리 교황대사가 이임한 뒤였지만 그는 프랑스에서 독립운동을 지지하는 사람들과 식민지 제도를 옹호하는 사람들이 서로 격렬한 논쟁을 벌이는 것을 몸소 체험했다.

론칼리 교황대사는 북아프리카에서 9천 킬로미터의 긴 여행을 하며 억압받는 사람들의 실상을 직접 목격했다. 그리고 외교사절단 앞에서 행한 신년 연설에서 예언자의 입장에 서서 정중한 어조로 억압받는 알제리 사람들의 입장을 지지하는 발언을 했다. 뿐만 아니라 1948년 12월 31일에는 오리올 대통령 앞에서 자유가 "하느님의 딸"이고 분명한 인간의 권리라고 말했다. 또 "비록 그것이 정당하다고 하더라도 개별 이익을 추구하기보다 민족 간의 정의와 친선을 위해 노력하는" 모든 국가 지도자들의 "고결한 결단"을 높이 평가한다는 발언을 했다. 발언 내용은 대단히 보편적이었지만 담긴 뜻은 무척 분명했다. 그리고 1950년 12월 30일, 그는 무력에 의한 문제 해결에 대해 반대 입장을 분명히 했다. 전쟁은 "문화의 파괴이고 야만 상태로의 역행"을 의미한다는 것이 그의 주장이었다.

단절인가 연속인가?

요한 23세는 자신이 그동안 품은 뜻을 교황이 된 후 소신 있게 펼쳤는가, 아니면 교황이 되면서 과거 모습을 버리고 완전히 새롭게 변모했는가? 학자들은 이 문제에 대한 답을 구하기 위해 대단히 고심하고 있다. 늘 순응하고 쩔쩔매며, 윗사람의 눈치를 살피고 생각도

깊지 못하며, 신앙심도 그저 평범했던 교황청의 한 관리가 교황이 된 순간 갑자기 화산이 폭발하듯 혁명가가 되었을까? 아니면 마음의 벽을 쌓지 않고 아무런 거리낌 없이 어떤 사람이든 만나 자애로운 마음으로 대화하던 사목자 외교관 론칼리의 내면에 요한 23세의 혁명가다운 면모가 숨겨져 있었을까? 요한 23세는 자신의 의견에 대해 아랫사람들이 조심스럽게 간언을 하거나 노련한 교황청 추기경들이 강력하게 반대 입장을 고수하면 만면에 웃음을 지으며 몇 마디 말로 단호하게 자신의 주장을 관철시켰다. 그렇다면 온화한 옹고집 요한 23세를 바위 같은 베드로라고 부르는 것이 맞지 않을까?

볼로냐 교구장 자코모 레르카로 추기경은 요한 23세가 선종한 뒤 출간한 『새로운 모습의 설계』라는 책에서 요한 23세가 교황이 된 후 현격한 인격의 변화를 보였다는 주장을 일축했다. 요한 23세와 두터운 친분을 유지하며 함께 공의회를 주도한 그의 이러한 생각은 별로 주목받지 못했다. 그의 증언에 의하면 요한 23세는 그렇게 단순한 사람이 아니었다. 말하자면 그는 순박하고 솔직한 성품을 바탕으로 "지식도 경험도 전혀 없는 상태에서" 어느 때에 이르자 "성령의 순응하는 도구가 되어 무슨 뜻인지도 모른 채 성령의 뜻대로 몇 가지 기본적인 결정을 내린" 그런 사람이 아니라는 것이다. 요한 23세의 삶은 "하느님의 농담"이 아니며 기나긴 인생 여정의 끝에 교황에 선출되었다고 해서, 즉 "평범함이 비범함을 낳았다"고 해서 갑자기 새로운 인간이 된 것이 아니라는 것이다.

1958년 가을, 당시 론칼리 추기경이 교황에 선출될 때 이미 비범할 정도로 많은 지식과 경험을 가지고 있었다. 레르카로 추기경은

"그가 이런 지식과 경험을 거저 선사받은 것이 아니라 인내와 끈기로 얻은 것이다"라고 분명히 말한다. 또한 그는 "폭넓지는 않지만 깊이가 있고, 겉으로는 빛이 나지 않지만 순수하고 원만하며, 명료하면서도 종합하는 힘을 가진 그런 특별한 교양을 갖추고 있었다"고 한다. 그의 교양은 독서를 통해서만 얻은 것이 아니라 생명력 있고 창조적인 것이었다. 레르카로 추기경은 요한 23세를 가리켜 학교 지식과 학문적 분석의 인간이 아니라 "원천의 인간"이라고 말했다. 또한 그가 한평생 그리스도교의 원천에 대해 끊임없이 씨름한 것은 그가 구체적인 것에 관심을 가지고, 주위 세계의 변화를 사랑스럽게 관찰하는 현실적인 마음 자세를 가졌기 때문이었다.

레르카로 추기경은 평범하게 학교에서 지식을 얻은 사람들이나 비판적 사고를 가진 현대인들은 이런 유의 교양을 이해하지 못했을 거라고 주장한다. "한편에서는 이런 교양이 학교나 교황청의 '확증된' 관용어로 표현되지 못할 뿐만 아니라 모든 제도권 교양을 파괴하기 때문에 소박한 것이라고 판단한다. 그런가 하면 다른 편에서는 이런 교양이 지적으로 단순하기 때문에 정보와 비판 정신이 결여된 그저 평범한 것으로 본다. 그러나 양편 모두 이 교양이 경박하고 주체할 수 없는 선량함이라고 여긴다. …"

요한 23세 말년의 극적인 "비약"은 정체성의 단절로 잘못 이해되고 있지만, 그것은 새로운 직무를 통해 얻은 자유가 낳은 매우 자연스런 결과였다. 안젤로 론칼리는 70대 후반에 이르기까지 선생님, 신학교 학장, 주교, 교황청 관리 등 윗사람들 밑에서 고생을 했다. 그런데 교황이 되고 나서는 지상의 윗사람 없이 천상의 주님께서 격려해 주시는 일을 할 수 있었던 것이다.

예수회의 로베르 루케트 신부는 요한 23세가 선종한 뒤 이렇게 고백했다. "그때 우리는 정말 아무것도 이해하지 못했습니다. 우리는 그분이 파리에 계실 때 통합주의로 기우는 경향이 있다고 생각했습니다." 말하자면 그가 "세속적인" 시류를 받아들이는 것을 거부하는 편협한 생각을 가지고 있었다는 것이다. 하지만 "(론칼리) 교황대사가 보여 주는 외적인 대세 순응주의에는 계시될 때를 기다리는, 억압된 정신의 자유가 감추어져 있었다"는 사실을 당시에는 생각조차 하지 못했다.

당시에는 정말 생각할 수 없었을 것이다. 늘 고향 베르가모 이야기를 하며 성지와 순례지를 특히 좋아하던 느긋한 론칼리 교황대사에게 당시 숨가쁘게 전개되던 프랑스 가톨릭 신앙 운동이 무척 낯설었을 것이다. 우리는 당시 그가 끌로델 · 모리악 · 베르나노스 · 줄리앙 그린 같은 사람들의 책을 읽었는지, 또 절망적 실존주의를 표방하는 사르트르나 가차없이 신에게 반항하는 알베르 카뮈에게서 어떤 정신적 자극을 받았는지 알지 못한다.

그의 성품이나 교황청에 대한 고통스런 경험에 비추어 볼 때 론칼리 교황대사는 상황을 관망하지만은 않았을 것이다. 물론 그는 순명이라는 덕목을 지키려고 무척 노력했다. 또한 교회가 원천을 유지하도록 지켜 주는 사도 베드로의 직무에 대해서도 의문을 제기하지 않았다. 많은 교황청 정치가들, 신앙의 수호자, 검열 관리들이 물론 예외적으로 론칼리 대사에게 별로 호감을 보이지 않았지만 그래도 그들은 모두 사도 베드로의 직무를 각자 수행하고 있었던 것이다.

그러므로 론칼리 교황대사가 1947년 파리의 예수회 수도원에서 피정을 하면서 자신을 반성한 것도 이런 맥락에서 보아야 할 것이다. "교회의 맏딸인 이곳 프랑스에서는 단순한 호의나 혹은 물의를 일으킬지 모른다는 두려움 때문에 문제점을 간과해서는 안 된다. 또 종교적 생활, 해결되지 않은 학교 문제, 사제 부족, 정교분리의 확산, 공산주의 등과 같은 현실 상황을 감추어서도 안 된다."

"노동 사제"라는 유령

유화적인 성격의 론칼리 교황대사도 중간에서 큰 어려움을 겪을 때가 종종 있었는데 그 경우를 자세히 살펴보면 그의 면모를 더 잘 이해할 수 있을 것이다. 파리 교구의 엠마누엘 쉬아르 추기경은 몇 차례 발표한 사목 교서에서 프랑스가 선교 대상 국가로 이미 전락했으며, 무기력한 교회를 위한 근본 대책이 시급하다는 대단히 통찰력있는 지적을 했다. 가톨릭 교회가 지식인, 노동자, 젊은 여성과 대화를 재개하기 위해서는 교회의 모습을 바꾸고 전혀 새로운 사목 방식을 모색해야 한다는 것이다. 쉬아르 추기경은 문제의식과 선견지명이 있는 명석한 인물이었지만 패탱 정권에 협조한 전력 때문에 비난받았으며, 독자 노선 때문에 바티칸의 호감도 사지 못했다.

론칼리 교황대사와 쉬아르 추기경은 1949년 쉬아르 추기경이 선종할 때까지 45번 정도 만났다. 루케트 신부에 따르면 처음에 쉬아르 추기경이 론칼리 교황대사를 대단히 어려워해 그를 만난 후에

"표정이 어둡고 심기가 불편해 보였다"고 한다. 하지만 얼마 되지 않아 두 사람은 서로 신뢰하고 존중하는 관계가 되었다. 론칼리 교황대사는 쉬아르 추기경과 나눈 대화를 통해, 프랑스 문화와 역사에 깊이 뿌리를 내린 교회가 사회적 영향력을 상실해 가는 현금(現今)의 상황 속에서 교회의 가능성이 무엇인지 알게 되었다. 장 비나티에는 쉬아르 추기경에 관한 방대한 전기에서 론칼리 교황대사가 훗날 교황에 선출되어 쉬아르 추기경의 사상을 물려받았으며 "진정한 쉬아르주의자"로서 대담하게 교회의 나아갈 길을 제시했다고 주장했다.

실제로 론칼리 교황대사는 교황청에 있는 친구 몬티니 몬시뇰을 통해 「로세르바토레 로마노」지에 쉬아르 추기경과 그가 지도하는 "파리 선교회"Mission de Paris에 관한 기사를 게재한 적이 있었다. 이 기사에서 그는 쉬아르 추기경이 신앙의 불모지인 대도시에서 특수 사목을 실시하고 있는 점을 높이 평가했다. 또한 그는 프랑스어로 성사를 거행하고 리지외에 파리 선교회 부설 교육기관을 설립하는 문제에 대해 교황청의 허락을 받아내기도 했다. 당시로서는 파격적인 일이었다. 그러나 보수 진영에서는 성직자가 "프롤레타리아가 된다"는 이유로 교황청에 수많은 진정서를 제출했다.

그런데 당시 프랑스 시민 계층의 가톨릭 신자들뿐 아니라 바티칸에서도 "노동 사제"의 활동을 마치 무슨 유령이라도 나타난 듯 우려하는 입장을 보였다. 문제는 노동사목을 위해 리지외에서 젊은 사제들을 교육하는 일이었다. 당시 120여 명에 달하는 신부들이 프랑스 공단 지역에서 작업조를 형성하여 노동사목을 전개하고 있었다. 이 신부들은 노동 현장에서 노동자들과 친구처럼 지내기 위해 장기간 공장에서 일을 했는데 이것이 그들의 직무였다. 그러면서 신부들은 노동자들의 허름한 셋방에서 노동자들뿐 아니라 그들의 이웃을 초대해 함께 미사를 봉헌하고 파업에 동참하는가 하면 노조 활동을 하기도 했다. 물론 이런 신부들은 교회 지도자들의 지시를 충실히 따르지 않고 어느 정도 경제적으로도 독립한 상태였으며, 공산주의 사상을 표방하는 경우도 적지 않았다. 그래서 당시 오타비아니 교황청 성무성성 장관은 이 신부들이 규칙적으로 성무일도를 바치고 독신서원을 지키고 있는지 쉬아르 추기경에게 문의하기도 했다.

쉬아르 추기경은 1943년에 이미 이와 비슷한 결정을 내린 적이 있었다. 당시 독일의 군수품 공장에서 강제노동을 하고 있는 프랑스 노동자들을 위해 신부들을 파견한 적이 있었다. 론칼리 교황대사와 교황청 간에 오간 편지가 아직 공개되지 않은 상태에서 그가 "노동사제"에 대해 어떤 견해를 가지고 있었는지 정확하게 알 수는 없다. 론칼리 교황대사가 1956년 추기경 시절 평신도 지도자들에게 한 강연에서 한 노동 사제의 공장 동료들이 공장 일을 제발 그만두고 부인과 자식들의 사목에만 전념해 달라고 그 신부에게 애원했다는 이야기를 한 적이 있다. 노동 사제들의 활동을 반대하는 사람들이 두고두고 하는 이야기이다.

론칼리 교황대사가 노동 사제의 활동을 당분간 묵인해 달라는 청원서를 보내 교황청에서 청원을 받아들였다는 주장도 있다. 교황청에서는 그 대신 신부들의 공장 노동시간을 하루 3시간으로 제한하고, 또 모든 정치적 활동을 중단하고, 본당의 "정상적인" 업무를 수행한다는 조건을 달았다. 그러나 이러한 교황청의 결정이 내려왔을 때는 론칼리 교황대사가 이미 이임한 뒤였다. 그리고 1959년, 요한 23세 재임 당시 이미 노동 사제의 활동이 전면 금지되었다. 그때 요한 23세는 펠탱 추기경에게 보낸 서한에서 이 문제에 대해 솔로몬 같은 판결을 내렸다. 말하자면 사제직의 "거룩한 특성"은 "어떠한 상황에서도" 지켜야 하지만 "노동자들에게 다가가 빛과 은총의 기운을 불어넣어야 하는" 필요성을 배제해서도 안 된다는 것이다. 1964년, 요한 23세의 후임자로 교황 바오로 6세가 된 몬티니 추기경은 대체적으로 그의 입장을 그대로 유지했다.

그리고 프랑스의 신학자들에 대한 제재조치가 있을 때 교황청의 성무성성(신앙교리성의 전신)과 비오 12세가 당시 론칼리 교황대사를 관여시켰는지, 또 만약에 그랬다면 어느 정도로 관여하게 했는지 등에 대해서는 아직 알려지지 않고 있다. 1950년 회칙「가르침의 오류에 대한 경고」*Humani generis*가 선포되었는데 그것은 당시의 '신新신학' 전반에 대한 비판을 의미했다. 그래서 교회가 위계질서에 의한 피라미드 조직이 아니라 하느님의 백성이라고 전제하고 교회의 분열을 헤쳐 나가기 위해 교회일치운동을 활발하게 전개해야 한다고 주장한 도미니코 수도회의 이브 콩가르 수사, 하느님의 은총과 인간 본성을 유기적으로 결합하려 애쓴 예수회의 앙리 드 뤼박, 소박한 사람들의 일상을 중요하게 다루는 노동신학을 주창하고 세상의 역사에 관여하시는 성령의 활동에 대해 말한 도미니코 수도회의 마리-도미니크 쉬뉘 등과 같은 신신학의 대표적인 신학자들이 교수직을 상실했다.

회칙「가르침의 오류에 대한 경고」가 선포되었을 때도 론칼리 교황대사는 어디론가 급히 여행을 떠나 자리를 비웠으며, 이 회칙에 대한 그의 견해도 전혀 알려져 있지 않다. 그러나 론칼리 교황대사는 훗날 교황이 되어 이때 교수직을 박탈당한 신학자들을 공의회 자문 위원으로 위촉했으며, 이 신학자들의 사상은 요한 23세의 글에 큰 영향을 미쳤다. 뿐만 아니라 뤼박은 1983년 교황 요한 바오로 2세에 의해 추기경에 서임되면서 다시 화려하게 복권했다.

교황대사 론칼리, 그는 정신적 변혁을 지지했는가, 아니면 이런 변혁을 못마땅하게 여기는 교회 관료들의 지시대로 변혁에 제동을 걸었는가? 명쾌하게 개척하는 인물인가, 아니면 불안하게 사태를 주시하는 인물인가? 론칼리 교황대사는 "하느님께서는 우리가 현명하기를 바라시지 예언자가 되라고 요구하시지 않습니다"라는 베네딕도 15세의 말을 자주 인용했다. 물론 자신의 의중을 드러내지 않았다.

그러나 1954년, 비오 12세가 선종하기 4년 전 당시 바티칸 주재 프랑스 대사는 이미 론칼리 교황대사의 앞일을 예견했다. 론칼리 교황대사가 프랑스에서 이임하기 1년 전이었는데 블라디미르 도르메송 프랑스 대사는 "론칼리 추기경 성하"께서 교황 선거에서 "대단히 유력하다"고 말했다. 그러면서 "사람들을 배려하는 마음, 그리고 파리에서 가톨릭 교회에 호의적인 입장을 보이는 사람이나 거리를 유지하는 사람 모두에게 인정받은 그분의 탁월한 인품은 장차 교황 선거에서 지지를 얻는 데 영향력을 발휘할 것이다. 그분이 '중도' 후보로 교황 선거에 나서면 통합주의 입장을 보이는 사람들은 만족스러워할 것이고, 결정을 내리지 못했거나 온건한 입장을 보이는 사람들은 안심할 수 있을 것이다. 뿐만 아니라 여러 방면에서 들은 바로는 그분에 대한 '평가'가 점차 높아지고 있다고 한다".

추기경관은 장례식 때만 필요하다

1952년 11월, 론칼리 교황대사는 조만간 추기경에 서임된다는 소식을 받았다. 당시 71세에 접어든 그로서는 충격이었다. 친구 몬티니 몬시뇰은 그에게 전보를 보내 베네치아의 카를로 아고스티니 대주교가 대단히 위독하므로 그의 주교직을 승계할 뜻이 있는지 물었다. 하지만 교황청에서 이번에도 어떤 계획을 가지고 있는지 알 수 없는 상황이었다. 과거처럼 교황청에 불러들여 바로크 양식의 책상 앞에 줄곧 앉아 있게 만들 수도 있고, 론칼리 교황대사가 동방교회에 대해 잘 알고 있으니 동방교회성 장관에 임명할 수도 있을 것이다.

당시 펠탱 대주교의 축하를 받은 론칼리 교황대사의 표정에는 "불만과 근심이 역력했다". 교황청의 뜻을 이미 알게 된 론칼리 교황대사는 언짢은 투로 이렇게 대답했다. "저는 전혀 기쁘지 않습니다. 로마에 가서 매일 교황청 어느 성에 나가 행정 업무를 보는 일은 생각하고 싶지도 않습니다. 그 일은 저에게 전혀 맞지 않습니다. 저는 사목자입니다." 몬티니 몬시뇰이 보낸 전보 때문에 마음이 뒤숭숭한데 설상가상으로 소토 일 몬테의 안칠라 누님이 암으로 얼마 살지 못할 거라는 편지까지 받았다.

그런데 성탄절이 지나고 얼마 후 론칼리 교황대사는 베네치아 교구의 아고스티니 대주교가 선종했다는 부음을 듣는다. 아마 그가 다소 안도했을 거라고 추측해 볼 수 있다. 그 예상이 맞았다. 론칼리 교황대사는 베네치아 교구의 대주교에 임명되었다. 베네치아 교구장직은 교회 지도자의 역할과 현장 사목이 잘 어우러진 자리였다. 열의에 찬 교회사가이며 동방교회와 서방교회 간의 복잡한(!) 관계에 정통한 론칼리 교황대사 같은 전문가에게 베네치아 교구장 자리는 그야말로 안성맞춤이었다. 하지만 그는 파리를 떠나면서 자신의 착잡한 심정을 이렇게 일기에 적었다. "대단히 고통스런 이별이지만 하느님께서 함께하신다는 생각과 선한 마음으로 사람들을 대해서 그들과 더 가까워지게 되었다는 생각을 하니 흐뭇한 위안이 된다."

그는 늘 그랬듯이 추기경 서임에 대해서도 여유로운 모습으로 "자색 추기경복의 권력자들 가운데는 성인도 있지만 악인도 있었다"고 말했다. 그렇게 선망하는 추기경관도 그저 장례식 때만 쓰고 영구차 뒤를 쫓아간다고 조카 바티스타 신부에게 털어놓기도 했다. 그리고 그는 베네치아 교구의 대주교가 "공중의 새처럼 가난하게" 살아야 하지만 하느님께서 보살펴 주실 거라는 말을 들었다고 했다.

1953년 3월 15일, 론칼리 베네치아 교구 신임 대주교는 카날레 그란데(대운하)를 따라 현란한 곤돌라 행렬을 펼치며 수상도시 베네치아에 입성했다. 그리고 베네치아 사람들의 마음을 단번에 사로잡는 취임 인사말을 했다. "여러분에게 솔직히 말씀드리고 싶습니다. 사람들이 제가 한 일을 과장해서 이야기하거나 글로 쓰고 있습니다. … 저는 어린 시절 어렵지만 부족함을 모르는 축복받은 가난 속에서 자랐습니다. 이 가난은 물질적 욕구가 없는 지극히 고결한 덕목을 쌓게 하며, 삶의 고공비행을 준비해 주는 그런 가난이었습니다. 하느님의 섭리에 따라 저는 고향 마을을 떠나 동양과 서양의 거리를 거닐었습니다. 또한 그분의 섭리에 따라 저는 다른 종교와 세계관을 가진 사람들과 만나고 현재 당면한 사회문제를 알게 되었고, 이런 문제를 인식하고 진지하게 받아들이는 마음과 눈이 열리게 되었습니다. 저는 가톨릭 신앙과 도덕의 확고한 원칙을 굳게 지키며 서로 대립하기보다는 서로 일치하기 위해 항상 노력해 왔습니다."

연설은 계속 이어졌다. "그리고 오랜 인생 경험의 막바지에 저의 조상이 4백여 년간 터 잡고 살아온 이 땅, 이 바다, 베네치아에 오게 되었습니다. … 저는 마르코 폴로처럼 여러분에게 새로운 일에 대해 이야기할 것이 없습니다. … 하지만 다정다감하게 마음을 열고 모든 사람과 이야기하고 또 남을 잘 이해한다고 자부하는 제가 여러분의 형제가 되고 싶어 여러분에게 인사를 드리오니 너그럽게 잘 보아주시기 바랍니다."

베네치아 사람들은 론칼리 대주교의 그런 모습에 감격했다. 누구나 사전에 약속 시간을 정하지 않고도, 의전 절차를 밟지 않고도 주교관에 들어갈 수 있었다. 주교관도 수수하게 꾸몄을 뿐 아니라 자가용 모터보트가 아니라 대중 교통을 이용하며 승객들과 자연스레 이야기하는 것을 좋아했다. 그러면서 보트 버스에 탄 사람들에게 격의 없이 말을 건넸다. "자, 자, 이리들 와서 앉으세요. 여러분이나 나나 같은 요금 내고 탔잖아요. 우리 이야기 좀 합시다."

론칼리 대주교는 성 마르코 광장 근처에 있는 카페에 앉아 **비노 비앙코**를 한잔 마시는가 하면 카날레 그란데 부둣가에 있는 계단에 걸터앉아 곤돌라 사공들과 정담을 나누기도 했다. 파리의 친구 펠탱 추기경이 찾아오면 함께 성 마르코 광장으로 가서 시립 악단이 연주하는 프랑스 국가 「라 마르세이유」를 듣기도 했다. 론칼리 대주교는 베네치아 교구의 모든 본당을 방문하여 직접 미사를 봉헌했다.

검증 기간: 파리 — 베네치아

기자들을 의식한 행동이었을까? 론칼리 대주교는 상심한 사람을 만나면 무한정 시간을 내주었다. 한번은 휴가지 해변에서 프랑스 화물차 기사를 만나 사랑에 빠진 한 베네치아 여성의 이야기를 듣게 되었다. 그런데 그 기사가 연락처도 남기지 않고 떠나자 그만 상사병에 걸렸다는 것이다. 이야기를 듣고 감동한 론칼리 대주교는 프랑스의 아는 보좌신부에게 그 남자를 찾아 달라는 편지를 보냈다. 금발에 파란 눈이라는 것밖에는 아는 것이 없었다. 결국 수소문 끝에 찾기는 찾았다. 그런데 안타깝게도 그 남자한테는 프랑스인 약혼녀가 있었다. 또 한번은 신문을 보다가 베네치아 가톨릭 액션의 에우제니오 바키온이라는 간부가 상처喪妻했다는 부음을 접하게 되었다. 그러자 즉시 그에게 전화를 걸어 "이번 성탄절 식탁에는 한 자리가 비겠군요. 아이들을 데리고 저희 집에 오셔서 함께 식사하는 건 어떻습니까?"라고 제안했다.

불미스런 사건: 사회주의자들에게 건넨 인사말

밀라노 교구나 투린 교구는 전형적인 대도시 교구이지만 베네치아 교구는 예나 지금이나 그런 대도시 교구가 아니다. 그러나 조선소와 제철소가 있는 포르토 마르게라와 메스트레 지역에는 공단 지역 특유의 문제들이 늘 있었다. 여름에 베네치아의 교회와 궁궐을 찾는 수많은 관광객들은 돈뿐만 아니라 문젯거리도 가져다주었다. 론칼리 대주교는 공개 서신을 통해 베네치아를 찾는 관광객들에게 과도한 노출을 삼갈 것을 촉구하기도 했다. "왜냐하면 이탈리아가 적도에 있지 않기 때문"이라고 그 이유를 설명하면서 "적도에서도 사자는 털가죽을 쓰고 돌아다니고 악어도 비늘가죽을 덮고 있다"고 했다. 론칼리 대주교가 더 심각하게 걱정하는 문제는 동화 속 도시 같은 이 화려한 베네치아의 재정이었다. 그는 대주교에 취임한 지 며칠 되지 않아 마르게라의 공장에서 일하는 수많은 베네치아 젊은이들을 찾아가 산업 재해를 당한 노동자들을 위해 미사를 봉헌했다. 그리고 공단 항구에 있는 아지프 사의 노동자들과 함께 그 이듬해 부활절 미사를 드리기도 했다.

　론칼리 대주교는 힘든 노동이 어떤 것인지 잘 알았다. 매일 아침 4시에 일어나 어떤 때는 밤 10시까지도 책상 앞에 앉아 있었다. 그리고 늘 부지런히 이곳저곳 돌아보았다. 5년간 베네치아 교구장으로 재임하면서 공단 지역에만 무려 30개의 본당을 건립했다. 그는 노년의 나이에도 불구하고 꽤 정정했다. 성 마르코 성당 종탑 꼭대기에 있는 천사 상을 보수할 때였다. 론칼리 대주교는 천사 상을 축성하기 위해 용감하게 탑 내부의 좁은 계단을 따라 올라갔다. 그리고 백 미터 높이의 종각에 간신히 중심을 잡고 서서 머리 숙여 인사했다. 로리스 카포빌라 비서신부는 그런 대주교의 수단 자락을 꼭 붙잡고 있었다. 축성식을 마치고 밑으로 내려온 론칼리 대주교와 카포빌라 비서신부의 얼굴은 백짓장처럼 하얗게 질려 있었다.

　그는 베네치아 대주교에 취임하고 나서도 사람들을 만나는 일을 꺼리지 않았다. 지방의회 의원, 소방대원, 수도원 장상, 미술사학자, 간호사 등등 만나는 사람들은 정말 다양했다. 한번은 포르토 마르게라의 럭비팀과 축구팀을 주교관으로 초대했다. 그는 공교롭게도 공산주의자인 바티스타 자퀸토 베네치아 시장과 친분 관계를 유지하고 저소득 서민들의 권익을 대변하는 기민당 당원들을 지지했다. 그러나 기민당 측에서 선거 유세에 자신을 끌어들이려고 하자 이를 완강히 거절했다. 론칼리 대주교는 취임 인사차 시청을 방문한 자리에서 시청이 "모든 시민의 것"이라고 말함으로써 기민당 당원들을 당혹하게 했다. 그리고 그리스도인은 선의의 목적을 위해 일할 때만 스스로 그리스도인이라 말할 수 있다고 덧붙였다. "그러므로 여러분과 함께하게 되어서 기쁩니다. 여러분들 중에는 비록 그리스도인은 아니지만 많은 선행을 실천하는 분들이 꽤 많이 계신 것으로 알고 있습니다. 여러분 모두를 강복합니다!"

당시 시골과 도시 본당에서는 가톨릭 성직자와 공산주의 정치가들이 돈 카밀로 신부와 페포네 시장처럼 악의 없이 짓궂은 농담도 하고 늘 티격태격하지만 서로 존중하면서 각자 일을 해 나가고 있었다. 하지만 공산당 출신의 정치가들이 스탈린과 아직 관계를 맺고 있기 때문에 그들과 교회 지도자 사이에는 전혀 접촉이 없었다. 그런데 1945년부터 줄곧 우익 정당과 연정을 하면서 정권에 참여한 기민당은 교황과 대다수 성직자들의 열렬한 지원을 받고 있었다. 이탈리아의 다른 주교들처럼 론칼리 대주교도 "사회질서에 대한 그리스도교적 시각과 마르크스주의적 시각 사이에 용인할 수 없는 결혼"이 이루어져서는 안 된다고 경고했다(1955년 사순절 사목 교서). 또한 교회 지도자들과 마찬가지로 사회주의와 세속화의 위험성을 과소평가하지 말고 교황의 뜻을 따를 것을 가톨릭 신자들에게 촉구했다. "이것은 규율의 문제입니다. … 사상의 자유는 존중되어야 하고 개인의 신념도 마땅히 존중되어야 합니다. 하지만 인정된 테두리 안에서 이루어져야 합니다"(1956년 가톨릭 액션 회원에게 한 강연에서).

그러나 그는 1957년 베네치아에서 피에트로 넨니가 주재한 이탈리아 사회당 전당대회에서 축사를 함으로써 또다시 독단적인 행동을 했다. 이 일은 큰 파장을 일으켰다. 이 자리에서 그는 사회주의자들의 모임은 확실히 "우리나라의 발전에 중요한 의미를 지니고 있으며" 세속 문화와 그리스도교 문화 간의 간극을 메우는 데 기여하게 될 거라고 말했다. 공산당 중앙 기구 루니타는 즉각 대주교의 이 호의적인 발언이 협력을 제안하는 것이라고 평가했다. 밀라노 대주교로 임명된 몬티니 몬시뇰의 뒤를 이어 교황청 국무원장이 된 안젤로 델라쿠아 몬시뇰은 공개적으로 론칼리 대주교의 발언을 비판했다. 또한 론칼리 대주교는 좌파에게 당을 개방하고 사회개혁의 철저한 실현을 주장하는 기민당계 일간지 「일 포폴로 델 베네토」지의 논조를 단죄하는 것에 대해 강력히 반대했다. 론칼리 대주교는 말하자면 몬티니 몬시뇰과 같은 입장이었다. 그러나 몬티니 몬시뇰은 교황청에서 영향력을 상실한 상태였으며, 교황청 고위 성직의 실세들은 베네치아 교구 주교들에게 강한 압력을 행사하고 있었다. 결국 론칼리 대주교는 평화를 위해 "무제한적으로" 좌파에게 당을 개방하는 것을 반대하고 어느 정도 제한을 두어야 한다는 내용의 사목 교서를 발표하게 되었다. 그러나 그는 더 이상은 양보하지 않았다.

교황청에서는 겉보기에 한없이 순하기만 한 착한 바보 론칼리 대주교가 한번 확신이 서면 웬만해선 물러서지 않는다는 사실을 아직 모르고 있었다. 론칼리 대주교의 동료이자 친한 친구이고 또 나중에 후임자가 된 베로나 출신의 우르바니 주교는 그를 가리켜 "강철같이 강하다"고 말한 적이 있다. 또 한번은 베네치아 시 당국에서 해변에 있는 카지노를 시내 한가운데 있는 주스티니안 광장으로 이전하려다가 론칼리 대주교가 완강히 반대하여 계획이 무산된 일이 있었다. 그리고 그는 교구 신부들이 형편없는 방송 프로그램을 보느라고 사제 본연의 의무인 사목을 소홀히 한다는 이유로 텔레비전을 가지지 못하게 했다.

베네치아 비엔날레 — 해변 국제 미술제 — 가 열렸을 때의 일이다. 론칼리 대주교는 베네치아 대주교로는 처음으로 비엔날레를 방문했다. 그는 종교적인 색채를 띤 아방가르드 작품을 전시할 때 신중을 기해 달라고 조직위원장에게 부탁하고 화가들을 리셉션에 초대했다. 이 자리에서 그는 비록 작품의 추상적인 의미를 이해하지는 못하지만 "이 작품들이 교의나 도덕과 갈등을 일으키지 않는다"는 사실을 확인하게 되어 기쁘다는 뜻을 전했다. 그리고 러시아 음악가 이고르 스트라빈스키를 초대해서 그의 오라토리움「성 마르코 복음사가를 위한 칸타타」를 성 마르코 성당에서 초연하는 자리를 마련했다. 이 오라토리움은 과감한 12화음에 초기 그리스의 아르카이크 리듬을 사용하는 작품이었다. 물론 교황청에서는 스트라빈스키가 가톨릭 신자가 아니라는 이유로 이 일에 대해 우려하는 입장을 보였다.

교황청에서도 그제야 완고한 론칼리 대주교가 교황청의 지시를 순순히 따르지 않는다는 사실을 알게 되었던 것 같다. 교황청에서는 론칼리 대주교를 성무성성·동방교회성·경신성사성의 위원으로 임명했다. 그리고 론칼리 대주교에게 연구 활동을 맡기고 성 가롤로 보로메오의 행적에 대한 조사 보고서를 작성하게 했다. 1957년, 론칼리 대주교는 착실한 준비 과정을 거쳐 3일 동안 교구 시노드를 개최했다. 시노드에서 논쟁이나 문제가 될 만한 결의안이 제기되지 않자 교황청에서도 안도하는 입장을 보였다.

하지만 론칼리 대주교의 시노드 개막연설은 몬티니 몬시뇰이 떠난 뒤 숨막힐 정도로 앞뒤가 꽉 막힌 교황청 관료들에게 경종을 울렸을 것이다. 그는 주교의 "정신적 부권父權"이라는 주제의 연설에서 "권위적인 태도가 삶의 숨통을 조이고 있다"고 진단했다. 그리고 계속해서 이렇게 말했다. "권위적인 태도는 냉혹함과 힘을 혼동하고 경직성과 위엄을 혼동하고 있습니다. 가부장적인 배려는 아버지라는 존재의 희화화戱畵化입니다. 가부장적인 태도는 자신의 우월성을 지키기 위해 인간을 미성숙하게 만듭니다. … 그런 태도는 아랫사람의 권리를 존중하지 못하게 합니다."

그런데 교황청에서는 베네치아 교구 시노드 자료를 정확하게 검토하지 않은 것 같았다. 81세의 비오 12세는 론칼리 대주교가 자신의 교황직 수행에 대한 우회적인 비판을 하고 있다는 사실을 파악하지 못한 듯했다. 그런 일에 관심을 가지기에는 너무 성무에 지치고 노쇠해 있었다.

"나는 그저 여러분의 형제가 되고 싶을 뿐입니다."
1953년 3월 15일, 안젤로 론칼리 베네치아 교구 대주교가
카날레 그란데를 통해 베네치아로 들어오고 있다.
출처: Loris Capovilla, *L'ITE MISSA EST DI PAPA GIOVANNI*, Padova 1983

■ 넷째 마당

수 확

베드로의 직무

저는 형들의 동생인 요셉입니다.

꽃 속에 파묻혀 …
1958년 10월 28일,
마셀라 추기경이 로마 주교좌 라테란 대성전의 열쇠를 신임 교황에게 건넨다.
사진: AP

자신감에 찬 교황 후보

베네치아 교구 추기경은 전통적으로 교황 물망에 오르는 인물(파파빌리)로 꼽혔다. 비오 10세(주세페 사르토)는 베네치아 대주교였으며, 요한 23세(안젤로 론칼리) 이후에는 비운의 "33일간의 교황" 요한 바오로 1세(알비노 루치아니)도 베네치아 대주교 출신이었다. 하지만 1958년 10월 9일, 비오 12세가 선종하고 교황 선거회가 열렸을 때 론칼리 추기경이 이런 이유 때문에 자신있게 교황 선거에 임하지는 않았을 것이다. 그는 오히려 교황청의 보수 인사들과 교회 지도부의 쇄신을 주장하는 전 세계 대교구의 주교들이 서로 대립하고 있는 상태에서 양측을 중재하는 중도적인 후보로 교황에 선출될 가능성이 있었다.

그러나 실제로 그가 그런 생각을 했다고 보기는 어렵다. 그것은 순박한 시골 농사꾼의 아들 론칼리 추기경의 모습과 어울리지 않는다. 교황 선거 하루 전날 고향의 어느 주교에게 보낸 편지에서 그는 자신의 마음을 솔직하게 표현했다. "신임 교황이 베르가모 지방에서 나오든 그렇지 않든 그건 그리 중요하지 않습니다."

로마, 베네치아, 파리에서 자신을 유력한 교황 후보로 꼽고 있다는 소문이 론칼리 추기경의 귀에도 들렸다. '하늘에서 받은 계시'를 책으로 펴낸 가스통 바르데라는 한 신자는 론칼리 추기경이 교황 삼층관을 쓰게 될 것이라고 예언하기도 했다. 론칼리 추기경은 이에 대해 불쾌한 심경을 드러내며 마리아 누님에게 편지를 썼다. "이른

바 계시를 받고 미래를 예언하는 능력을 지녔다는 몇몇 프랑스 사람들이 내가 교황에 선출될 경우 임명할 사람들까지 거명하고 있습니다. 전부 제정신이 아닙니다. 전부 제정신이 아닙니다! 나는 죽음을 생각하고 있습니다. 이곳에는 할 일이 너무 많습니다. … 나는 매일 죽을 준비를 하고 있습니다. … 마리아 누님, 매일 이렇게 선종을 맞을 마음의 준비를 하면서 하루하루 살다 보니 더 활기차고 더 온화한 평화가 생겨, 그 어느 때보다도 내 마음이 충만하게 되었습니다. 우리가 사랑하는 사람들이 기다리는 천당을 한번 미리 체험해 본 듯한 그런 평화입니다." 이 편지를 쓸 당시 안젤로 론칼리 추기경의 나이는 73세였다.

론칼리 추기경은 프랑스 주재 교황대사 시절에 친분이 있었던 프랑스의 영향력있는 추기경들로부터 지지를 받았을 것이다. 알려진 사실이지만, 추기경들이 론칼리 교황대사를 제대로 이해하지 못한 경우도 가끔 있었다. 이탈리아 추기경들은 론칼리 추기경이 외국 생활 경험이 있다는 점을 높이 평가했다. 그리고 론칼리 추기경은 기회가 있을 때마다 나이가 많다는 점을 들면서 얼마 살지 못할 거라는 말을 여러 차례 했지만, 그전부터 워낙 건강하다는 소문이 자자했다. 비오 12세는 대체로 혼자서 일을 처리하는 습관이 있어서 신임 추기경을 거의 임명하지 않았다. 그래서 추기경회의 총원이 현저히 줄었을 뿐만 아니라 추기경들의 나이도 상당히 고령화되어 있었다. 전체 추기경 51명 중 24명이 만 76세인 론칼리 추기경보다 연장이었다. 그래서 피터 헤블레스웨이트는 이런 농담을 했다. "이 백발의 노인회에서 여든이 넘은 노인네 몇 분이 론칼리 추기경을 튼튼

한 소년으로 생각하는 것이 전혀 이상한 일이 아니었다." 그리고 20년간 비오 12세가 강력한 통치를 해 왔기 때문에 후임자는 그렇게 장기간 교황 자리에 있지 않고 또 강력한 통치를 하지 않을 그런 인물을 찾고 있었다. 많은 사람들은 사태를 진정시키고 생각을 가다듬을 수 있는 과정이 있었으면 좋겠다고 생각했다. 말하자면 조심스럽게 새로운 방향 설정을 할 시간이 필요하다고 생각했다.

물론 추기경들이 궁여지책으로 론칼리 추기경을 교황 후보로 생각했을 수도 있다. 단순하고 쉽게 다룰 수 있는 노인쯤으로 생각했을 수도 있다. 그러나 론칼리 추기경은 바티칸에 새로운 변화가 있기를 바란다는 바람을 감추지 않았다. 비오 12세가 선종한 뒤에 베네치아 신학대학 학장에게 이런 말을 한 적이 있다. "우리는 후임 교황을 위해 기도해야 합니다. 어느 분이 되든 현재의 상태를 유지해 나가는 그런 미봉책이 아니라 교회가 영원한 젊음을 지킬 수 있도록 진보적인 분이 되어야 합니다!"

풍부한 삶의 지혜와 자애로운 마음을 가진 론칼리 추기경 같은 인물이 이런 말을 할 때는 나름대로 깊은 뜻이 담겨 있었다. 그는 온건 진보파에서도 호의적이고 보수파에서도 거부감을 나타내지 않기 때문에 양 진영을 잘 중재하는 이상적인 후보였다.

비오 12세와 가까운 사이였던 제노바의 주세페 시리 대주교는 전통주의자들의 대표적인 인물이고 사회의식도 대단히 강했지만 베드로의 후계자가 되기에는 너무 젊었다. 당시 그의 나이는 52세였다. 그래서 보수 진영에서는 교황청의 알로이시 마셀라 추기경을 후보로 추대했다. 마셀라 추기경은 브라질 주재 교황대사로 명망을 쌓았고,

비오 12세가 선종한 상태에서 교황 궁무처장으로서 교황청의 실권을 쥐고 있었다. 그러나 마셀라 추기경의 나이가 이미 79세였고 참신한 인상을 주지 못했다.

진보 성향을 가진 사람들 중에서는 아르메니아 출신의 그레고르 페터 아가지아니아 추기경을 지지하는 사람들이 많았다. 특히 언론인들이 많이 지지했다. 아르메니아 출신으로 열한 살 때 로마에서 학교를 다니고 킬리키엔의 대주교를 역임한 아가지아니아 추기경은 전 세계 교회를 대변하는 듯한 분위기를 풍겼다. 그리고 당시 포교성성 장관으로 진정한 로마인이라는 평가도 받고 있었다. 하지만 '현대파' 진영에서는 볼로냐 출신으로 카리스마가 있는 레르카로 추기경을 유력한 후보로 꼽고 있었고, 보수파 사람들 사이에서는 팔레르모의 루피니 추기경과 국무원의 오타비아니 추기경이 물망에 올라 있었다. 뿐만 아니라 몬티니 대주교도 후보로 진지하게 거론되었다. 그러나 그럴 경우 추기경이 아닌 인물을 교황으로 선출하게 되므로 과거의 전통을 깨는 것이었다.

물론 3일에 걸쳐 치러지는 콘클라베, 즉 교황 선거가 어떻게 진행되었는지는 아무래도 추측에 의존할 수밖에 없다. 투표 때마다 어떤 후보가 누구로부터 표를 얻었는지 자세하게 기록되어 있는 투표 현황은 참고만 하는 것이 좋을 것이다. 왜냐하면 선거 초반에 후보를 둘러싸고 온갖 추측이 난무했기 때문이다. 요한 23세의 후임으로 몬티니 추기경이 유력하게 거론된 것과는 달리 그 당시에는 유력한 후보자가 없었다. 신문에서도 나름대로 고심을 하면서 무려 37명의 교황 후보를 거론하며 사진과 자세한 이력을 소개하기도 했다. 그럼에도 여러 가지 상황을 고려해 볼 때 '시험 투표'의 성격을 띤 일차 투표가 끝나면 두 진영으로 확연하게 나누어질 거라고 예상했다. 보수 진영은 일차 투표에서는 마셀라 추기경에게, 이차 투표에서는 추기경들 중 최연소자인 시리 추기경에게 투표했다. 진보 진영은 아르메니아 출신의 아가지아니아 추기경에게 표를 주었다. 그러나 어느 쪽에서도 과반수를 얻지 못했다. 그래서 프랑스 추기경들이 문제를 해결하기 위해 대부분의 추기경들이 지지하는 중도적인 입장의 론칼리 추기경을 추천한 것으로 추측해 볼 수 있다. 어떤 소식통은 요한 23세가 나중에 간접적으로 암시한 말을 근거로 아가지아니아 추기경과 론칼리 추기경 사이에 경합이 벌어졌다고 주장하기도 했다.

롬바르디아 지방 농민의 아들로 태어나 겸손함과 뚜렷한 현실감각을 갖춘 론칼리 추기경은 자신이 반드시 교황이 되어야 한다고 생각하지는 않았을 것이다. 하지만 자신도 교황이 될 수 있다는 사실을 알고 있었을 것이다. "내 몸 주위에 활발한 날갯짓이 있었다." 비오 12세가 선종하고 교황 선거회가 열리기까지 그 2주 동안에 론칼리 추기경이 일기장에 적은 글이다. 마음의 평온을 깨뜨리는 어떤 특이한 만남이 있었던 모양이다.

해적 교황에 대한 기억

콘클라베 셋째 날, 11차 혹은 12차 투표에서 론칼리 추기경이 전체 51표 중 38표를 얻은 것으로 추정되는 가운데 교황에 선출되었다.

론칼리 추기경이 나중에 밝힌 사실에 의하면 그는 발레리 추기경에게 투표했다. 발레리 추기경은 론칼리 교황대사 바로 전에 프랑스 교황대사를 지낸 인물로, 론칼리 추기경은 당시 그의 입장이 올바로 평가받지 못한다는 의견을 말하기도 했다.

시스티나 경당 안, 천사들과 지옥에 떨어진 사람들과 소년 예수의 모습이 담긴 미켈란젤로의 천정화 「최후의 심판」 앞에서 거행되는 교황 선거는 대단히 상징적인 의미를 지니고 있다. 선거 마지막에 모든 추기경의 자리에 놓여 있는 천개Baldachine는 걷어 내지만, 교황에 선출된 추기경의 자리에 있는 천개는 그대로 둔다. 프랑스 출신으로 고대 근동학 분야의 탁월한 학자이면서 최고령이자 수석 추기경인 흰 수염의 외젠느 티세랑 추기경이 천천히 론칼리 추기경에게 오더니 선거 결과를 받아들일 의향이 있는지, 또 교황명을 무엇으로 할 것인지 물었다. 그러자 론칼리 추기경은 "요한으로 하고 싶습니다"라고 대답했다. 론칼리 추기경은 매우 정감있게 대답했지만 이 이름에는 고정 관념을 깨는 어떤 의미가 담겨 있었다. 비오 13세도 아니고, 베네딕도도 아니고 레오도 아니었다. 아버지 이름이 요한이고, 자신이 세례를 받은 고향 마을 성당이 성 요한 성당이고, 교황청 성당의 이름이 또한 성 요한 성당이라는 아주 평범한 이유를 제시했다. 그러면서 그가 제시한 또 다른 이유가 사람들의 큰 관심을 끌었다. "로마 주교 이름 중에서 제일 흔한 이름이 이 이름입니다. … 그런데 우리는 적법성의 문제를 소홀히 생각했습니다."

이것은 대단히 중대한 문제였다. 교회의 역사에 대해 해박한 론칼리 추기경은 베드로의 후계자 명단과 관련해서 불미스러웠던 일을 단번에 해결해 버렸다. 자초지종은 이렇다. 과거에 요한 23세가 있었다. 나폴리 지방의 귀족으로 한때 해적생활을 하다가 용병대장을 지낸 발다사레 코사는 교회국가를 노리는 나폴리 왕의 침략을 막아내는 데 공을 세웠다. 그리고 1410년 프랑스 왕의 강력한 압력에 의해 교황에 선출되었다. 소문에 의하면 코사가 교황을 살해했다고 한다. 그런데 코사는 개혁 공의회를 소집하라는 요구를 받아들여 결국 콘스탄츠에서 공의회를 열었는데, 여기서 그만 덜미를 잡히고 말았다. 공의회에 참가한 교회 지도자들은 요한 23세(코사)의 전력을 문제 삼아 1415년에 그를 교황에서 폐위시켰다. 그 후 그는 옥살이를 하다 1419년에 그나마 추기경에 서임되었는데, 몇 달 뒤 세상을 떠났다. 참고로 보헤미아 지방 출신의 교회운동가 얀 후스의 경우는 코사의 경우보다 훨씬 더 심했다. 코사와 마찬가지로 콘스탄츠에 초대된 후스는 공의회에서 유죄판결을 받고 화형되었다.

교회사가들은 해적 출신인 코사를 대립교황으로 — 당시에는 요한 23세 이외에도 두 명의 교황, 그레고리오 12세와 베네딕도 13세가 더 있었다 — 기록할 것인지 아니면 적법한 절차에 의해 선출된 교황으로 인정할 것인지의 문제에 대해 오늘날까지도 의견의 일치를 보지 못하고 있다. 도나텔로가 조각한 코사의 비석은 현재 피렌체 세례성당에 세워져 있는데, 그 비석에는 "요한, 한때 교황이었노라"라는 애매모호한 비문이 새겨져 있다. 만일 이 비문의 문구가 맞다면 요한 23세(안젤로 론칼리)는 "요한 23세 주니어"라고 이름을 붙여야 했을 것이다. 실제로 많은 전문가들이 이것을 요구했다. 하여튼 요한 23세는 교회사에 남아 있는 오점을 제거하고 요한이라는 훌륭한 성서의 이름이 다시 명예를 회복할 수 있도록 용기를 보여 주었다고 볼 수 있다.

새 요한 23세는 사람들을 안심시키려는 듯 즉위식 연설 말미에 요한이라는 이름을 가진 역대 교황들이 대부분 재임 기간이 짧았고, 요한 사도는 성서에서 자비로운 사랑을 보여 준 인물이었다고 말했다. "나의 자녀들이여, 서로 사랑하십시오, 서로 사랑하십시오, 왜냐하면 이것이 하느님께서 주신 가장 큰 계명이기 때문입니다."

동료 성직자들은 그의 이 정겨운 호소에 감격했고, 미리 준비한 선언문을 조금도 떨리지 않는 목소리로 거침없이 읽어 내려가는 새 교황의 자신있는 모습에 더더욱 놀랐다. 그다음에 보여 준 행동 또한 매우 돋보였다. 교황 선거회의 의전장을 맡은 알베르토 디 조리오 몬시뇰이 백색 교황모 Zucchetto를 가지고 요한 23세에게 다가왔다. 요한 23세는 교황모를 받고 이제 필요 없게 된 자신의 빨간 추기경 모를 당황한 표정으로 서 있는 디 조리오 몬시뇰에게 씌워 주었다. 이것은 바티칸에서 내려오는 아주 오랜 전통으로 이렇게 추기경모를 받은 사람이 나중에 추기경으로 서임된다는 뜻이었다. 디 조리오 추기경은 그 후 실제로 추기경에 서임되었다. 그런데 언제부터인지는 몰라도 역대 교황들이 이 관습을 지키지 않았으며, 디 조리오 몬시뇰은 비오 12세가 말년에 기피했던 인물이었다.

요한 23세는 교황에 선출되고 나서 36시간 동안 즉위식을 준비하고 교황청 내의 수많은 사무실을 돌며 직원들과 인사를 나누면서 바쁘게 시간을 보내고 있었다. 비오 12세가 선종한 후 사람들에게 홀대를 받고 있던 바이에른 출신의 파스크발리나 레너트 수녀를 만나 위로했다. 파스크발리나 수녀는 비오 12세가 뮌헨 주재 교황대사 시절부터 식복사를 한 인물로 교황청에서도 줄곧 식복사로 일했다. 식복사들이 흔히 그렇듯이 파스크발리나 수녀도 교황의 식복사로 거만하게 행동하면서 사람들의 출입을 일일이 통제하고 바티칸의 몬시뇰들을 쩔쩔매게 했다. 그래서 그런 파스크발리나 수녀를 빗대어 "전능하신 동정녀"라고 불렀다. 성모호칭기도에 나오는 동정녀를 암시하는 말이었다.

비오 12세가 선종하자 교황청에서는 즉시 응분의 조치를 취했다. 파스크발리나 수녀는 작은 손가방 두 개와 비오 12세가 아끼던 카나리아 두 마리를 달랑 손에 든 채 교황청에서 쫓겨나고 말았다. 신문에는 이 독일 수녀가 과거에 비오 12세의 입과 귀를 막았다는 내용의 비판적인 기사가 실렸다. 하지만 요한 23세는 한마디도 하지 않았다. 요한 23세는 노수녀의 손을 꼭 잡고 지난 40년간 교황청에서 봉사한 것에 대해 감사하다는 말과 함께 앞으로 머무를 거처를 정했는지 염려했다. 결국 파스크발리나 수녀는 스위스에 있는 수도원 본원으로 돌아갔다.

그랬다. 요한 23세는 자신의 소신을 가지고 있었다. 취임 첫날부터 즉흥적이기는 하지만 자신의 생각을 말과 행동으로 분명히 보여주었다. 그것은 흔히 말하는 '세상'을 향해 교회를 개방하고, 교회 지도부와 함께 상의하며 결정하고 베드로 사도의 직무를 인간화하는 것이었다. 격식을 차리지 않고 누구에게나 친근하게 대하는 모습 속에 그의 이런 생각이 담겨 있었다. 그의 모습은 수많은 이야깃거리가 되었으며, 바티칸에 진정한 혁명을 일으키기 시작했다.

요한 23세는 형제자매, 조카, 질녀 등 소토 일 몬테에 사는 40여 명의 식구들을 즉위식에 초대했다. 가족과 친지들은 요한 23세를 보고 흥분하여 감격의 눈물을 흘렸다. 누이 아순타는 제과점에 들렀다가 우연히 론칼리 추기경이 교황에 선출되었다는 방송을 들었다. 그리고 깜짝 놀라서 이렇게 중얼거렸다. "맙소사, 우리 귀여운 안젤로가!"

요한 23세는 조카 바티스타 신부를 즉시 고향으로 돌려보냈다. 말은 다정했지만 뜻은 단호했다. 교황의 친척이라서 승진했다는 말을 듣고 싶지 않았던 것이다. 비오 12세 재임 시절 교황의 조카 몇몇이 고위 성직에 임명된 전례가 있었다.

요한 23세는 즉위식에서 강론을 한 첫 교황이다. 다섯 시간에 걸쳐 거행되는 즉위식이 마치 부족하기라도 한 듯 말이다. 아마 요한 23세는 오랜 전통의 장엄한 즉위식, 그리고 "당신은 모든 영주와 왕의 아버지요 온 세상의 교황이요 지상의 그리스도의 대리자임을 알지어라!"라는 문구와 함께 교황에게 교황 삼층관을 씌우는 의식과 별개로 나름대로 자신의 생각을 전하려고 했던 것 같다. 그는 강론에서 교황이 국가 수반이자 외교관, 학자이자 "사회의 공동생활을 조직하는 사람"이라고 생각하는 사람은 모두 실망하게 될 것이라는 사실을 분명히 했다. 그러면서 자신은 그저 선한 목자가 되고 싶다는 뜻을 밝혔다. "교양, 현명한 외교 능력, 조직력 등과 같은 그런 인간의 자질들이 사도직을 빛나게 하고 풍요롭게 만들는지 모릅니다. 하지만 이런 자질들이 모든 양떼들의 목자가 되는 것을 대체하지 못합니다."

농부의 어깨와 론칼리라는 신비

11월 4일, 요한 23세는 처음으로 황금 가마Sedia gestatoria를 타기로 했다. 실용적인 목적으로 고안해 낸 것이지만 그래도 그는 이것이 탐탁지 않았다. 가마를 타고 베드로 광장을 지나 베드로 대성전 안으로 들어가면 키 작은 사람이나 앞사람의 넓은 어깨 때문에 앞이 보이지 않는 사람도 모두 교황을 볼 수 있었다. 그런데 요한 23세는 흔들리는 가마가 정말 마음에 들지 않았다. 그는 사람들의 머리 위로 높게 들려 가는 가마 위에서 "여기 가마 위는 바람이 붑니다"라고 한숨 섞인 말을 했다. 그리고 화려한 가마를 좋아하지 않는 개인적인 이유가 또 하나 있었다. "내가 이렇게 뚱뚱한데 가마를 타고 가다가 잘못해서 땅에 떨어질까봐 항상 겁이 납니다."

요한 23세 이후의 교황들은 점차적으로 이 황금 가마 사용을 폐지했다. 뿐만 아니라 흰 타조 깃털로 된 부채, 여러 가지 화려한 제복을 입고 교황을 수행하는 근위대, 교황 삼층관, 즉위식 모두가 폐지되었다. 바오로 6세(조반니 몬티니)는 교황 삼층관을 즉위식에서 사용했으나 얼마 후 매각해서 그 돈으로 사회구호사업을 지원했다. 요한 바오로 1세(알비노 루치아니)는 교황 즉위식을 폐지하고 그 대신 '직무 수행'을 연출해 보였다.

아름다운 옛 의식을 좋아했던 요한 23세는 황금 가마를 사용하지 말아야겠다는 생각은 미처 하지 못했다. 이 문제 또한 그 나름의 방법대로 풀었다. 이 가마가 지닌 의미를 새로우면서도 매우 소박하게 풀이했다. 즉위식 날 황금 가마를 타면서 언젠가 폰테 산 피에트로라는 시골 마을에서 성체 행렬을 보기 위해 아버지의 무등을 타던 일을 떠올렸다. "다시 한번 내 아들들에 의해 높이 들려서 가마를 탔습니다. 70여 년 전에 나는 폰테 산 피에트로에서 우리 아버지의 어깨에 무등을 탄 적이 있었습니다. … 신비롭게도 하느님의 어깨에 타고 가다 보면 어느덧 그분을 모시고 있는 형제들에게 가고 있습니다."

이런 간단한 말을 통해 요한 23세라는 인물의 신비를 이해할 수 있다. 롬바르디아 지방 출신의 이 농민처럼 곧이곧대로 철석같이 사람을 믿는 사람은 울타리를 치고 예방조치를 취하고 형식적인 의식을 행하면서 이를 보호막으로 삼지 않는다. 그런 사람은 자신이 직접 주도권을 가지고 일을 벌일 수도 있지만 자신의 뜻을 관철하지 못했다고 해서 세상이 금방 멸망한다고 생각하지 않는다. 그런 사람은 자신의 뜻을 믿지만 다른 사람에게 권한을 넘길 줄도 안다.

의무감이 강하고 매사에 철두철미했던 비오 12세는 어느 정도 중요한 일은 직접 결정했으며, 그가 원하는 것은 "함께 협의하는 사람이 아니라 (자신의 뜻을) 실행하는 기구"였다. 비오 12세는 연설 원고를 직접 타자기로 쳐서 깨끗이 정리하고, 예기치 못한 일이 갑자기 발생하면 대단히 당황해했다. 비오 12세가 타고난 전제군주라서 그랬다기보다 사도좌에 대한 너무도 강한 사명의식 때문이었다. 요한 23세도 자의식 면에서는 비오 12세에 결코 뒤지지 않았다. 그가 추기경들에 의해 교황에 선출된 것은 분명 하느님의 뜻이었다. 그건 틀림없다. 하지만 요한 23세는 베드로의 직무는 형제들과 대화하며 수행해야 한다고 생각했다. 성서의 내용을 볼 때 대단히 옳은 생각이었다. 그는 베드로가 형제들에게 힘을 북돋아 주고 용기를 심어 주고 동기를 부여해 준 인물이라고 생각한 것이다.

비오 12세는 교황청 각 기구의 장들과 정기적인 회의를 가진 경우가 별로 없었던 반면 요한 23세는 이들과의 회의를 다시 정례화했다. 교황에 선출되자마자 직무 첫 주의 계획을 작성했다. 또 어안이 벙벙해 있는 교황청 직원들에게 언제라도 연락할 일이 있으면 자신에게 전화하라고 엄중히 지시했다. 그리고 비오 12세 시절 공백으로 남아 있었던 교황청의 중요한 자리에는 새로운 인물을 임명했다. 1944년부터 비오 12세가 직접 맡았던 국무원장 자리도 여기에 해당되었다. 요한 23세는 교황에 선출되고 나서 몇 주 후에 23명의 추기경을 새로 임명하고 지난 몇백 년간 70명으로 제한했던 추기경단의 숫자를 임기 중에 몇 배로 늘렸다.

마커스 체키 바티칸 주재 영국 대사는, 매사에 철두철미하고 전제적인 비오 12세가 재임하던 시절에는 혼돈상태에 있던 바티칸이 공교롭게도 즉흥적 수다쟁이 소리를 듣는 요한 23세가 들어서자 새로운 활기를 띠기 시작했다고 평했다. 그러자 교황청 관리들 사이에는 교황이 언제든 고위 성직자들과 만나는 시간을 가지지만 2쪽이 넘는 진정서나 기획안은 가차없이 기각시킨다는 말이 나돌았다.

요한 23세는 자신과 다른 입장을 취하는 사람들을 거리낌 없이 중요한 자리에 임명했다. 반대 의견을 나쁘게 생각하지 않았으며, 결정을 내릴 때는 다른 사람들의 다양한 의견에 귀를 기울이려고 노력했다. 그래서 그는 다른 사람들의 견해와 경험과 목적의식을 소중하게 생각하고 자신의 의견을 교회법으로 만들지 않을 만큼 정말 그렇게 공평하고 현명했던 것 같다. 그는 성좌 선언Ex cathedra이란 말을 "결코" 입에 담은 적이 없었다.

무엇보다 가장 깜짝 놀랄 만한 인선은 교황에 선출되던 당일에 도메니코 타르디니 추기경을 국무원장에 임명한 일이었다. 재능은 뛰어나지만 냉랭한 태도 때문에 말이 많았던 타르디니 추기경은 15분 동안 완강하게 국무원장 소임을 거절하고 게다가 건강이 좋지 않다는 의사의 소견서까지 제출했다고 한다. 타르디니 추기경은 이 일에 대해 이렇게 말했다. "저는 교황 성하께 새 방법에는 새로운 사람들이 필요하기 때문에 그분 밑에서 일하고 싶지 않다고 말씀드렸고, 또 과거에 그분과 제가 자주 의견이 일치하지 않았다는 사실을 언급했습니다." 그야말로 저자세였다. 타르디니 추기경은 과거 론칼리 대주교의 외교관 자질을 드러내 놓고 문제삼았던 인물이다. 들리는 말로는 타르디니 추기경이 교황 선거가 있던 그날 밤 국무원에서 과거 론칼리 교황대사에 대한 자신의 악의에 찬 소견서 자료를 없애느라고 정신이 없었다고 한다.

요한 23세는 고개를 끄덕이며 타르디니 추기경이 거절하는 이유를 경청하고서도 그를 국무원장에 임명한다는 입장을 고수했다. "당신과 나, 우리 둘 다 신부입니다. 그러니 우리는 하느님의 뜻에 순명해야 합니다." 타르디니 추기경을 국무원장에 임명한 것은 현명한 인선이었다. 교황청 내에서 벌어지는 세력 싸움에 아직 익숙하지 않은 요한 23세는 타르디니 추기경을 얻음으로써 가장 중요한 인물 한 사람을 얻게 되었고, 불신의 태도를 보이고 있는 교황청 사람들에게 존중하면서 대화하려는 마음 자세를 보여 주었다. 결국 요한 23세와 타르디니 국무원장은 서로 잘 협력하면서 좋은 결실을 맺었다는 평가를 받았다. 1961년 타르디니 국무원장은 요한 23세가 선종하기 두 해 전에 선종했다.

"걱정 마세요. 부적절한 행동은 하지 않을 테니!"

요한 23세는 길 못 찾아 헤매는 시골 본당신부처럼 가끔 바티칸에서 길을 잃어버렸다. 한번은 한 교황청 방문객이 출구를 찾지 못하고 쩔쩔매고 있었다. 사방은 온통 유리벽면, 아무리 둘러봐도 문은 보이지 않고 거울엔 제 모습만 비칠 뿐이었다. 그때 거대한 유리문 하나가 삐그덕 소리를 내면서 열리더니 요한 23세가 슬그머니 들어왔다. 그리고 손가락을 입에 대면서 안심하라는 듯이 작은 소리로 말했다. "쉿, 나도 길을 잃었습니다!"

요한 23세는 수행원 없이 혼자 바티칸을 이리저리 거리낌 없이 다니며 산책했다. 그러면서 일꾼들이나 정원사들과 즐겨 이야기를 나누었다. 아마 거짓말은 아닐 텐데, 이삿짐을 옮긴 사람이 들려준 웃지 못할 이야기가 있다. 요한 23세의 짐을 베네치아에서 로마로 옮길 때의 일이다. 요한 23세가 갑자기 일하고 있는 방에 나타나 할아버지 같은 말투로 "내가 방해가 되지 않겠지요?"라고 했다. 그런데 높이 쌓아올린 이삿짐 뒤에서 몸을 숙이고 있던 일꾼은 자기 동료가 한 말로 착각을 하고서 "장난치지 말고 내 일이나 좀 도와줘!"라고 투덜댔다. 그러자 요한 23세는 정말 그의 갈대로 일을 했다.

그때 고개를 들어 쳐다본 그 사람은 얼굴이 시뻘개져 더듬거리며 "성하, 성하!"라는 말만 되풀이했다. 요한 23세는 괜찮다며 그를 안심시켰다. 요한 23세나 그 일꾼이나 둘 다 작지만 힘 세고 단단한 체격을 가지고 있었다. 결국 그는 이삿짐을 나르는 사람들에게 식사를 대접했다고 한다.

그는 자신과 상관없는 일에 대해서도 곧잘 말참견을 했다. 한번은 교황청 근처에서 수리공들이 수도관을 고치고 있었다. 그런데 그중 한 사람이 아주 심한 욕설을 퍼부었다. 들리는 말로는 요한 23세가 서재의 문을 살며시 열더니 정중하게 이렇게 말했다고 한다. "꼭 그렇게 하셔야 합니까? 그냥 우리가 하듯이 '저주받을!'이라고 하시면 안 되겠습니까?"

요한 23세는 개인적으로 교황을 알현할 때 무릎을 세 번 굽혀 절하는 규정을 없앴다. 그리고 이에 대해 "첫 번째 무릎을 굽혀 절할 때 내가 당신을 믿지 않았다고 생각하시는 겁니까?"라고 말했다. "선택받으신 성부", "숭고한 입술의 선택받으신 이여"라는 교황 호칭을 사용하지 말라고 「로세르바토레 로마노」지의 편집장에게 지시했다. 객관적 시각을 가지고 있었던 요한 23세는 자신을 이렇게 부르는 것을 원하지 않았다. 「로세르바토레 로마노」에 실린 비오 12세의 담화문은 언제나 똑같은 문구로 시작했다. "우리는 우리 주님의 성하의 말씀을 담은 글을 성하의 숭고한 입술에서 꺾은 그대로 여기에 옮깁니다."

요한 23세는 손님들을 초대해 오찬을 함께하곤 했는데 그것이 주방 직원들에게는 불만이었다. 그러자 그는 성서 어느 곳에도 교황이 혼자 식사해야 된다는 규정이 없지 않냐고 담담하게 말하면서 그리스도께서도 다른 사람들과 함께 식사하는 것을 좋아하셨다고 덧붙였다. 그는 이렇게 사람들을 초대해 함께 식사를 하면서 교황청 내에서 듣지 못하는 새로운 소식을 많이 들었다.

또 어떤 때는 사전에 예고 없이 바티칸 목공소에 들러 목수들에게 포도주를 대접하는가 하면, 목수들이 새 교황의 건강을 위해 건배를 하자 기뻐하기도 했다. 입소식을 마친 교황 근위대 신병들을 초대해 로마의 고급 식료품점에 직접 전화해 별미를 주문했다는 이야기도 있다. 이야기는 여기에 그치지 않았다. 신병들에게 봉급은 얼마나 받는지, 가족관계는 어떤지 물어보면서 바티칸에서 지급하는 봉급이 정말 쥐꼬리만 하다는 말을 하기도 했다. 그래서 그는 근위대의 봉급을 인상하고 특히 호봉이 가장 낮은 사람과 자녀가 많은 사람들에게는 가장 두둑한 상여금을 주도록 했다. 자녀 한 명당 한 달에 12,500리라씩 보조금을 지급하고 성적이 뛰어난 자녀들에게는 장학금도 지급했다.

박사 학위를 가진 교황청 장관들은 자녀 많은 교황청 수위가 자신들보다 봉급이 더 많다고 볼멘소리를 했다. 물른 요한 23세는 이런 비판을 전혀 귀담아듣지 않았다. 그런가 하면 이런 과다 지출을 감당하려면 사회구호비를 줄일 수밖에 없다고 엄포를 놓는 사람들도 있었다. 그러자 요한 23세는 "그렇다면 우리는 자선행위를 줄여야 합니다. 정의가 자선보다 먼저이기 때문입니다"라고 잘라 말했다.

정원사들과의 관계는 누구보다 각별했다. 잔디를 밟으며 산책하는 것을 굉장히 좋아했고, 산책 시간도 전임 교황처럼 정해져 있지 않았다. 과거에 비오 12세가 매일 30분간 바티칸 정원에서 산보하는 동안에는 관광객의 교황청 출입이 통제되었다. 관광객들이 교황을 호기심 어린 시선으로, 그리고 어쩌면 망원경으로 쳐다보지 못하게 하려는 조처였다. 그런데 요한 23세는 이런 보호 조치가 전혀 불필요하다고 생각했다. 그러면서 이런 말로 책임자들을 안심시켰다. "제가 부적절한 행동을 하지 않겠다고 여러분에게 약속합니다." 그리고 교황 선출을 축하하는 각계의 축하 전문에 대한 답례로 교황청에서 감사의 전문을 보내려고 하자 "전부 쓸데없고 부질없는 짓입니다"라고 말하면서 한숨을 쉬었다. "이런 쓸데없는 허례허식은 그만두세요. 조금 더 소박해지고 조금 더 따뜻한 마음을 가지세요!" 그러면서 이런 말을 했다. "적어도 그렇게 한번 노력해 보세요"

"복잡한 것은 간단하게 만들고 간단한 것은 복잡하게 하지 마라!" 이것이 요한 23세의 좌우명이었다. 일기장에도 마음을 다스리는 글을 자주 적었다. "안젤로야, 너를 너무 중요한 사람이라고 생각해서는 안 된다!"

요한 23세는 전임자들이 흔히 사용하던 빨간 비단 슬리퍼도 마음에 들지 않았다. 교황이 되고 나서 지시한 사항 중에는 제화공에게 편하게 신고 거리를 다닐 수 있는 신발 몇 켤레를 만들어 달라는 부탁도 들어 있었다. 물론 전통을 지키기 위해 색깔은 그대로 빨간색으로 했다. 그리고 공의회 전날 저녁 교황으로는 정확히 99년 만에 처음으로 기차를 타고 아시시와 로레토로 성지순례를 갔다. 그는 이로써 교황청에 들어앉아 스스로 감금생활을 한 역대 교황들의 전철에서 벗어났다.

로마의 본당을 방문하면서 준비된 원고 없이 거리에서 자연스럽게 하는 연설이나 병원과 교도소 방문 때 보여 준 그 다정다감한 모습은 그 어떤 헌장이나 회칙보다 더 영향력이 있었다. 세상 사람들은 인간미가 풍기는, 바로 옆에서 만날 수 있는, 선하고 경건한 아버지 같은 교황의 모습을 볼 수 있었다. "저는 여러분의 형제 요셉입니다." 요한 23세는 자신이 구약성서에 나오는 요셉이라고 말하기도 했다. 그는 이렇듯 세상의 신부로 교회사에 길이 남을 것이다.

1963년 사순절, 선종하기 몇 달 전이었다. 당시 31세의 요한 23세는 주일마다 노동자들이 많이 사는 로마 변두리 본당을 방문했다. 그리고 돌아오는 길에는 아무 곳이나 차를 멈추고 발코니나 인도에 모인 사람들에게 즉석에서 짤막하고도 재치있는 강론을 했다. 줄리오 안드레오티 전 이탈리아 대통령은 투스콜라노 구의 돈보스코 성당 앞 광장에서 요한 23세가 행한 즉석 강론을 다음과 같이 회고했다: "요한 23세는 이미 성당 안에서 강론을 마쳤다. 그런데 미사가 끝난 뒤 광장에 사람들이 가득 모여 있는 것을 보고 마이크를 다시 가져오라고 했다."

안드레오티 전 대통령은 그때 일을 이렇게 전해 주었다. "그분은 먼저 어린이들에게 인사하시고 교황님을 뵙기 위해 어린이들을 많이 데리고 온 부모들에게 감사하다는 말씀을 하셨습니다. 그리고 나서 이웃에게 착한 일을 하라고 젊은이들에게 말씀하셨습니다. 그분이 말씀하시는 이웃은 연세 높으신 어르신들이라고 설명해 주셨습니다. 여자들에게 잘해 주라는 말은 굳이 따로 충고할 필요가 없을 거라는 것이었습니다."

그리고 요한 23세는 로마에서 누군가를 만날 때 운전사에게 몰래 차를 준비하라고 지시했다. 말하자면 바티칸 관리들이 경찰의 경호와 교통 통제를 하지 않게 하려는 생각에서였다. 몬테 마리오에 은퇴 사제 양로원이 있는데 어느 날 갑자기 요한 23세가 초인종을 누르자 그곳 수위가 적잖이 놀란 일도 있었다.

교황에 선출된 그해 성탄절, 요한 23세는 예고 없이 로마의 '밤비노 예수' 아동 병원을 찾았다. 어린 입원 환자들이 환호성을 질렀다. "안녕하세요, 교황님, 어서 오세요!" 한 꼬마가 "교황님, 이름이 뭐예요?"라고 물었다. 요한 23세는 친절하게 "어렸을 때 이름은 안젤로고, 군대에서는 주세페라고 불렀고, 지금은 요한이란다"라고 대답했다.

그러고 나서 시력을 잃은 어느 소년의 침대 곁에 오랫동안 앉아 있었다. 소년에게 이렇게 말했다. "애야, 우리도 모두 눈 멀 때가 많단다. 어쩌면 네가 다른 사람들보다 더 많이 볼 수 있는 선물을 받았는지도 몰라."

그리고 그다음 날에는 로마의 '레지나 첼리' 감옥에 수감되어 있는 1,200명의 죄수들을 방문했다. 요한 23세는 교황모를 벗어 들면서 이렇게 인사했다. "여러분들이 내게 올 수가 없어서 내가 여러분에게 왔습니다." 그는 수감자들에게 어떤 훈계도 하지 않았다. 그저 어린 시절 투석기로 돌을 던지며 놀던 일과 가족 이야기를 들려주고, 친척 중 누군가가 밀렵을 하다가 감옥에 간 적이 있었다는 이야기도 해 주었다. 그러면서 "그때 찾아왔던 경찰의 모습이 아직도 눈에 선합니다!"라고 말했다.

이어서 말하기를: "이제 내가 여기 감옥으로 왔습니다. 여러분은 나를 보았습니다. 우리는 서로 눈을 쳐다보았습니다. 그리고 우리의 마음이 서로 가까워졌습니다. 우리의 만남이 내 마음속에 오래오래 남을 것이라는 사실을 여러분은 꼭 기억해 두시기 바랍니다! 다음번에 집으로 편지를 보내실 때 교황이 여러분을 찾아왔었고 바로 다음 미사 중에 여러분과 여러분의 부인들과 형제자매들과 가족들을 기억할 거라고 꼭 쓰셔야 합니다."

교도소 측에서는 처음에 살인범과 강간범들이 수감된 감옥은 개방하려고 하지 않았으나 결국 그의 간곡한 부탁으로 그 문도 열리게 되었다. "무슨 말씀이십니까? 그들도 모두 하느님 자녀입니다." 한 살인범이 눈물을 글썽이며 요한 23세에게 자신은 아무런 희망도 없다고 더듬거리자 그는 대답 대신 몸을 숙여 무릎 꿇은 그 죄수를 꼭 안아 주었다.

이 성탄절 이후 로마 사람들은 너도나도 요한 23세에 대해 이야기했다. 요한 23세는 정말 선한 사람이라고들 했다.

"어떻게 진짜 그리스도가 교황이 될 수 있었을까요?"

교황청에서도 요한 23세는 절제·검소·비판적 자아성찰을 실천하면서 직무를 수행했다. 그는 매일 새벽 4시경 잠자리에서 일어났다. 물론 그보다 더 일찍 일어나는 때도 많았다. "사방이 고요하고 아침 햇살이 비치기 시작할 때 기도가 잘 됩니다." 요한 23세는 그렇게 설명했다. 그는 베네치아 교구장 시절 주교관 지붕 위에 테라스를 만들었다. 그래서 아침 해가 뜰 때 그곳에 올라가 바다와 옛 도시를 바라보며 성무일도를 바쳤다.

요한 23세는 아침 식사를 하면서 오랜 시간 신문을 읽고 소파에서 잠깐 낮잠 자는 습관이 있었다. 아침에는 우유, 과일 주스, 어떤 때는 커피, 작은 빵, 사과 등이 식탁에 올랐다. 아침 식사를 하고 오전 9시부터는 알현이 시작되는데, 이야기를 하다 보면 알현이 길어지는 경우도 종종 있었다. 저녁에는 가끔 텔레비전을 보거나 정원을 산책했다. 그리고 별일이 없으면 밤 10시경 잠자리에 들었다.

그는 고향 소토 일 몬테의 사진, 부모님 사진, 이스탄불에서 가져온 성화, 베네치아 수호성인 마르코 성인의 조각상 등과 같이 추억이 담긴 사진과 기념품을 늘 곁에 두고 있었다. 일기장은 작은 옷장 속에 고이 넣어 두었다. 그는 개방적이고 즉흥적이면서 새로운 것을 받아들일 마음 자세가 되어 있었다. 하지만 많은 이탈리아 사람들이 그러하듯이 규칙적인 생활을 하는 사람이었다. 매주 금요일 오후 3시, 그리스도께서 돌아가신 시간에 영적 지도신부인 알프레도 카바냐 몬시뇰에게 고해성사를 봤다. 카바냐 몬시뇰은 교양 있고 냉철하지만 매우 신앙심이 깊은 인물로 요한 23세보다 나이가 두 살 더 많았다.

유다인 사회학자이며 정치철학자인 한나 아렌트는 『암흑기의 인물들』*Menschen in finsteren Zeit*이라는 에세이집에서 칼 야스퍼스, 로자 룩셈부르크, 베르톨트 브레히트와 더불어 요한 23세를 다뤘다. 이 책에서 그녀는 안젤로 주세페 론칼리가 선종을 앞두고 있을 때 한 로마 출신 하녀가 한 말을 기억하고 있었다. "마님, 이 교황님은 진짜 그리스도님이에요. 어떻게 이럴 수가 있죠? 어떻게 진짜 그리스도님이 교황님이 되실 수 있었을까요? 교황님에 선출되시기 전에 주교님, 대주교님, 추기경님이 되실 필요가 없지 않았을까요? 그분이 누구이신지 아무도 몰랐을까요?"

요한 23세가 쓴『영혼의 일기』가 책으로 나오기 전까지만 해도 그가 어떤 인물인지 거의 알지 못했다. 물론 이 일기에도 그의 깊은 속마음이 다 표현되어 있지는 않았다. 그리고 대부분의 글은 신학생 시절과 이스탄불 시절에 쓴 글이었다. 요한 23세는 젊은 시절에 조심스럽고 관습적인 신앙생활을 했고, 양심의 가책을 많이 받으면서 외부로부터 자신을 지키려는 의식이 강했다. "거룩한 순결"을 지키기 위해 15세 론칼리 소년은 거리를 다닐 때도 무척 조심하고, "부득이한 경우에는 고개를 숙이고", "음탕한" 것이 있는 쇼윈도를 쳐다보지 않았으며, "축제나 사람들이 많이 모이는 그와 비슷한 행사"를 피하고, 교회에서도 "미풍양속을 조금이라도 해치는" 그림이나 조각상은 아예 보지 않겠다고 굳게 맹세했다.

소년 안젤로는 "천사처럼 순결한" 사람이 되고 싶어했다. 그래서 그의 행동은 마치 공포영화에서 드라큘라가 나타날 때 어린 소녀들이 대항하는 방법과 비슷했다. "나는 잠들기 전에 묵주를 목에 걸고 양팔을 가슴 위에 십자가 모양으로 얹은 채 잠을 청하고, 아침에도 그런 자세로 일어나고 싶다." 소년 안젤로는 가롤로 보로메오 성인이 하루에 두 번 고해성사를 한 것에 감탄하며 "악마가 나보다 더 영리하기 때문에" 절대 방심하면 안 된다고 스스로 다짐했다.

어쨌든 소년 안젤로의 일기를 통해 알 수 있는 것은 그가 안절부절못하며 틀에 박힌 신앙생활을 하는 자신을 냉정하게 돌아보았으며, 끊임없이 자책하기보다는 구체적으로 자신을 바꾸려고 노력했다는 사실이다. 소년 안젤로는 자신의 약점이 무엇인지 알고 있었고, "똑똑한 척하고 모든 일에 대해 판단하고 어디서든 자신의 의견을 관철하려고" 했다. 그는 쓸데없는 이야기를 잘 해서 말을 아끼는 법을 배워야 했다. "나는 내가 세라핌이라고 생각했지만 실제로 교만하기 짝이 없는 작은 루시퍼에 지나지 않았다. …" 그런데 예수님에 대한 사랑과 하느님 곁에서 살고 싶은 간절한 마음, 그리고 장차 신부로서 가지는 책임 의식을 느끼게 되면서 그는 처음에 느꼈던 두려움과 개인적인 약점을 점차 의식하지 않게 되었다.

요한 23세는 스물한 살 때 군 복무을 마치고 로마 신학대학에 다시 복학했다. 그때 그는 성스런 행동에 대한 과도한 집착에서 완전히 벗어난 모습이었다. 어떤 결정을 내리거나 어떤 잘못을 했을 때 알로이시오 성인이나 다른 성인들이라면 그 상황에서 어떻게 했을까를 생각해 보고 자신의 부족함 때문에 실수를 할 수밖에 없다는 사실을 깨달았다. 신학생 안젤로 론칼리는 이런 말을 한 적이 있다. "그것은 잘못된 체계다. 성인들의 덕목으로부터 내가 배워야 할 것은 본질적인 것이지 우연적인 것이 아니다. 나는 알로이시오 성인이 아니다. 그러므로 그분이 하신 그대로 나 자신을 성화할 수 없고, 내 마음이 닿는 데까지 내 성격이나 삶의 여러 다른 조건에 따라 행동하면 된다. 그토록 완덕을 갖춘 인물을 곧이곧대로 흉내내고 억지로 따라 할 필요는 없다. 하느님께서 원하시는 것은 성인들을 본받

되 우리가 성인들이 쌓으신 성덕의 골수를 몸속에 받아들여 우리 피로 만들고 우리의 특별한 기질과 상황에 적응시켜 나가는 것이다."

프란츠 미첼 빌램은 제2차 바티칸 공의회의 주요 정신인 "아조르나멘토"aggiornamento(현대사회에 대한 적응)라는 개념이 어떻게 형성되었는지 규명하기 위해 요한 23세가 선종한 뒤 그가 남긴 모든 글을 연구했다. 말하자면 아조르나멘토는 옛 진리가 새로운 시대에 결실을 맺고, 불변하는 실체와 시대에 따라 변하는 표현 방식을 서로 구분하는 것이었다. 빌램은 앞에서 언급한 『영혼의 일기』에서 이러한 사상의 단초를 찾았다. 청년 론칼리의 입장에서 볼 때 이런 인식은 어떤 모범이 되는 성인들을 모방하고 무작정 따라 하는 데서 벗어나 제 빛깔과 향기를 잃지 않으면서 성인들을 따르는 신앙생활의 커다란 도약을 의미했다.

론칼리 가家 사람들이 그러하듯이 신심 두터운 농민들은 어떤 자의식을 가지고 하느님 앞에 선다. 그들은 "당신의 피조물이자 동반자인 제가 여기 있습니다"라는 태도를 취했지, 결코 자책하는 태도는 보이지 않았다. 따라서 요한 23세는 신학대학 시절, 자신이 물려받은 건전한 신앙 전통을 지키려다 보니 20세기 가톨릭 신학 교육의 주류였던 기존의 다른 방식과 충돌하지 않을 수 없었다. 그가 사제 서품을 받기 2년 전에 쓴 일기에 이런 구절이 있다. "하느님은 전부이시고 나는 아무것도 아니다. 이것으로 오늘은 충분하다."

자아를 소멸시키는 작업이 당시 그의 지상 목표였던 것 같다. 하지만 자만하는 마음에 빗장을 지르는 것이 그렇게 터무니없는 짓이었을까? 베르가모 신학교를 다니던 열여덟 살 때 쓴 글 중에 이런 것이 있다. 별·산·바다·동물·사람, 이 세상 모든 아름다움은 자기가 태어나기 전부터 이미 존재했다고 말하면서, "하느님의 섭리를 주의깊게 잘 살펴보면 지상의 모든 사물들은 각자 질서에 따라 움직이고 있다. 그런데 나는? 나는 존재하지 않는다. 내가 없어도 모든 것이 실현되고 꿈속에서조차 나를 생각해 주는 이 아무도 없으니 나는 실제로 없는 것과 마찬가지이기 때문이다"라고 자신의 존재에 대해 의문을 제기한다.

안젤로 론칼리라는 이 작은 인간이 얼마나 가치있는 존재일까? 그가 없어도 세상은 잘만 돌아갈 것이다. "개미나 모래알과 내가 다른 것이 무엇인가? 도대체 나는 무엇 때문에 이렇게 우쭐대는 것일까? … 아무것도 아닌 내가 스스로 위대한 사람인 양 착각하고 있다. 나는 무에서 나왔는데 하느님께서 주신 재능 때문에 스스로 우쭐하고 있다. 나는 마땅히 창조주께 헌신해야 한다. 그런데도 … 나는 내 명예와 이기심에 헌신하고 있다. … 주님, 제 눈의 빛이신 당신께서 제 앞으로 지나가실 때 큰 소리로 당신을 부르며 병을 고쳐 달라고 애원하는 이 눈먼 사람의 소리를 들어 주소서!"

그러나 그리움이 의구심을 이기고 사랑이 불안을 쫓아낸다. 청년 안젤로는 자신의 장점뿐만 아니라 약점까지도 인정하고 자신을 있는 그대로 받아들이고 신뢰를 잃지 않는 법을 점차 배우게 되었다. "몇 가지 특별한 기도를 바치는 것, 그것은 좋은 것이다. … 항상 즐거운 마음, 기쁜 생각, 정신의 자유를 매사에 유지하기. 하느님께서 모든 것을 이루어 주셔서 내가 좌우명을 충실히 지킬 수 있었으니 그분께 진심으로 감사드리고 싶다. 그리고 실패하더라도 용기를 잃지 말아야겠다. … 잘못을 한 다음에는 큰 굴욕감이 따른다. 그렇더라도 예수님께서 마치 나를 쓰다듬어 주시고 용기를 북돋아 주시면서 당신의 손으로 나를 일으켜 주시듯이 나는 즐거운 마음으로 항상 다시 웃어야겠다."이 글은 군 복무를 마친 론칼리 신학생이 1902년에 피정을 하면서 쓴 것이다. 하느님의 사랑을 듬뿍 받고 있는 론칼리 신학생의 모습은 우리가 알고 있는 그 모습 그대로였다.

요한 23세가 좋아하는 성인 중에 유머 감각이 뛰어난 필립포 네리라는 성인이 있는데, 그 성인의 말을 인용해서 자신을 다스리기도 했다. "죄와 감상아! 내 집에서 썩 나가거라! 이제 두려워하지 말고 공중누각도 짓지 말아라, 얼마 되지 않더라도 올바르고 진지한 생각을 하고 소원은 그보다 더 적게 가지도록 해라.' 또 그는 침착성을 잃지 않으려고 노력하다 보니 ─ "이것이 나에게는 가장 힘든 일이다" ─ 어느새 부족한 자신의 모습을 깨닫고 또 이웃 사람들에게 자비로운 마음을 가지게 되고 "모든 일을 너그럽게 받아들이고 남의 잘못을 들추어내지 않는" 마음을 가지게 되었다고 고백했다.

하지만 그가 쉽게 고치지 못한 습관이 있었다. 그는 촌철살인의 기지를 가지고 있었지만 어떤 때는 도가 지나쳐서 악의에 가까운 농담이 되었다. 교황청 내에서 그의 가장 강력한 맞수는 아마 성무성성의 알프레도 오타비아니 추기경이었을 것이다. 로마의 빈민촌 트라스테베레의 빵집 아들인 오타비아니 추기경은 공의회 이전 '신학의 보루'로 자처하면서 자신의 뜻을 굽히지 않았지만 인간적인 매력이 있고 교황청 일을 하면서도 직접 고아원을 운영했다. 요한 23세는 안드레오티 전 이탈리아 총리에게 이런 농담을 한 적이 있었다.

"알프레도는 참 좋은 친구인데 안타깝게도 눈이 반쯤 멀고 턱이 두 개여서 꼭 스치로코 근방의 베네치아 석호潟湖처럼 흘러 넘칩니다!"

요한 23세는 스스로 자신의 행동을 비웃는 말도 곧잘 했다. 바티칸 공의회 기간 중에 요한 23세는 주교회의 대회의에 대비해서 프랑스어 연설을 준비하고 있었다. 그런데 주교회의 의장이 라틴어로 인사말을 하자 그는 자신도 라틴어로 연설하는 게 예의라고 생각했다. 그래서 즉석에서 프랑스어를 라틴어로 번역해 가며 연설을 했는데 뜻대로 잘되지 않았다. 요한 23세는 회의장을 떠나면서 주교들에게 나직이 속삭였다. "오늘 **우리** 체면이 말이 아닙니다."

가난이 주는 해방의 힘

요한 23세는 주교 시절, 외교관 시절, 그리고 교황 시절에도 한결같이 자신에게 냉정했다. 그가 열여섯 살 때 쓴 글을 보면 다른 데 신경을 쓰느라고 예수님이 "낯설게" 느껴진다고 말하기도 했다. 그리고 5년 후에는 그리스도 앞에서 최후 심판을 받는 모습을 상상하며 자신이 범한 죄를 숨김없이 모두 열거했다. "현학적인 표정을 지으며 으스대고 의식적으로 과도하게 겸손을 떨고, 반듯하게 다린 수단, 트렌드 구두, … 뇌리를 스치는 질투심, 부질없는 환상 …."

불가리아 감목대리였던 마흔다섯 살 무렵에는 말을 너무 많이 하는 버릇이 있다며 한숨지었다. 그러면서 말을 즐겨하는 것은 하느님께서 주신 선물이지만 "나 자신을 만족시키기 위해서가 아니라 사람들이 원할 때만 사용해야 하고", "품위 있으면서 선하고 다정스러운 인상을 남길 수" 있도록 노력해야겠다고 스스로 다짐했다. 여든 살 때는 어느 피정에서 이렇게 탄식했다. "내 힘을 다하여도 내가 받은 넘치는 은총에 맞갖게 살 수 없는 가련한 신세인데 … 주님 앞에 서면 나는 그저 죄인이고 먼지인데." 그는 그때까지도 성性에 대해 두려움을 느끼고 있었다. "(이 분야에서) 하느님의 은총은 결코 어떤 유혹이나 타락을 허용하지 않았다. 절대로, 절대로 허용하지 않았다."

1902년에 그는 "선하신 주님, 저도 지옥에 가야 하나요?"라며 겁에 질린 듯한 질문을 던졌다. 그런데 벌을 받을지 모른다는 두려움은 이내 굳은 믿음으로 바뀌었다. 요한 23세는 자신이 천당에 가게 될 거라는 꾸밈없고 굳은 믿음을 유서에 적어 놓았다.

노이로제 같은 자학적인 경향은 나이가 들면서 없어지고 유쾌하고 침착한 성격으로 변했다. "시간에게 여유를 줘야 한다"라는 말은 론칼리가 즐겨하던 말이다. 무엇 때문에 그렇게 바쁜가? 무엇 때문에 항상 이미지를 관리하는가? 프랑스 주재 교황대사 시절 질녀 주세피나에게 보낸 편지에서는 "다른 사람들이 큰 소리를 내며 앞질러 가도록 양보하고 쓸데없이 입씨름하지 말고 항상 똑같은 걸음으로 늘 기쁘게 마치 노래를 부르듯 앞으로 나아가서 다른 사람들이 우리 모두를 좋아하고 우리가 어느 누구의 앞길을 가로막지 않는 것"이 더 좋겠다고 말한다.

사람들 입에 자주 오르는 다음의 일화는 설사 사실이 아니더라도 정말 잘 지어낸 것 같다. 바티칸 공의회를 선포한 날 밤늦도록 잠을 이루지 못한 요한 23세는 이렇게 자신을 나무랐다고 한다. "안젤로야, 왜 잠을 못 자니? 교회를 이끄는 분이 너니 아니면 성령이시니? 그러니까 이제 자라!"

요한 23세가 근심에 빠져 불안해했다는 이야기도 있다. 요한 23세가 걱정을 하다가 교황과 직접 이야기해야겠다고 생각을 하는데 갑자기 그 교황이 바로 자기 자신이라는 사실을 깨닫게 되었다는 것이다. "그럼, 좋다. 우리 주 하느님과 이야기해야지." 그러자 그는 마음의 부담이 없어지게 되었다 한다.

자애로운 요한 23세는 보통 사람들처럼 불완전한 인간으로 세상에 태어났다. 그는 채워지지 않는 자신의 갈망과 싸우고 자신을 이해해 주지 못하는 윗사람의 멸시를 견뎌 내야 했다. 하지만 그는 이런 시련이 자신을 단련시키는 도장이 되고 가난이 일종의 자유라는 것을 깨달을 만큼 현명했다. 인간적인 안일과 성공에 대한 강박관념, 업적에 대한 욕망과 자기 현시욕. 이 모든 것에서 벗어나 하느님 앞에서 가난하게 오직 그분만을 의지하는 사람만이 요한 23세와 같은 믿음을 가질 수 있다.

1959년 3월, 여성회의 참석자들에게 행한 강연에서 요한 23세는 자신이 하느님의 소명을 받기까지 베르가모에 있는 가족이 큰 힘이 되었다고 말했다. 또 그는 "**우리** 착하신 부모님, 아빠·엄마가 우리들의 마음에 심어 주신 모범, **우리**가 어렸을 때부터 숨쉴 수 있었던 착하고 소박하고 정직한 생활 모습이 내가 소명을 받게 된 밑거름"이라고 고백했다. 요한 23세는 **우리**라는 위엄 있는 표현을 사용했는데 그 후 후임 요한 바오로 1세(알비노 루치아니)와 요한 바오로 2세

(카롤 보이티야, 1978)는 이 표현을 사용하지 않았다. 그리고 단어를 쓸 때도 시골의 농민 출신이라는 사실을 늘 고려했다. 어머니가 선종했을 때는 생명의 마지막은 "밭고랑 한가운데서 일을 멈추는 것"이라고 말하기도 했다.

불치의 병을 앓고 있는 요한 23세에게 공의회가 끝나면 무엇을 하고 싶으냐는 질문을 던졌다. 그는 옛날을 그리워하며 "하루 온종일 내 남동생과 함께 밭을 갈고 싶다"고 대답했다. 떼제 공동체 로제 슈츠 원장수사가 한번은 요한 23세에게 "복음의 정신대로 사는 사람들"은 바티칸의 화려함에 거부감을 가진다고 아주 솔직하게 이야기한 적이 있었다. 요한 23세는 슬픈 표정으로 이렇게 대답했다. "우리 집은 가난합니다. 난들 여기 바티칸에서 힘들지 않겠습니까?" 그러면서 불과 몇 년 안에 혼자 힘으로 모든 것을 바꿀 수는 없다고 털어놓았다.

가난과 소박함, 이 둘은 요한 23세의 일기와 편지에 한결같이 담겨 있는 정신이다. 불가리아 감목대리로 임명되어 소피아에 갔을 때 부모님에게 보낸 편지에 이런 글이 있다. "부모님 곁을 떠난 지난 십 년 동안 저는 책도 많이 읽고 부모님께서 가르쳐 주시지 못하는 것을 많이 배웠습니다. 그러나 가장 소중하고 가장 중요한 것 몇 가지는 부모님께 배웠습니다. 부모님께서는 그 무엇보다도 든든한 버팀목이 되어 주시고 따뜻한 마음으로 저를 대해 주셨습니다. …"

요한 23세가 생활을 통해 직접 보여 주면서 늘 가르치는 소박함은 "거룩한 단순함"sancta simplicitas과는 다른 것이다. 소박함은 현명함, 삶의 경험, 지속하는 것에 대한 현명한 만족과 통한다. 그는 파리에서 맞은 67세 생일에 이런 말을 했다: 인격의 성화聖化를 이루면서 자신의 직무를 성공적으로 수행하는 가장 확실한 길은 "원칙, 목적, 지위, 사업 등 모든 것을 본질적인 것만 남게 제한하는 데 있다. 그러면 최고의 소박함과 내면의 평화에 이르게 된다. 그러면 진리와 정의와 자비, 특히 자비를 향해 나아가게 된다. 이와 다른 행동방식은 그저 의도적인 몸짓이나 자신을 드러내 보이고 싶은 욕구에 지나지 않으며, 얼마 못 가 금방 들통 나고 걸림돌이 되고 웃음거리가 되고 만다."

교회의 높은 지도자 자리에 오르고 싶은 욕심과 맹목적으로 순응하는 병을 고치는 데는 가난한 시골 농민의 가족이라는 뿌리를 잊지 않는 것만큼 좋은 약이 없었을 것이다. 요한 23세가 말하는 가난은 신앙인들 사이에서 흔히 이야기하는 사회낭만주의와는 거리가 멀었다. 그는 '가난한 사람들의 힘', 그들의 '내면적 부富'에 주목했다. 하지만 이러한 힘은 이 가난한 사람들이 생활조건을 개선하기 위해 투쟁할 수 있는 능력을 주었다. 그가 가족에게 보낸 편지에서 롬바르디아 산골 마을 겨울이 얼마나 힘들고, 또 흉년이 들면 얼마나 고통스러운지, 그래서 남의 땅에서 일을 하는 것이 얼마나 굴욕감을 안겨 주는지 잘 알고 있다고 말했다.

요한 23세는 베네치아 교구장 시절에 남긴 「영적 유언」에서 "나는 가난하지만 존경스럽고 겸손한 사람들의 자식으로 태어나 죽을 때도 가난하게 죽을 수 있어서 너무나도 기쁘다"고 고백했다. 또 그는 이런 가난이 주는 힘 때문에 "자리나 돈이나 명예 따위에 연연하지 않게 되었다"고 말하면서, "가난한 사람들 중에 가난한 한 사람으로서" 자신의 가족을 도와줄 수 있었지만 가족을 부끄러워하지는 않았고 "이것이 바로 진정한 귀족 칭호다"라고 자랑스러워했다.

그리고 요한 23세가 베네치아 교구장 시절에 작성한 두툼한 유서가 하나 더 있는데, 이 유서는 그가 79세 때 교황 재임 시에 직접 공증을 한 것이다. 이 유서에서 그는 자신이 소유하고 있는 밭과 포도밭, 그리고 약간의 돈을 처분하는 것에 대해 자세하게 적어 놓았다. 소토 일 몬테에 있는 본인 소유의 밭과 포도밭은 남동생이 물려받도록 했다. 그리고 "내가 죽은 뒤 내 명의로 생기게 될" 약간의 돈은 다음 교황과 베르가모의 주교회의와 포교성성 산하 선교협의회 중앙위원회, 소토 일 몬테 유치원에 골고루 나누어 주도록 했다. 그리고 일부는 누이 마리아와 조카딸 엔리카에게 "그들이 필요로 하는 만큼 … 가난한 사람들에게, 특히 매우 가난한 사람들에게 나누어 주고 가난한 사람들 중에서도 자신의 처지를 창피스럽게 생각하는 사람들을 잊지 말아라"고 부탁하기도 했다.

공산주의자가 제작한 청동문

요한 23세가 단순하고 순진하다고 생각한 사람, 천상의 광채처럼 그를 우러러본 사람, 과연 그들이 요한 23세의 진면목을 알고 있었을까? 그가 본디 천성이 착하고 소박하다 보니 그렇게 막연히 낙관적이라고들 하지만, 실제로는 악을 보지 않고 선을 보고 또 사람과 세상을 너그럽게 보려고 뼈를 깎는 노력을 해서 얻은 결실이 아닐까?

그렇지 않으면 삶의 의미가 없기 때문에.

요한 23세가 소피아에서 쓴 편지에 이런 구절이 있다. "나는 내 눈을 믿는다. 나는 모든 것을 긍정적으로 해석하고 좋지 않은 일을 보면서 쓸데없이 정신을 어지럽히기보다는 좋은 일을 생각하며 기뻐한다. 그리고 결국에는 미래를 바라본다." 가볍게 한 말처럼 들리지만 실은 우리가 앞에서 보았듯이 이 말은 패배와 모욕과 상심 등으로 모진 마음고생을 한 사람만이 할 수 있는 말이었다.

"하느님께서 그림자를 창조하셨다면 그것은 빛을 부각시키기 위해서이다." 이런 평범한 진리는 요한 23세의 편지에서 쉽게 찾아볼 수 있다. 공산주의의 위험이 대두되었을 때 이런 평범한 진리는 놀라울 정도로 구체적인 모습을 드러냈다. "예, 우리는 골리앗과 대치하고 있습니다." 요한 23세는 교회 지도부의 '매파'에게 이렇게 솔직히 털어놓았다. "하지만 이 골리앗은 그렇게 힘이 세지 않고 우월하지 않습니다. 왜냐하면 골리앗은 오류와 욕망과 폭력의 총체개념이기 때문입니다." 그렇기 때문에 언젠가는 이 거인이 하느님의 뜻에 굴복하게 될 거라고 말했다. 뿐만 아니라 공산주의자들을 교회의 적으로 생각하는 것도 잘못이며 교회에는 적이 없다고 말했다.

1960년 초, 요한 23세의 흉상을 제작하기 위해 자코모 만추라는 조각가가 바티칸에 왔다. 그는 요한 23세와 같은 고향 사람으로 당시 이탈리아에서 가장 유명한 조각가였다. 그런데 교황청에서는 이 일에 대해 불만을 나타냈다. 조각가 만추는 가난한 집안 출신의 공산주의자였으며, 과거 '레닌상'을 수상한 경력이 있고 이혼한 상태였다. 또한 가톨릭 교회가 파시스트와 협약을 맺은 것에 대한 반발로 교회를 떠난 그는 벌거벗은, 그래서 너무나도 인간적인 그리스도를 조각했다는 이유로 신앙교리성에서 파문을 당한 적이 있었다.

그런데 작업이 진행되면서 요한 23세와 공산주의 사상을 가진 조각가는 서로 친구가 되었다. 만추는 자신이 교회 최고 대표자를 미워하고 있다고 생각했는데 직접 만나 보니 너무도 훌륭한 사람이라는 사실을 알게 되었다. 만추는 일곱 점의 조각상을 만들었는데 그중 세 점을 스스로 부수어 버렸다. 그만큼 그는 요한 23세의 흉상 제작에 몰두했다. 독일의 한 기자가 왜 하필이면 교황의 조각상을 제작하느냐고 만추에게 물었다. 그는, 원래 자신은 아무것도 믿지 않고 오직 인간만 믿는다면서, 안 할 이유가 없다고 대답했다. 그리고 요한 23세가 자신에게 흉상 제작을 요청했으며 일단 수락을 한 다음에는 매우 진지하게 작업에 임했노라고 했다. 그러면서 요한 23세가 모든 이를 — 무신론자까지도! — 사랑하고, "그를 통해 나는 더 나은 내가 되는 법을 배우게 되었다"고 고백했다.

만추는 베드로 대성전의 입구에 칠 미터 높이의 청동문을 제작했다. 추기경이 선종하면 이 청동문을 통해 시신을 운구하기 때문에 이 문을 "죽음의 문"이라고 불렀다. 그래서 그는 이 청동문에 죽음의 파괴적인 폭력을 수많은 형태로 묘사하고 죽음을 넘어가는 순간의 그리스도와 성모님의 모습을 형상화했다. 그리고 죽음의 장면들 가운데 기도하느라고 몹시 지친 요한 23세의 모습과 꽃 피우는 지팡이, 즉 순례하며 늘 쇄신하는 교회의 모습을 형상화했다.

거대한 한 쌍의 대성전 대문 제작이 한창 진행되고 있을 때 요한 23세에게 만추를 소개한 주세페 데 루카 신부가 세상을 떠났다. 주세페 신부는 인문 교양에 밝은 작가이자 인간미가 돋보이는 사람이었다. 만추는 이 일로 대단히 상심했으나 요한 23세는 설교를 늘어놓는 대신 "눈물이 진주로 변할 수 있습니다"라는 한 마디 위로의 말을 건넸다.

만추는 절망했다. "저는 눈물밖에 보이지 않습니다." 요한 23세는 온화한 목소리로 말했다. "다른 것도 앞으로 올 겁니다." ― "어떻게 온다는 말씀이십니까, 성하?" ― "그것도 앞으로 보시게 될 겁니다. 아마 당신의 청동문 위에서."

마음의 지혜. 소박함. 사람을 배려하는 열린 마음. 우쭐대는 자세를 좋아하지 않는 세심한 마음. 요한 23세의 비서 카포빌라 신부는 교황을 위해 불 속이라도 뛰어들 정도로 믿음이 두텁고 마른 체격의 금욕주의자였다. 한번은 요한 23세가 연회가 끝난 뒤에 그를 나무랐다. "사람들이 자네에게 술을 따라 주려고 할 때 손으로 술잔을 막을 필요가 없네. 그렇게 하면 술을 따르는 사람에 대한 예의가 아니네. 술자리에 앉아 있는 사람들은 자네가 자기들보다 더 나은 사람이 되고 싶어한다고 생각할 걸세. 자네가 다 낫지는 않네. 나도 마찬가지이고. 그냥 따라 주는 대로 술을 받고 하느님의 이름으로 포도주 잔을 그냥 놔두게."

지혜, 소박함, 민감함 ― 그리고 이 모든 것에 빛을 더하는 자비로움. 한때 독일 ZDF 방송국 특파원이었던 루이트폴트 도른이 요한 23세의 귀도 구소 시종장과 인터뷰를 한 적이 있었다. 베네치아 시절부터 요한 23세를 모신 그는 이런 말을 했다. "제 나이 스무 살 때부터 그분 밑에서 일했습니다. 그래서 조금 즐기고 싶었습니다.

주교관에서 그분과 함께 살다 보니 외출했다가 밤늦게 돌아오는 때도 간혹 있었습니다. 저는 약혼자가 있어서 같이 영화제에도 가고 오페라를 관람하러 가기도 했습니다. 그래도 매일 아침 일곱 시에 일어나서 미사 준비를 했습니다. 그게 제 일이었으니까요. 그런데 그분이 제 방문을 두드려 저를 깨울 때도 가끔 있었습니다. 그런 경우도 그분은 '그래, 자네들은 아직 젊으니까 잠이 많지'라고 이해해 주셨습니다." — "그분이 화를 내신 적은 없었습니까?" — "한번도 그러신 적이 없습니다!"

론칼리 추기경이 교황이 된 후 시종장 구소는 교황을 볼 때마다 관습대로 무릎을 굽혀 절을 했다. 요한 23세는 구소 시종장을 옆으로 불러 일렀다. "자, 우리 둘이 협정을 맺는 거야. 자네가 아침에 나한테 오면 내 반지에 입을 맞추게. 무릎을 꿇으려면 경당에 가서 성인들 앞에서 무릎을 꿇게. 저녁때 일을 끝내고 가기 전에 다시 내 반지에 입을 맞추게. 하지만 두 번 다시 내 앞에서 무릎을 꿇지 않았으면 좋겠네."

요한 23세가 프랑스 주재 교황대사 시절 베르가모의 옛 친구가 건강이 좋지 않다는 소식을 들었다. 그는 즉시 편지를 보냈다. "몬시뇰님, 마음 같아서는 작은 램프를 손에 들고 몬시뇰님 집에 당장이라도 가고 싶습니다. 크신 심려에 깊은 위로의 말씀을 드립니다." 그러면서 두 사람 다 삶의 "저녁 만과를 바칠" 시기를 맞아 "조금 더 세상에 머물고 싶은 바람도 있지만" 하느님의 뜻에 모든 것을 맡기자고 했다. 또 저녁 노을은 한낮의 태양처럼 뜨겁지는 않지만 희망이 가득한 밝은 빛을 비추어 준다는 말로 친구를 위로했다.

요한 23세는 임종 때 로리스 카포빌라 신부를 가까이 불러 수줍은 듯 그를 포옹했다. 카포빌라 신부는 하염없이 눈물을 흘렸다. 요한 23세가 고통을 참으며 말했다. "카포빌라 신부가 내 단점을 잘 참아 주었고 나도 카포빌라 신부의 단점을 잘 참아 주었지. 내가 하늘에서 카포빌라 신부를 보호해 주겠소. … 이 일이 끝나면 조금 쉬셨다가 신부의 어머니를 한번 찾아 뵈세요."

"그가 가는 곳에 하느님께서 현존하셨다"

요한 23세는 평소 사람들에게 세심한 관심을 기울이고 자애로운 모습을 보였다. 좌우명대로 교회 직무를 수행할 때도 늘 자비로운 모습이었다. 그는 대단히 보수적이어서 사제 독신제를 철저하게 고수했다. 하지만 사제 독신제를 지키지 못한 사제들에 대한 처우는 물론 전혀 별개의 문제였다. 사제 독신제를 지키지 못한 사제들은 길거리에 나앉게 되고 교회로부터 배척을 당했으며, 교회에서 이들 신부들의 환속을 불허하면 직업을 가질 수도 없었다. 교회와 이탈리아 국가 간의 종교협약에 의해 이들은 법적으로 국가기관에서 근무할 수 없도록 되어 있었다. 그래서 교사로 임용될 수도 없었.

요한 23세는 평소 바티칸 관리들의 권한을 대체적으로 존중하는 입장이었고 부득이한 경우에 한해서만 자신의 결정권을 행사하여 의견을 관철했다. 하지만 예외적인 경우 독신제를 지키지 못한 신부들의 처지를 고려하여 환속을 도와주었다. "아무개는 불행하게 됐어.

사제 서품을 하지 말아야 했는데." 한번은 책상 위에 놓인 사제 환속 청원서를 보며 이렇게 말했다. "그의 영적 상태를 고려할 때 사제직의 의무를 면제시키고 환속해서 생활할 수 있도록 재정 지원을 해 주어야 할 것으로 봅니다. 그는 하느님과 사람들 앞에서 은총을 받아 마땅합니다."

1934년 7월 12일, 항상 공정한 판단을 하려고 노력한다는 내용의 편지를 불가리아에서 남동생 조반니에게 보낸 후 요한 23세는 30년 동안 그 생각에 조금도 변함이 없었다. "어떤 일어 있어서 적법과 불법을 완벽하게 분리해서 한가운데를 자를 수 없다. 그저 최선을 다할 뿐이다. 침묵을 지키며 필요하다면 악을 선으로 갚고 사태의 추이를 지켜볼 일이다."

요한 23세의 신비를 가장 정확하게 밝힌 사람은 주교와 신학자가 아니라 「데일리 메일」의 한 기자였다. 요한 23세가 선종한 뒤 그 기자가 쓴 글 중에 이런 구절이 있다. "사람들이 고향의 거리를 거닐 듯이 그는 하느님의 현존 속을 걸었다."

요한 23세가 정말 부러울 정도로 좋은 기질을 선천적으로 타고난 데다 명석함과 외교 경험·처세술을 전부 고루 갖춘 것처럼 보이지만, 자세히 보면 그런 모습은 다분히 감성적이고 의식적으로 가꾸어 온 신앙의 결실이었다. 말하자면 하느님을 사랑하고 하느님의 곁에서 살려고 하는 마음의 표현이었다. 하느님의 자녀로 사람들이 서로 한 형제이기 때문에 그는 사람들을 사랑했던 것이다. 내면의 소리에 따라 착하게 살았고, 이 세상이 더 좋아져야 하기 때문에 자신의 의무를 다했다. 이 세상이 궁극·지고의 것이 아니기 때문에 태연했다. 요한 23세는 1946년 교황대사 시절 부르쥬 대성당에서 봉헌한 미사 강론에서 이렇게 말했다. "우리 지상의 삶이 전부가 아닙니다. 우리는 동물처럼 그저 하루하루를 별 의미 없이 살지 않습니다. 하느님께서는 우리 눈과 우리 머리가 하늘을 향하도록 만드셨습니다. … 우리는 2천 년 전부터 우리 가운데 머무르고 계신 그리스도의 제자입니다. 그분은 가슴을 창으로 찔렸는데도 우리 모두를 품에 안으시려고 팔을 넓게 벌리고 계십니다."

그의 신앙은 소박하고 아주 전통적이었다. 수호천사와 천상의 수호성인을 지극히 당연히 받아들이고 전통적인 방식대로 기도를 드렸으며 '금육과 단식'을 지키고 영원한 행복을 동경했다. 구소 시종장의 말에 의하면 요한 23세가 아침에는 설탕 없는 커피를 마시고 대림절 저녁에는 소시지를 먹지 않았다고 한다.

그러나 그의 신앙은 힘이 있고 현실적이고 본질적인 것을 중시했다. 또 감상적인 태도라든지 소심한 사람들이 중요하게 생각하는 그런 장신구를 필요로 하지 않았다. 1954년, 당시 표현대로 '마리아의 무염시태' 교리 선포 100주년을 맞았다. 오늘날의 표현으로 하면 성모 무염시태는 원죄 없이 태어나신 동정녀이며 하느님의 어머니이신 마리아다. 이 신학적 해석은 마리아에 대한 올바른 이해와 좋은 설명이었다. 그리고 사람이 되신 하느님을 통해서 이 세상을 이해하게 되고 인간의 존엄성에 대한 의식을 가지게 되었지만 그리스도교 종파 간에는 갈등의 불씨로 작용했다.

원죄 없이 태어나신 동정 마리아 100주년 기념행사가 한창 진행될 때, 성모 마리아 신심단체와 특히 열성적인 신학자들은 하느님의 어머니에게 "여왕이신 마리아"라는 호칭을 하나 더 붙여 드리고, 이 날을 축일로 제정하기 위해 힘을 모았다. 이들은 비오 12세가 자신들의 입장을 지지하고 있다는 사실을 알고 있었다. 주교들 사이에서는 이날을 축일로 제정하기 위한 서명 작업이 진행되고 있었다. 그런데 당시 베네치아 교구의 대주교였던 요한 23세는 간단한 이유를 제시하며 이 청원서에 서명하지 않고 "예수님께서 돌아가시기 전에 요한에게 '이분이, 네 어머니시다'라고 말씀하셨습니다. 신앙과 전례를 위해서 이 말씀으로 충분합니다"라고 했다. 그리고 그는 이 말씀 외에 다른 모든 것은 상당수의 신자들에게 "신심을 불러일으키고 감동을 줄 수도" 있겠지만 더 많은 신자들에게 "혼란을 불러일으킬 것"이라는 우려를 나타냈다. 뿐만 아니라 새로운 축일로 선포할 경우 전 세계에 거룩하고 보편된 교회의 일치를 재정립하는 것을 목표로 하고 있는 "사도적 활동의 효력"을 침해할 수도 있을 것이라고 덧붙였다. 그럼에도 불구하고 그로부터 반년 후 비오 12세는 이 축일을 전례력에 포함시켰다.

1902년 당시 신학생이었던 요한 23세는 여성신학이 싹트기 훨씬 전에 이미 어머니 모습의 하느님에 대해 생각하고 있었다. "그분께서는 제가 어렸을 때 저를 시골에서 데려오셔서 자식을 사랑하는 어머니처럼 보살피시면서 제게 필요한 모든 것을 주셨습니다." 그래서 지나친 마리아론이 필요하지 않다고 생각했다. 말하자면 안전조치를 추가로 취하지 않아도 될 만큼 그의 신앙은 굳건했다.

그는 신앙에 회의를 느낀 적이 한 번도 없었을까? 선하신 하느님에 대한 믿음이 한 번도 흔들리지 않았을까?

물론 그런 적도 있었을 것이다. 요한 23세의 전기를 보면 그는 한결같이 평온한 모습을 보여 주고 있다. 그런데 요한 23세가 마치 불협화음을 일으키듯 불안한 모습을 보인 적이 꼭 한 번 있었다고 로리스 카포빌라 비서신부는 증언했다. 1953년 11월 13일, 당시 론칼리 베네치아 대주교는 소토 일 몬테의 시골 묘지에서 사랑하는 누이 안칠라의 장례식을 치르고 있었다. 관을 덮기 전에 론칼리 대주교는 누이의 이마에 다정하게 입을 맞추었다. 옆에서는 시골 마을의 할머니들이 나지막한 소리로 열심히 묵주기도를 바치고 있었다.

어둠이 깔리면서 가을바람이 언덕 위로 몰아치고 차가운 빗방울이 하늘에서 떨어졌다. 론칼리 대주교와 카포빌라 비서신부는 기차역으로 발걸음을 재촉했다. 그때 론칼리 대주교가 덤덤하게 혼잣말을 하는 소리가 비서신부의 귀에 들렸다.

"이 모든 것이 환상이라면 우리는 비통할 것이야."

1960년 1월 22일, 독일 정부 대표의 예방.
아데나워 독일 연방 수상의 눈에는 요한 23세가 정치적으로 순수해 보였다.
사진: Giordani

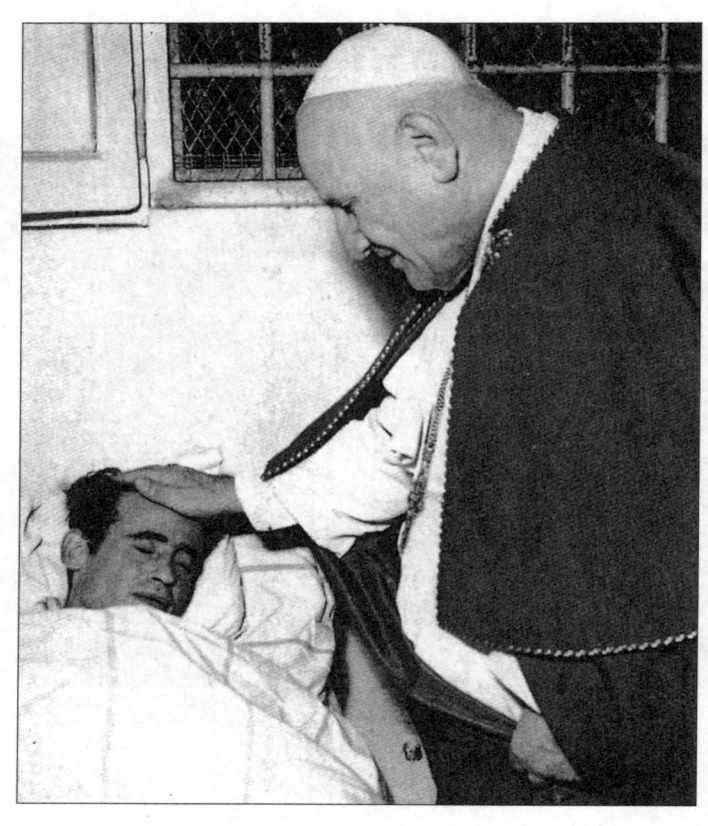

"여러분이 내게 올 수가 없어서 내가 여러분에게 왔습니다."
1958년 성탄절, '레지나 첼리' 로마 중앙 교도소를 방문한 요한 23세.
(교도소 내 병실에서).

사진: Giordani

1962년, 요한 23세가 관례를 깨고 로마 거리를 걸어 카프라니카 신학대학으로 가고 있다. 그래서 사람들은 재미삼아 "과도기 교황"Papa di passagio이라는 말을 "산책 교황"Papa di passeggio이라는 말로 살짝 바꾸기도 했다.

사진: UPI

"온 세상에서 '평화, 평화!' 하는 불안의 외침이 들려오고 있습니다."
요한 23세, 국제 발잔 재단 평화상 수상(1962. 5. 11.).
원래 이 상은 평화의 주님이신 예수께 돌아가야 하고 자신은 그분의 대리인일 뿐이라고 ….
사진: Giordani

■ 다섯째 마당

결실
제2차 바티칸 공의회

우리가 이 땅에 사는 이유는 박물관을 지키기 위해서가 아니라 삶이 충만하고 꽃이 만발한 정원을 가꾸기 위해서입니다.

'사람들을 위해' 말하지 않고 '교회 자체'에 대해서만 여전히 너무 많은 말을 하고 있습니다.

"거룩한 광기의 숨결"

1962년 11월 20일, 요한 23세는 하야토 이케다 일본 총리의 예방을 받았다. 알현 후 일본 총리는 도쿄의 도이 추기경에게 이렇게 말했다. "저는 20여 년 전에 아버지를 여의었습니다. 그런데 오늘 다시 제 아버지를 만나 뵈었습니다."

형제자매의 신앙을 북돋아 주고 희망을 키워 주기 위해 교황이 되는 인물들은 앞으로 바티칸의 이 착한 사목자 요한 23세의 모범적인 모습과 비교될 것이다.

가끔 요한 23세가 단순하고 경솔한 것처럼 보일 때도 있었다. 그가 추기경들과 대화를 하다가 느닷없이 이런 말을 할 때가 바로 그랬다. "그런데 왜 우리가 공의회를 열지 않는 겁니까?"

그때 한 추기경이 요한 23세의 제안대로 1963년에 공의회를 여는 것이 불가능하다며 반대했다. 그러자 요한 23세는 짤막하게 이렇게 대답했다. "좋습니다. 그럼 1962년에 열도록 합시다!"

그때 일에 대해서는 갖가지 이야기가 전해 온다. 교황 선거 3개월 후 제일 먼저 공의회 소집에 동의한 사람이 타르디니 국무원장이었다는 것이다. 요한 23세는 이에 대해 이렇게 말했다. "갑자기 어떤 영감이 우리 가운데 꽃처럼 피어났다. …" 그런가 하면 교황 선거 이틀 후에 이미 카포빌라 비서신부와 대화를 나누다가 "공의회"라는 말이 처음 나왔다는 말도 있다. 한 가지 확실한 것은 1959년 1월

25일 주일에 공의회를 공식적으로 선포했다는 사실이다. 장소는 교황청 담장 밖 베네딕도 수도원의 바오로 대성전이었다.

삭풍이 몰아치던 혹한의 그 겨울날, 로마에서 그리스도인 일치를 위한 기도 주간이 끝났다는 사실을 아는 사람은 거의 없었다. 가톨릭 세계교회의 중심부에서 몇몇 구제불능의 이상주의자들만 이런 일에 신경 쓰고 있었다. 즉위 후 몇 달 동안 로마의 주요 성당을 방문하는 새 교황의 일정에는 교황청 담장 밖 바오로 대성전 방문도 포함되어 있었다. 당시 추기경들은 바오로 대성전 미사에 참례한 뒤 수도원 응접실에 앉아 따끈한 고기수프를 들고 있었다. 그때 요한 23세가 말문을 열었다. 평소와는 달리 긴장한 모습으로, 신경이 예민해 보였다. 이 자리에서 그는 신학대학 시절 이래 로마에서 이루어지고 있는 변화와 현대 세계가 당면한 위험과 "진리와 선에 대한 거역"에 대해서 이야기했다. 그리고 교회의 역사를 볼 때 격동의 시기에 교회가 스스로 쇄신을 하고 선명한 사고와 생동감 있는 정신세계를 새롭게 했다는 말을 했다. 삼십 분 정도 이렇게 설명한 다음 평소처럼 팔을 벌리고 다음과 같이 선포했다.

"존경하는 주교 여러분, 사랑하는 신자 여러분! 흥분해서 다소 떨리기는 하지만 겸손되이 결단을 내린 우리는 여러분 앞에서 두 가지 기념 행사의 명칭과 계획을 말하고자 합니다. 한 가지는 (로마) 교구 시노드이고 또 한 가지는 전 교회를 위한 세계 공의회입니다."

추기경들 사이에 싸늘한 침묵이 흘렀다. 아마 너무 당혹스러운 나머지 할 말을 잊은 듯했다. 그리고 요한 23세도 실망하는 표정이 역력했다. 요한 23세는 그때 느꼈던 섭섭한 마음을 이렇게 털어놓았다. "인간적으로 말해서 우리는 … 사람들이 몰려와 공감을 표시하면서 축하한다는 말을 해 줄 거라고 기대했습니다."

그런 일은 없었다. 기뻐하며 감격하기는커녕 시큰둥한 반응뿐이었다. 더구나 비웃는 소리마저 들렸다. 「로세르바토레 로마노」지는 다음 날 이 충격적인 사건을 일면이 아닌 다른 면에 실었다. 이탈리아 주교 중에서 평소 대단히 진보적이었던 레르카로 추기경마저도 놀라움을 감추지 못했다. 그러면서 요한 23세가 너무나도 충동적이고 "경험이 미숙하기" 때문에 이런 경솔한 조처를 취했으며, 결국 건강을 해치고 말 것이라고 염려했다. 더구나 요한 23세의 절친한 친구인 밀라노의 몬티니 추기경도 고개를 절레절레 흔들었다. 그는 지인에게 전화로 이런 말을 했다고 한다. "이 성스런 만년 소년은 자기가 말벌 집을 쑤시고 있는 줄 모르는 것 같아."

세계 공의회, 이것은 교회 역사상 스물한 번째 공의회였고 1869/70년 이후 첫 번째 공의회였다. 또 세계 공의회는 전 세계 수천 명의 주교와 수도원 장상과 신학자들이 참석하는 가톨릭 세계 교회의 총회이며, 헤아릴 수 없이 많은 문제들이 해결되지 않는 가운데 열리는 거대한 토론 포럼이며, 현대 신앙의 위기, 세계의 기아에서부터 핵전쟁에 이르기까지 지구의 생존문제에 대한 설득력 있고 감동적인 대답을 제시해 주는 사유思惟의 공장이었다. 매정하지만 냉정하게 볼 때 고령으로 언제 숨을 거둘지 모르는 그런 인물이 이 모든 것을 구상하고 추진하고 조직한다는 것이였다. 그렇다면 이런 공의회를 열겠다는 계획은 그저 친근감이 느껴지는 한 백발 몽상가의 뇌리에 순간적으로 떠오른 생각이었을까? 일견 그 생각이 천재

결실: 제2차 바티칸 공의회 195

적으로 보이지만 즉흥적이고 경솔하고 혼란을 자초하는 것이었을까? 물론 몽상가 요한 23세는 그전에 이미 속내를 드러낸 적이 있었다. "거룩한 광기의 숨결 없이 교회는 성장할 수 없다."

즉흥적인 생각이 떠오르기까지 있었던 많은 일들

전부 오산이었다. 공의회 계획이 한순간의 충동, 성령의 계시, 돌연한 영감이라고 말한 요한 23세 자신도 착각했다. 1962년 5월, 그는 생전의 타르디니 추기경과 나눈 그 신비스런 대화에 대해 당시 베네치아에서 온 성지 순례자들에게 이야기한 적이 있다. 어느 순간 갑자기 그의 영혼에 빛처럼 "놀라운" 생각이 번쩍 떠올랐다고 했다. "그때 장엄하면서 꼭 지켜야 할 것 같은 어떤 말이 입에서 튀어나왔습니다. 우리는 처음으로 공의회라는 말을 밖으로 내놓은 겁니다!"

그로부터 몇 달 후, 그러니까 공의회가 시작되기 직전에 쓴 일기에도 똑같은 이야기가 적혀 있었다. 1959년 1월, 요한 23세는 타르디니 추기경과 마주한 자리에서 공의회와 교구 시노드의 소집과 (교회법 개정)에 대해 처음으로 언급했다고 한다. "그전에 그 일에 대해 전혀 생각해 본 적이 없었고, 그와 관련된 나의 모든 지식과 생각과는 전혀 다른 것이었다. 이런 제안을 하고 가장 먼저 놀란 사람은 바로 나 자신이었다. …"

이 말이 사실일 수도 있다. 요한 23세는 교황에 선출된 직후 이미 "공의회를 소집할 필요성"에 대해 언급했고 — 카포빌라 비서신부가 이를 증언하고 있다 — 교황 선거 며칠 후에 보수파의 수장인 팔레르모의 루피니 추기경과 이 문제에 대해 의논했다는 사실을 잊어버리고 있었다. 어쩌면 이 예비 회담을 정말 잊어버렸는지 모른다. 성령의 계시를 받아 이 대담한 계획을 실행할 수밖에 없었노라고 말하는 것이 더 마음에 들었는지 모른다. 아마 겸손한 나머지 그는 이 "계시"가 자신이 걸어온 삶의 여정과 강한 역사의식에서 비롯되었다고 말하지 못했을 것이다.

교회 지도자들이 형제처럼 함께 교회를 이끌어 갔던 초기 교회의 전통은 역사가 흐르면서 서방에서는 이미 사장되어 버렸지만 동방에서는 힘찬 생명력을 유지하고 있다. 한때 발칸 반도에서 외교관 생활을 한 요한 23세만큼 이 전통을 존중한 20세기의 교황과 추기경은 아마 없을 것이다. 그는 베르가모 교구장 비서 시절과 베네치아 대주교 시절 시노드에서 솟아 나오는 영적인 힘을 체험했다. 또 그는 프랑스에서 주교들이 긴밀하게 협력하는 도습을 보았다. 볼로냐 출신으로 요한 23세의 생애를 연구한 주세페 알베리고와 알베르토 멜로니는 강력히 그렇게 주장했다. 요한 23세에게 지속적인 영향을 미친 사람은 누구보다 트리엔트 공의회의 의의와 개혁을 베르가모 땅에서 실현하려고 노력한 가롤로 보로메오였다.

전임자들이 꿈꾸던 일을 누군가 실현했다면 그는 요한 23세일 것이다. 제1차 바티칸 공의회는 공식적으로 종료된 것이 아니었다. 당시 독일과 프랑스 간에는 전쟁이 벌어질 판이었고, 또 피에몬트 군대가 로마를 점령했기 때문에 1870년 10월 공의회가 정회되었다. 당시 공의회의 주요 의제는 교황의 권위와 주교의 권위 간의 관계였다. 제1차 바티칸 공의회에서는 그 어느 때보다 교황의 강한 권한을 인정했으며, 특히 교황의 무류성을 제한된 테두리 안에서 인정하였다. 공의회 참가자들은 모든 권한이 도에 지나치게 로마에 집중되지 않도록 하기 위해 주교들의 책임을 강조함으로써 교황의 지도력과 균형을 이루도록 노력했다. 그러나 비판적인 입장을 지닌 소수파가 이미 로마를 떠나 버림으로써 이 계획은 성사되지 못했다.

한편에서는 어떻게든 교회의 분열을 막는 것이 급선무라는 말을 했다. 다른 편에서는 1870년에 선포된 교황의 무류성 때문에 교회의 회의가 불필요해졌다는 의견이 있었다. 역대 교황들은 이 문제 때문에 딜레마에 빠지기도 했지만 이를 이용하기도 했다. 비오 11세는 1922년에 발표한 첫 번째 회칙에서 제1차 바티칸 공의회에서 부분적으로밖에 의제를 다루지 못했다고 아쉬워했지만, 하늘에서 분명한 계시가 내리지 않고서는 공의회를 재소집하기 위해 "**우리가 결단을 내릴 수가 없다**"고 말했다. 무솔리니 치하의 로마에서 세계 교회 총회를 소집했다면 어려움이 많았을 것이다.

뒤를 이은 비오 12세도 한동안 공의회를 소집하려는 계획을 가지고 있었다. 잘 아는 사실이지만 바티칸에 권한이 집중되는 것을 옹호하는 입장을 보인 팔레르모의 루피니 추기경과 교황청의 오타비아니 추기경은 1948년 글을 통해 자신들의 입장을 강력히 주장했다. 그들은 공의회에서 철학·신학·도덕·사회 이론 등에 나타난 오류들을 반박하고, 공산주의에 대해 입장을 밝히고, 교회법을 개혁하고, 경우에 따라서 성모 승천을 교리로 선포할 것을 주장했다. 이후 1950년에 비오 12세는 독자적으로 성모 승천을 교리로 선포했다.

오타비아니 추기경이 장관으로 있는 성무성성에서는 몇 개의 비밀위원회를 소집해서 실존주의, 다윈, 거룩한 동정, 자위행위의 위험성, 심리분석, 노동조합 결성 등 다양한 문제들을 검토했다. 그리고 또 하나의 대표위원회가 전 세계 주교의 자문을 받으면서 수많은 문제들을 의제로 채택하려는 움직임을 보이자 비오 12세는 우려의 입장을 보이며 논의를 중지시켰다. 또한 비오 12세는 공의회 준비위원회에서 지적한 회칙 「가르침의 오류에 대한 경고」의 "오류들"을 시인했다. 프랑스 주교들과 프랑스 주재 론칼리 교황대사는 이 회칙의 오류 때문에 무척 곤란한 상황에 처해 있었다. 이 일이 있고 나서부터 비오 12세는 독자적으로 교회의 진로를 결정하기 시작했다.

"내 머릿속에 계획이 들어 있습니다"

요한 23세가 생각하는 공의회는 전혀 다른 것이었다. 그래서 결국 공의회 계획을 관철시킬 수 있었다. 그는 어느 교황이나 교황청 위원회도 기존의 방식대로 공의회를 개최할 수 없을 것이라고 판단했다. 그는 그리스도교의 총회인 공의회에서 동시대의 사상을 전부 비난하기보다는 쇄신하고 스스로 정화하며 근원으로 되돌아가려는 노력을 해야 한다는 사실을 교회사를 통해 깨달았다. 그가 한번은 교회에 대해 이런 말을 한 적이 있다. "우리가 이 땅에 사는 이유는 박물관을 지키기 위해서가 아니라 삶이 충만하고 꽃이 만발한 정원을 가꾸기 위해서입니다."

요한 23세는 성무성성 — 1965년부터 신앙교리성으로 바뀌었다 — 의 제안대로 인류가 한 쌍의 조상으로부터 나왔다는 사실이나, 가톨릭 교회에서 받지 않는 세례 문제를 논의하는 것이 그다지 중요하지 않다고 생각했다. 그가 고민한 문제는 어떻게 하면 교회가 본연의 소명에 더 충실할 수 있을까, 하는 문제였다. 바오로 대성전에서 공의회를 선포하기 전날 저녁, 카포빌라 비서신부에게 이런 말을 했다. "그리스도께서는 2천 년 전부터 십자가에 달려 계십니다. 우리는 복음을 선포하면서 어디로 가고 있습니까? 어떻게 하면 우리가 그분의 원래 가르침을 현대인들에게 설명할 수 있을까요?"

1959년 4월, 요한 23세는 베네치아 성직자들에게 보낸 메시지에서, 공의회를 그리스도께서 부활·승천하신 후 예루살렘에서 가졌던 사도들의 모임에 비유했다. 또 "현대의 사도직을 더 잘 수행하기 위해 해야 할 일이 무엇인지 찾는 가운데 교회의 힘을 키우고 새롭게 할" 필요가 있다고 말했다. 그로부터 두 달 뒤 로마에 있는 그리스 신학원 학생들에게 "하느님께서 주신 교회의 사명에 충실하기 위한 새로운 힘을 얻기 위해" 공의회를 개최하는 것이라고 설명하면서, 교회는 "현대의 변화된 상황에서도 열정을 가지고 생명력을 강화하고 일치를 강화시키는" 그런 교회여야 한다고 말했다.

요한 23세는 많은 사람들이 협조하지 않는 상황에서 공의회 계획을 힘차고 끈기 있게 진행해 나갔다. 그리고 처음부터 가지고 있던 목표를 끝까지 지켜 나갔다. 그는 변화한 세계에서 교회의 자기 정립과 쇄신을 이루고 또 시대의 사상과 대화를 하고 갈라진 종파들 간에 보다 긴밀한 교류를 이루려고 했다. 요한 23세는 겸손의 표상이며 자신을 냉철하게 비판하고 권한을 위임하는 아량을 지녔지만 건전한 자아의식도 가지고 있었다. 교황 선거회의 위임 사항은 분명했다. 그는 자신이 실행하고 결정해야 하는 일은 하느님의 뜻이라는 확신을 가지고 있었다. "나는 반대하는 사람들을 두려워하지 않으며 고통을 당할 마음의 준비가 되어 있습니다." 사람들이 공의회 소집에 반대하는 말을 하자 요한 23세는 비서신부에게 이렇게 말했다. "내 머릿속에 공의회 계획이 들어 있어서 이제 정확하게 말할 수 있습니다. 이제 정말 결심이 굳어졌습니다."

반대하는 사람들은 바티칸에만 있지 않았다. 바티칸의 주교들을 요한 23세처럼 호감이 가고 개방적인 유형의 사목자 주교와 사무적이고 비판적이며 고집불통인 주교로 양분하는 것은 너무 단순한 생각이다. 레르카로 추기경이나 몬티니 추기경 같은 진보적 인사들 중에서도 공의회 계획이 불필요하다거나 아직 때가 아니라고 생각하는 사람들이 많았다. 그리고 요즘에도 그렇지만 당시 바티칸의 시각은 주교회의의 편협한 시각보다 훨씬 더 넓고 포용적이었다.

그럼에도 교황청은 체질상 안정을 추구하고 지금까지 굴러 온 톱니바퀴가 별 고장 없이 앞으로 잘 굴러가기를 바랐다. 교황청 밖에서 제시하는 어떤 '대안'이나 요한 23세처럼 교황청 실무 경험이 없는 상태에서 교황에 선출된 인물들의 관습에서 벗어난 사고를 득으로 보지 않고 위협으로 간주했다. 교황청 장관들이 이의를 제기하기도 하고 유화책을 쓰기도 하면서 마음을 돌려 보려고 했지만 요한 23세는 농민 특유의 뚝심으로 밀어붙이면서 이렇게 말했다. "공의회는 교황청의 반대에도 불구하고 소집되어야 합니다."

요한 23세는 고집도 셌지만 현명하기도 했다. 공의회를 반대하는 인물들을 공의회 준비 작업에 참여시킴으로써 반대의 예봉을 꺾었다. 회의적인 입장을 보이는 타르디니 추기경을 준비위원회 의장에 임명하고 각 성의 장관들을 각 분과 대표로 임명했다. 각 분과에서는 수많은 의제를 일목요연하게 세분화하고 공의회 자문을 위한 문안 작성 작업을 하도록 지시했다. 말하자면 기본 틀을 제시하도록 했다.

예상대로 전통적인 교회신학의 고리타분한 연구 결과가 대부분 의제로 채택되었다. 이런 의제는 포괄적이고 땀을 흘려 얻은 노작이지만 감동을 주지 못했으며, 무엇보다도 현대인이 실제 겪고 있는 신앙의 고민을 전혀 다루고 있지 않았다. 그리고 「교의헌장」을 공의회의 기본 문서로 제시했다. 이 「교의헌장」은 "계시의 원천에 관하여", "신앙의 유산의 보전에 관하여", "그리스도교의 윤리 질서에 관하여", "순결, 결혼, 가족, 동정성에 관하여" 등 네 개의 장으로 구성되어 있었다. 오타비아니 추기경은 공의회에서 장엄한 신앙고백을 하고 비오 10세가 제시한 "반근대주의자 선서"를 새롭게 강화하여 교회가 범한 역사적 범죄에 대해 "지나치게 역설하는" 모든 사람들을 단죄할 것을 제안했다.

이것이 전부가 아니었다. 흔히 생각하듯 교황청 내부의 공의회 준비위원회에서만 공의회를 준비하는 것은 아니었다. 전 세계의 주교, 수도원 장상, 가톨릭 대학에 공문을 보내 공의회에 대한 의견서를 제출해 달라고 요청했다. 그 결과 입장 표명, 예비 문안, 질문 목록 등 정확히 2,150개의 문서가 교황청에 도착했다. 이 문서는 15권의 책으로 출간되었다. 800여 명에 이르는 준비위원회 위원 중에는 '새로운 성령 강림절'을 생각하는 요한 23세와 뜻을 같이하면서 독자적인 입장을 가지고 있는 인물들도 상당수 포함되어 있었다. 요한 23세는 '그리스도인일치촉진평의회'를 추가로 설치했다. 이 평의회는 새로운 교황청 부서로 가톨릭 교회와 공의회에 대한 다른 그리스도교 종파의 입장과 견해를 다루는 업무를 맡고 있었다. 이 신설 기구에 대해 의아해하는 사람이 꽤 많았다. 이 기구의 책임을 맡은 독일 예수회의 아우구스틴 베아 추기경은 요한 23세보다 반년 정도 연상으로, 생각의 폭이 넓고 교황청 관료조직을 상대하는 데도 능숙했다. 베아 추기경은 전 세계의 경륜 있는 교회일치 전문가들을 위원으로 위촉했다.

각국의 주교회의와 신학대학에서 교황청에 보내온 글을 보면, 주교와 신학자들이 자신들의 의견을 폭넓게 개진할 수 있다는 사실을 이해하지 못하고 상당히 조심스럽게 입장을 표명했다는 인상을 받게 된다. 너무 파격적인 제안들은 대부분 위원회의 심의를 거쳐 내용이 순화되었다.

요한 23세는 고리타분한 의제를 모두 그대로 채택했으며 위원회의 검토 작업이 부지런히 진행되는 것을 높이 평가했다. 단 한 번 자를 들고 한숨을 쉬며 한 측근에게 말했다. "자, 30센티미터만 비판하세요!" 보수적이며 새로운 변화를 거부하는 그는 거대한 혁명이 일어날 것이라는 사실을 전혀 예상하지 못했다. 하지만 겸손한 마음을 가진 그이기에 다른 생각을 가진 사람들에게 기회를 주고 반대편을 존중했으며 개혁에 대한 자신의 열의를 자제했다.

그가 성령을 신뢰했음은 아무리 강조해도 지나치지 않다. 이것이 하느님의 뜻이라면 로마에 모인 주교들은 자신들의 자유를 포기해야 할 것이다. "자유로운 정신을 가진" 선구자로 평가받는 벨기에의 수에넨스 추기경이 걱정스럽게 요한 23세에게 물었다. "누가 도대체 공의회를 조직하는 겁니까?"

요한 23세가 대답했다. "그 누구도 아닙니다."

바티칸에서 공의회를 준비하는 사람들도 물론 누가 공의회를 조직하는지 알지 못했다. 교황청에서는 로마로 떠날 채비를 하는 각국의 주교들에게 모든 의제에 대한 70가지 예비 문안을 보냈다. 이 엄청난 양의 문안을 불과 몇 주 안에 어떻게 처리하느냐 하는 것은 그야말로 수수께끼였다. 또 교황청에서는 주교들이 너무 오랫동안 교구를 비우지 말 것과 가난한 교구에서 온 주교들은 굉장히 비싼 생활비를 감안해 줄 것을 부탁했다. 물론 준비한 의제를 신속하게 처리하고 불필요한 토론을 하지 않는다면 문제는 전혀 없을 것이다. 그런데 상황은 전혀 달랐다.

"우리는 불행을 전하는 예언자의 말에 반박해야 합니다"

무대 감독들은 가톨릭 교회의 뛰어난 연출력에 매우 놀란다. 1962년 10월 11일, 2,540명의 공의회 교부들이 베드로 광장에서 한 시간 반에 걸친 장엄행렬을 하며 공의회 개회식장으로 걸어갔다. 온갖 피부색의 얼굴 위에 쓴 흰 주교관이 숲을 이루는 가운데 군데군데

동방교회 대주교의 금빛 주교관도 눈에 띄었다. 사상 처음으로 세계 교회가 로마에 모두 모였다. 유럽에서 선교 목적으로 나가 있는 유럽 출신 주교들뿐만 아니라 제3세계에서 온 아프리카 주교, 아시아 주교, 라틴아메리카 주교가 모두 한자리에 모였다. 이들 주교들과 함께 현대 세계의 문제들, 현대인의 불안과 갈망, 현대인이 생각하는 '교회'의 문제점, 세계를 바꿀지도 모를 한 마디 말에 대한 작은 희망도 함께 공의회 대강당 안으로 들어갔다.

전 세계 다섯 대륙에서 온 주교와 장상들 한가운데서 교황관을 쓰지 않고 똑같이 주교관을 쓰고 가마를 탄 채 베드로 대성전으로 들어온 요한 23세는 가마에서 내려 제대를 향해 걸어갔다. 그는 다른 주교들과 똑같은 주교이고 주교들의 형제가 되고 싶었으며, 통치조직의 맨 윗자리에 있는 교황이 되고 싶지 않았다. 그리고 교회가 변화하기 위한 어떤 본보기를 주교들에게 보여 주고자 했다. 또 권력의 피라미드 대신에 하느님 백성의 공동체를 제시하고자 했다. 그가 말하는 "순례하는 하느님 백성"은 역사 속에서 걸어가며 배우고, 발전하고 성스럽기도 하고 죄를 짓기도 하며, 아직 목표에 도달하지 않았으며 하느님 나라를 혼동할 위험을 안고 있다. 또 권력을 행사하기보다는 봉사하고, 지배하는 즐거움을 가지기보다는 복음을 증언해야 할 의무를 느껴야 한다고 역설했다.

베드로 대성전은 국회 본회의장처럼 변했다. 90미터 길이에 뒤로 갈수록 높아지는 좌석이 배치되고, 헤드폰·마이크·동시통역장치·스피커·개표 집계기 등이 설치되었다. 중앙 제대 부근에는 가톨릭이 아닌 다른 그리스도 교회의 손님들과 — 이런 식의 초대는 이때가 처음이었다 — 86개국 정부와 국제기구 사절들을 위한 좌석이 마련되었고, 뒷좌석과 이층에는 각국 주교들을 수행한 신학자와 기자들이 자리했다. 기자들은 분과위원회에 직접 참가하지 못하고 위원회의 공식 입장 발표를 토대로 취재했다.

하지만 베드로 광장에 모인 이십만 명의 사람들과 수백만 명의 텔레비전 시청자들이 지켜본 휘황한 개막 행렬은 정말 아름답고 의미 있는 광경이었다. 이날 교회사에 길이 남을 만한 사건은 무엇보다 철저하게 준비한 요한 23세의 개막 연설이었다. 힘찬 목소리로 읽어 내려간 라틴어 개막 연설은 한 노인이 쌓은 삶의 경험의 총체이자 개혁 사상을 가진 한 젊은이의 예언적 비전이었다.

"오늘 어머니인 교회가 기뻐하는도다"(Gaudet Mater Ecclesia). 이것이 정확하게 37분간 진행된 연설문의 첫 구절이었다. 이후 제2차 공의회에 관한 모든 연구서에는 회칙의 제목처럼 이 문구가 사용되었으며, 이후의 지역교회의 공의회와 시노드에서도 이 첫 문구의 뜻을 거듭 나타냈다고 한다. "지금까지 공의회와 지역교회의 시노드는 영적인 힘을 진정하고 영원한 자산으로 함양함으로써 이를 더욱 강화시켰다." 요한 23세는 이런 공의회를 통해서 교회가 "영적으로 풍요로워지고 새로운 힘을 얻고 두려움 없이 미래를 맞을 수 있게 되리라"고 굳게 믿었다.

요한 23세의 연설이 계속되자 오른쪽 자리에 앉아 있던, 신앙교리성에서 백발이 성성할 때까지 일해 온 오타비아니 추기경의 표정이 돌처럼 굳어졌다. 하지만 133개국 주교들의 좌석과 기자석에서는 귀가 솔깃했다. 요한 23세는 장엄하면서도 솔직하게 말했다. "매일 **우리의** 사목직을 수행하다 보면 신앙의 열의는 뜨겁지만 그에 상응한 분별력과 판단력을 갖추지 못한 사람들의 의견들을 듣게 되고 마음을 상하는 경우가 적지 않습니다. 현재의 인간사회의 조건을 볼 때 이런 의견들은 배반이고 파괴로 인식될 수밖에 없습니다. 이런 의견들에 의하면 우리의 시대가 과거와 비교해 볼 때 점점 나빠지고 있다고 합니다. 또한 인생의 스승인 역사로부터 아무것도 배울 것이 없고, 과거 공의회가 열리던 시대에는 그리스도교의 정신과 그리스도교적 생활, 예절과 교회의 공정한 자유가 늘 번성하고 기개를 올렸던 것처럼 말을 하고 있습니다."

요한 23세가 말을 계속 이어 나가자 좌석은 숨이 멎은 듯 조용했다. "그러나 우리는 마치 세상의 종말이 임박한 듯 늘 앞날의 불행만을 예언하는 이런 예언자들의 말에 단호하게 반박해야 합니다. 인간사회가 새로운 사물의 질서를 향하여 나아가는 현재의 발전 과정을 보면서 오히려 하느님 섭리의 신비로운 계획을 인식할 수 있습니다. 이 계획은 인간의 노력을 통해 예감하지 못한 더 큰 희망을 실현하고 있습니다. 하지만 이 계획은 인간의 기대를 넘어 자체의 고유한 목표를 향하여 가고 있습니다."

요한 23세가 제시한 예는 그야말로 선동 그 자체였다. 그는 현대의 정치·경제적 소용돌이 속에서 영적인 문제와 종교적인 문제를 생각할 겨를이 별로 없기 때문에 이것은 확실히 소홀한 부분이고 비난받아 마땅하다고 말했다. 하지만 다른 한편, 과거 국가 권력이 부당하게 공의회에 간섭했듯이 교회의 자유로운 운신을 가로막았던 수많은 장애물이 현대의 생활 조건하에서는 제거되었다고 평가했다.

하지만 무엇을 해야 할까? 그는 이 공의회의 주요 과제가 "그리스도교 가르침의 거룩한 전통 유산을 보다 효과적으로 보존하고 설명하는 데 있다"고 천명했다. 교회는 교부들로부터 이어온, 결코 포기할 수 없는 진리의 전승으로부터 등을 돌려서는 안 된다고 말했다. 그러나 교회는 "가톨릭 사목직에 새로운 길을 열어 줄" 현대의 새로운 삶의 조건과 형식을 진지하게 받아들여야 한다고 강조했다.

연설은 이렇게 이어졌다. "우리의 과제는 마치 우리가 과거에만 매달리는 것처럼 이 귀중한 보물을 지키는 것이 아닙니다. 오히려 열의를 가지고 두려움 없이 우리 시대가 제기하는 과제에 몰두해야 합니다. 아울러 우리는 지난 2천 년간 교회가 걸어온 길을 앞으로도 계속해서 갈 것입니다."

그는 기본적인 교리를 토론하거나 교부와 신학자들의 의견을 반복하는 것이 공의회의 과제가 아니라고 설명했다. 그런 것들은 이미 잘 알려져 있고, 그 일을 위해 공의회가 있는 것이 아닐 터이다. 오히려 오늘날 그리스도인들은 교회의 포괄적인 가르침의 전통에 대해 "새롭게, 편안한 마음으로, 침착하게" 동의하면서 풍요롭고 보다 깊은 신앙의 이해를 얻기를 기대하고 있다고 분석했다. 또한 확실하고 변하지 않는 가르침은 현대 세계가 요구하는 대로 연구되고 설명되어야 한다고 했다. "왜냐하면 신앙의 전통의 실체와 그것을 설명하는 표현 방식은 엄연히 별개의 것이기 때문이다."

요한 23세는 잘못된 가르침과 위험한 생각이 틀림없이 있고, 교회는 언제나 이런 가르침과 생각을 단죄했다는 말을 잊지 않음으로써 자신의 견해에 대해 우려하는 사람들을 안심시켰다. "그와 반대로 오늘날 그리스도의 신부(교회)는 엄격함의 무기보다는 자비의 약을 쓰는 것을 더 좋아합니다. 그리스도의 신부는 단죄보다는 가르침을 설득력 있게 제시하는 것이 현대의 상황에 더 잘 맞다고 생각하고 있습니다."

이 역사적인 날 저녁에 오십만 명을 헤아리는, 전 세계에서 온 순례객과 관광객과 로마 사람들은 '선하신 교황'에게 열렬히 경의를 표했다. 로마의 가톨릭 청년들은 횃불 행진을 펼쳤다. 어둠이 깔리기 시작하자 구름 사이로 달빛이 드러났다. 요한 23세는 교황청 4층 집무실 창문에서 군중을 내려다보며 "달마저 횃불 행진을 보러 서둘러 나왔습니다!" 생애 가장 멋진 즉석 연설이었다. 사람들이 모두 웃으며 박수로 화답했다.

요한 23세는 행복했고 또 감격했다. 그래서 힘찬 목소리로 이렇게 말했다. "사랑하는 형제자매 여러분, 사랑하는 형제자매 여러분, 저는 여러분의 목소리를 듣고 있습니다! 제 목소리는 비록 하나지만 이 목소리는 전 세계의 목소리들을 모두 담고 있습니다."

요한 23세는 전 세계 민족의 희망과 공의회에 기대하는 바에 대해 이야기했다. 바로 그다음 날 각국 정부 대표가 모인 자리에서 "평화에 대한 외침"에 대해 말했다. 그는 자기를 열광적으로 환호하는 군중에게 자제를 요구하며 이렇게 말했다. "저라는 사람은 중요하지 않습니다. 제가 비록 하느님 뜻으로 교황이 되었지만 여러분의 형제로서 여러분들께 말합니다."

연설 막바지에 로마 교외에서 온 백발의 노동자들과 젊은 부부들은 감격의 눈물을 흘렸다. "여기서 이렇게 여러분들께 강복하고 안녕히 주무시라고 말씀드립니다. 댁에 돌아가시면 여러분 자녀들에게 뽀뽀하면서 교황이 전하는 것이라고 말해 주십시오. 혹시 여러분의 자녀가 울고 있으면 눈물을 닦아 주시고 '교황님이 네 곁에 계시단다!' 하고 잘 이야기해 주십시오."

검열당하는 교황

놀랄 만한 일은 이날에만 있었던 게 아니었다. 교황 문서를 관리하는 교황청 공보실에서 공식적으로 발표한 개막 연설 문안을 주의깊게 살펴보면 요한 23세가 읽었던 개막 연설 문구와 달리 내용이 바뀌고 문장이 다듬어진 것을 알 수 있다. 예를 들어 앞에서 인용한, 신앙 유산의 영원한 본질과 시대에 따른 표현에 관한 문장은 다음과 같이 바뀌었다. "왜냐하면 전승된 신앙의 유산이나 혹은 보존되어야 할 가르침 속에 담겨 있는 진리들은 그런 진리들을 선포하는 방식과는 전혀 별개의 문제이기 때문입니다. 물론 똑같은 의미와 똑같은 뜻이어도 그렇습니다." 그러나 덧붙인 문구는 반근대주의 입장을 보인 비오 12세의 말을 그대로 옮겨 놓은 것이나 다름없다. 그리고 연설의 다른 부분도 요한 23세의 세련되고 도발적인 문구가 균형 잡힌 교회 문헌 문체로 바뀌었고 핵심도 비켜 가 있었다.

요한 23세도 연설 내용이 바뀐 것을 물론 알고 있었다. 그래서 그 이후에는 의식적으로 검열당하지 않은 연설문 원문을 인용했다. 베드로 광장에서 사용한 라틴어 연설문도 사실은 번역문이었다. 요한

23세는 국무원의 델라쿠아 추기경, "교황청 신학자"인 루이지 치아피 신부, 라틴어 전문가 등과 함께 이탈리아어로 쓴 연설문 초고를 교회의 공식 언어인 라틴어로 번역했다.

베드로 대성전에서 행한 연설, 추후 공식 발표된 라틴어 연설, 그리고 기자들에게 배포하고 「로세르바토레 로마노」지에 실린 이탈리아어 연설, 이 세 연설문을 비교해 보면 교회가 시대적 요청으로 성숙한 신앙의 이해에 도달하기 위해 공의회가 이룩해야 할 "앞으로 나아가는 도약"이라는 표현이 빠져 있음을 알 수 있다.

볼로냐 종교학 연구소의 알베르토 멜로니는 요한 23세의 육필 원고와 타자 원고를 분석하여 개막 연설의 이탈리아어 초고를 재구성했다. 결과는 명백했다. 1962년에 출간된 이탈리아어 연설이 베드로 대성전에서 행한 라틴어 연설문보다 요한 23세의 생각을 훨씬 더 충실하게 담아내고 있었다. 공식적인 라틴어 연설문은 이탈리아어 연설문과 더욱더 차이가 났다. 요한 23세가 왜 다음과 같은 말을 했는지 이해가 된다. 카포빌라 비서신부가 증언한 내용이다. "나는 첫 번째 이탈리아어 연설문 초고가 출간되기를 바라고 있습니다. 그 이유는 내가 칭찬을 듣자는 게 아니라 연설문에 대한 책임을 나 스스로 지고 싶기 때문입니다. 이 연설문의 첫 글자부터 마지막 글자까지 모두 나에게서 나온 것이라는 사실이 알려져야 합니다."

요한 23세가 이런 말을 한 데는 나름대로 이유가 있었다. 그를 반대하는 사람들은 그가 위험한 내용이 담긴 수에넨스 추기경과 베아 신부의 글을 마치 자신의 글인 양 속이면서 그대로 읽었다는 근거 없는 소문을 퍼뜨렸던 것이다.

또한 그를 반대하는 사람들은 아무 문제 없는 그의 연설문을 마치 이단자의 성서인 양 반대해야 한다고 생각했다. 당대에 대한 상이한 평가를 내리거나 긍정적 평가를 한 점, 세상에 대한 봉사를 교회의 과제로 삼은 점, 교도권을 가지고 단죄하기보다는 사목의 자세로 하는 동행하는 자세 등등, 이런 연설문의 기본 취지가 사실상 새로운 시대를 제시하고 있었던 것이다. 예수회 회원이자 출판인인 루드비히 카우프만 수사는, 요한 23세가 시대의 징표를 거부하지 말고 하느님께서 현시대의 전개 상황에 관여하시는 것을 보라고 권유함으로써 "교회 내 예언의 권리와 임무를 다시 회복시켰다"고 평가했다.

요한 23세는 프랑스 주재 교황대사 시절 함께 일했던 한 직원에게 공의회 준비가 순조로워 삼 개월이면 끝낼 수 있을 거라고 했다. 현실은 달랐다. 옛 향수에 젖어 스스로를 "교부"라고 부르는 세계 교회의 대표들은 공의회 준비위원회의 70가지 예비 문안에 대해 그다지 긍정적인 입장을 보이지 않았다. 예비 문안은 한도 끝도 없고 아주 세세한 문제까지 다루고 있으며 신학적으로 이미 고답적인 것이었다. 그러나 처음부터 일괄적으로 거부하는 것은 예비 문안을 힘들게 작성한 교황청과 그 내용에 공감한 요한 23세를 모독하는 무례한 행위로 보일 수도 있는 상황이었다.

각국 교회 대표들은 토론을 통해 문안을 변경하는가 하면 첨삭하기도 했다. 공의회 개시 후 몇 주 동안 "예비 문안"이 원안대로 통과된 경우는 한 건도 없었다. 가장 좋은 예가 공산주의 반대 입장에 관한 문안이었다. 이 문안의 제목은 "공산주의 치하의 그리스도인 사목에 관하여"였고 "특수 집단을 위한 사목"이라는 예비 문안에 포함되어 있었다. 동베를린의 알프레드 벵쉬 추기경은 "소비에트에 대한 공포"라든지 "공산주의에 대한 증오"라는 표현을 삼가 달라고 각국 대표들에게 부탁하면서, 박해받고 있는 사람들과 연대의식을 좋은 뜻에서 나타낸 것이 도리어 그들의 상황을 악화시킬 수 있다고 말했다.

또 다른 예는 "투쟁하는 교회의 본성에 관하여"라는 아주 공격적인 어조의 예비 문안이었다. 이 예비 문안은 위계제도의 권위를 한층 강화하고 가톨릭 교회를 통하지 않는 구원은 상상할 수 없다는 내용을 담고 있었다. 공의회 분과위원회에서 한 네덜란드 교회의 주교는 승리주의Triumphalismus가 아직까지도 명맥을 유지하고 있다고 이 예비 문안의 저자를 비난하면서 법률가의 입장이 아닌 사목자의 입장에서 문제를 보아야 한다고 지적했다.

점차 공의회가 원래의 궤도에서 벗어나기 시작했다. 의제가 지나치게 많다는 의견을 제시하는 그룹도 있었고, 적극적으로 개입하며 자신들의 의견을 밝히는 그룹들도 있었다. 이런 압력 그룹의 정신적인 지도자는 브라질의 헬더 카마라 주교, 벨기에의 레온 수에넨스 추기경, 밀라노의 몬티니 대주교 등이었다. 헬더 카마라 주교는 공의회 회의장에서 단 한 번도 발언하지 않았지만 '가난한 이들의 교회'를 위해 막후에서 상당한 영향력을 행사했다. 몬티니 대주교는 「이탈리아」라는 잡지에서 공의회의 다음 회기는 초반에 조금 난항을 겪다가 현저하게 빠른 속도로 진행될 것이라고 예견했다. 아울러 교회 대표들이 앞으로 예비 문안에 집중하면서 "오늘날 사목자의 입장에서도 필요하다고 인정되고 보편적 관심사로서도 필요하다고 생각되는" 그런 문제만을 다루게 될 것이라고 말했다.

하루하루 지나면서 세계 각국 주교들은 점차 자신감을 가지게 되었다. 공의회라는 기회를 통해서 각국 주교들은 서로를 알게 되었다. 그리고 그리스도인들의 문제와 걱정은 어디서나 대동소이하다는 사실과, 교황청도 생각처럼 그렇게 모든 문제에 다 정통하지는 못하며 미래에 대한 뾰족한 해결 방안도 없다는 사실도 알게 되었다.

10월 14일, 1차 분과위원회에서 반기를 드는 사건이 발생했다. 공의회 위원회 투표를 앞두고 프랑스 주교들과 쾰른 교구의 프링스 추기경, 뮌헨 교구의 되프너 추기경, 빈 교구의 쾨니히 추기경 등 독일 추기경들이 이끄는 일단의 '교부들'이 교황청에서 임명한 180명의 준비위원들의 비준을 거부했다. 그들의 입장은 우선 준비위원들의 의견을 들어 보고 생각할 시간을 달라는 것이었다. 결국 투표가 연기되고 각 나라별로 주교위원회를 열어 준비위원 인선에 대해 논의하며 공동으로 준비위원 명단을 작성하게 되었다.

교회 자체가 목적이 아닙니다

요한 23세는 주교들이 강력하게 주장을 펼치는 것을 보면서 아마 기뻤을 것이다. 그러나 그는 일부러 공의회 회의에 참석하지 않았다. 회의석상에 모습을 드러내면 자칫 주교들이 허심탄회하게 의견을 말하지 못할까봐 염려했기 때문이었다. 그래서 집무실에서 모니터로 회의를 지켜보았다. 요한 23세는 "우리는 합창하는 수사가 아니니다!"라는 그의 말대로 주교들이 자유롭게 서로의 의견과 경험을 나누기를 바랐다.

요한 23세가 관여한 경우가 한차례 있었다. 그런 만큼 그의 입장은 무척 단호했다. 마침 "계시의 두 원천"에 관한 논의가 교착 상태에 빠져 있었다. 이것은 교회에 있어서 성서와 성전의 가치에 관한 논의였는데 교회일치운동을 위한 대화에 중요한 주제였다. 다수의 공의회 교부들이 예비 문안에 대해 반대 입장을 보이고 있었지만 그렇다고 이 예비 문안을 위원회에 되돌려 보내는 데 필요한 2/3 찬성을 얻지는 못했다. 요한 23세는 예비 문안 찬성파와 반대파의 대치 상황을 타개하기 위해 이 예비 문안에 대한 논의를 의사일정에서 삭제하고 양측 대표로 합동위원회를 구성하여 새 문안을 작성하게 하였다. 그리고 양측의 입장을 대표하고 있는 오타비아니 추기경과 베아 추기경을 위원회의 공동의장으로 임명했다. 조금 무모한 시도였지만 결과는 성공적이었다.

요한 23세는 형제 주교들의 자유 의사를 대단히 존중했다. 그렇다고 자신의 기대에 어긋나지 않을까 하는 회의를 품지는 않았다. 자주 입에 오르내리는 재미있는 일화 하나: 요한 23세는 공의회에서 무엇을 기대하고 있느냐는 질문을 받자 집무실 창문을 활짝 열더니 "신선한 공기가 안으로 들어오는 것"이라고 말했다고 한다. 물론 카포빌라 비서신부는 이 이야기의 사실성을 부인했다. 사실 요한 23세는 밖에서 들어오는 바람을 참지 못한다는 것이었다. 이탈리아 사람들은 한술 더 떠 이야기가 사실이 아니라면 정말 잘 지어냈다고 두고두고 말했다. 카포빌라 비서신부도 동감이었다.

요한 23세가 꿈꾸는 교회는 봉사하고 예언적인 자세를 가진 교회, 강요하지 않으면서 복음을 전하는 그런 교회였다. 교회 그 자체가 목적이 되는 교회, 독선적이면서 자기 비판을 허용하지 않는 교회, 스스로 만족하는 그런 교회는 그가 원하는 교회가 아니었다. 그가 바라는 교회는 무언가를 찾는 사람이나 무엇을 찾아야 할지 아직 모르는 사람을 위한 교회였다. "'사람들을 위해' 말하지 않고 '교회 자체'에 대해서만 여전히 너무 많은 말을 하고 있습니다." 그가 이 문제에 관해서는 굉장히 답답하게 생각하고 있다는 인상을 받게 된다. 평소에는 좀처럼 볼 수 없는 모습이다.

요한 23세는 공의회가 신학적 사변思辨을 위한 회의가 아니라 "그리스도의 빛과 사랑 안에서 모든 사람들을 포용하는 살아서 맥박이 뛰는 유기체"라는 사실을 중앙준비위원회 위원들에게 분명히 했다. 1961년, 가톨릭 평화운동 '팍스 크리스티' 회원들을 격려하는 자리에서 그는 "서로 한데 묶어 줄 수 있는 요소를 더욱 강화하고 정의와 진리를 배반하지 않는 선까지 누구든 함께 손을 잡고 길을 가야 한다"고 강조했다. 1962년 성탄절, 추기경 모임에서는 교회가 신선한 활력을 가지고 활동하여 "복음이 전 세계에 힘차고 새롭게 퍼져 나가기를" 바란다고 말했다.

1963년 1월 23일, 요한 23세의 대화록에는 그 심경이 아주 잘 나타나 있다. "교회 대표자들은 섬으로 도망가거나 성 안에 칩거하려고 하지 않을뿐더러, 스스로 혼자서 문제를 해결하겠다면서 다른 사람들에게 '당신들은 우리와 아무런 상관이 없소'라고 말하는 사람처럼 행동하지 않는다. … 빛나는 하늘을 쳐다보고 조상으로부터 물려

받은 진리를 무슨 숨겨 놓은 보물인 양 지키는 데 급급한 사람은 잘못된 길을 가고 있는 것이다. 왜냐하면 이런 태도로 살면 자신을 희생하여 모든 인류 가족을 구원하기 위해 우리에게 내려오신 그리스도께서 모든 사람과 사물을 향해 당신 팔을 뻗고 계시다는 사실을 잊어버릴 수 있기 때문이다."

아조르나멘토는 '변화'나 '적응'이란 말로 번역되고 있는데, 이는 본뜻을 제대로 표현하지 못한 것이다. 그래서인지 요한 23세의 이 말은 종종 오해를 불러일으키는 경우가 있다. 요한 23세는 교회가 헐떡거리면서 세상의 뒤를 쫓아가서도 안 되고 그냥 무비판적으로 세상에 박수를 보내서도 안 된다고 생각했다. 그러면서 그는 교회가 두려움과 선입견 없이 세상과 다시 만나야 하며, 그리스도인들은 수동적인 자세에서 벗어나야 하고 참호에 숨어 사는 기질을 버려야 한다고 말했다. 또한 그는 새로운 교의를 향한 '진보'를 선언하지 않고 역사의 부침 속에서 활동하시는 하느님만을 보았으며, 좋은 "시대의 징표"를 인식하라고 권고했다. 이러한 뜻은 그의 유언에도 잘 드러나 있다. "변하는 것은 복음이 아니다. 그렇다. 이제서야 비로소 우리가 복음을 더 잘 이해하기 시작한 것이다."

요한 23세는 옛 진리를 "힘차게, 빛나게, 환상적으로" 선포하기를 바랐다. 그는 많은 사람들로부터 순진한 낙관주의자라는 말을 많이 듣기도 했지만 실제로는 현실을 잘 알고 있었다. "사제와 평신도들이 「주님의 기도」와 「사도신경」을 외우지만 그 뜻을 제대로 이해하지 못하고 그 정신을 옳게 파악하지 못하는 시대에 우리가 살고 있습니다."

1962년 11월 말, 요한 23세는 의사의 권고에 따라 알현을 중단하고 공식석상에 거의 나타나지 않았다. 공의회 교부들은 당황했다. 심한 출혈이 있었다. 「로세르바토레 로마노」지는 "가벼운 위통"으로 보도했다. 의료진은 언론과 81세의 환자 요한 23세에게 병세를 사실대로 알려 주지 않았다. 요한 23세는 통증이 심해지자 방사선 치료를 받았다. 어머니와 남동생, 그리고 누이 넷의 목숨을 앗아 간 병, 암에 걸렸다는 사실을 직감했다.

이듬해 6월 3일, 마침 공의회의 한 회기가 끝날 무렵 요한 23세는 선종했다. 그러나 공의회는 '선하신 교황' 요한 23세가 나아가고자 하는 길로 계속 나아갔다. 정말 벽이 허물어지고 문이 열리고 방향이 확고하게 정해졌다. 몇 년 동안 어려움과 거센 반대에 부딪히면서도 이 방향은 조금도 흔들리지 않았다.

다른 그리스도교 공동체를 교회로 인정하고, 종교의 자유를 옹호하며, 교회 지도부에서 주교들의 공동책임을 강조하고, 독자적인 평신도 활동을 인정하며, 시대의 갈망과 고통에 연대의식을 가지는 것, 이 모든 것이 오늘날에는 너무나도 당연하고 어쩌면 진부하다고 생각할지 모른다. 하지만 당시 바티칸에서는 이것을 관철하기 위해서 힘겨운 싸움을 벌였다.

제2차 바티칸 공의회의 교회는 '게토'에 살지 않고 세상 한가운데서 적극적으로 활동하고자 했다. 또 교회가 복자들의 섬이 아니라 지상의 누룩이 되고 인류 발전의 효소가 되고자 했다. 가톨릭 신자들은 이제 자신이 소중하게 생각하는 가치를 위해서 선한 의지를 가진 모든 사람과 협력하는 것을 너무나도 당연하게 생각하게 되었다.

교회는 사람들 가운데서 하느님을 찾으며 하느님에 대해 이야기했다. 교회는 인간에게 다가가면서 자신의 소명을 발견했다.

물론 가톨릭 신자들이 모두 이 새로운 정신을 쉽게 받아들인 것은 아니다. 여러 가지 서로 다른 입장이 있는가 하면 공의회 결과를 놓고서도 사람들이 새로운 목표를 향하여 갈 때 그러하듯 의견이 분분했다. 교회는 하느님의 힘에 의해 움직이는 생동감 있는 공동체이고, 사랑과 신뢰로 충만한 유기체다. 그런데도 여전히 법과 위계조직에 의해 결정되는 구조에 집착하고 있다. 또 다른 종교 및 종파의 사람들이 지닌 보물을 보고 인정함으로써, 그 사람들을 개종시키려던 광적인 강박관념에서 벗어나게 되었다. 말하자면 가톨릭 신자들은 다른 사람들이 교회 문을 두드릴 때까지 기다리지 않고 배우는 자세로 먼저 그 사람들에게 다가가게 되었다. 그런데 용기가 없고 겁이 나서 거리를 두고 빗장을 지르기도 했다. 선한 의지를 가지고 일을 해도 실망하지 않을 수 없고, 교회가 아무리 다정한 모습을 보여도 신앙의 짐을 짊어지기에는 사람들이 너무 이기적이고 무감각하고 나태하며 돈벌이와 부유한 생활에만 혈안이 되어 있기 때문이다.

교회는 세속과 새로운 관계를 맺었지만 이 관계를 되돌릴 수는 없었다. 시험대에 오른 것이 바로 종교의 자유였다. 얼마 전까지만 해도 가톨릭 신자들 사이에서는 오류에는 권리가 없고 영혼의 영생구원을 위해 오류를 억압해야 한다는 말이 있었다. 그리고 자신의 신앙에 대해서만 종교의 자유를 요구했다. 그런데 교회는 모든 인간이 자유롭게 자신의 양심에 따라 믿고 행동하는 것이 인간의 존엄성에 속한다는 사실을 공의회에서 엄숙하게 받아들였다.

독일 주교단 자문위원으로 공의회에 참가한 칼 라너는 제2차 바티칸 공의회를 "그리스도교 역사에서 근본적인 전환점"이라고 평가했다. 그는 공의회에서 무언가 새로운 일이 일어났는데 이 일은 "도저히 돌이킬 수 없고 항구적으로 남아 있다"고 설명했다. 아울러 칼 라너는 다음과 같은 과제도 지적했다. "교회 활동의 답답한 소시민성에 길들여진 우리가 지금 여기서 이 새로운 것을 파악하고 실천하느냐 하는 것은 별개의 문제다. 이것이 바로 우리의 과제다."

교회일치를 배우는 과정: "대부분 우리 잘못입니다"

처음부터 그리스도교 종파 간의 이해를 도모하는 것은 공의회의 목적에 포함되어 있었다. 요한 23세는 '가톨릭 액션' 교구 지도자들에게 한 연설에서 다음과 같은 약속을 했다. "교회를 다시 소생시키는 과제가 완수되면 우리는 오점이나 주름 없이 화려하게 교회를 선보이게 될 것입니다. 또 우리는 정교회, 프로테스탄트 교회 등과 같이 우리와 갈라선 모든 사람들에게 '자, 보십시오! 형제들이여, 이것이 바로 그리스도의 교회입니다' 라고 말할 것입니다. 우리는 이 교회에 충실하려고 노력할 것이며, 주님께서 원하시는 대로 이 교회가 늘 유지되도록 은총을 주십사고 주님께 청할 것입니다. 자, 오십시오! 오십시오! 만날 수 있고 되돌아올 수 있는 길이 열렸습니다. 자, 와서 여러분의 자리를 취하거나 되찾으십시오! 여러분에게 마련된 이 자리는 바로 여러분 아버지의 자리입니다!"

따라서 그리스도교 모든 종파의 신자들이 청소하고 산뜻하게 꾸민 같은 부모님 집으로 다시 되돌아가야 하지만 그 집은 다름아닌 로마 가톨릭이라는 집이었다. 요한 23세는 교회일치를 위한 접근 노력의 최종 결실로 다른 것을 생각할 수 없었다. 오늘날 사용하는 "공의회적 일치"라든가 "화해를 이룬 다양성"이라는 말이 당시에는 없었다. 그럼에도 불구하고 전임 교황들이 대단히 유보적인 입장을 보인 교회일치운동을 바티칸의 주요 관심사로 만든 장본인은 다름아닌 요한 23세였다.

앞에서 보았듯이 교황의 글조차도 교황청의 검열을 받는 상황이었기 때문에 요한 23세의 발언과 글도 교황청의 검열을 받았다는 사실을 고려해야 한다. 요한 23세가 주의를 기울이지 않고 자신의 생각을 허심탄회하게 밝히면 어김없이 교황청에서 밋밋한 교리문 문장으로 바꾸었다. 1959년, 요한 23세가 교황청 담 밖의 바오로 대성전에서 공의회를 소집한다고 선포했을 때도 '갈라진 교회의 신자들에게", "우리와 함께 은총과 형제애의 이 만찬에 함께 참가해 달라고" 초청한다는 표현을 분명히 사용했다. 그런데 나중에 공식적으로 발표된 문서에는 "갈라진 공동체들이" ― 요한 23세가 이 공동체들을 교회로 인정한 것은 그야말로 전대미문의 사건이었다! ― "우리를 따라오고 싶어하고, 좋은 뜻을 가지고 그들도 일치와 은총을 추구했으면" 하고 바란다는 표현으로 바뀌어 있었다. 공동의 만찬에 참여한다는 말은 전혀 없고, 고작 한때 함께 살았던 우리에서 나간 검은 양들인 그들이 잃어버린 것을 찾는 행동을 인정해 주는, 마치 선심을 베푸는 듯한 표현이었다.

그런데 요한 23세가 이 정도로 마음을 열게 되기까지 절실한 체험을 많이 했다. 그가 스물두 살 신학생 시절에 쓴 일기장을 보면 이런 글이 있다. 신학대학 학장 신부가 당시 론칼리 신학생에게 프로테스탄트에서 가톨릭으로 개종할 준비를 하고 있는 젊은이와 산보를 같이 좀 하라고 부탁했다고 한다. 론칼리 신학생은 경악을 금치 못하면서 "그 젊은이 참 안됐다"고 말했다. 젊은 나이에 "가장 좋은 시절을" "이단의" 유혹적인 가르침에 온통 물들어 있었으니 그 젊은이가 편견에 가득 차 있을 거라고 생각했다. 그러고 나서 정말 "프로테스탄트 신자하고 불과 몇 시간만 같이 있어 보면" 진정한 신앙의 가치를 인식하고 이탈리아에서 암암리에 우리의 신앙을 위협하는 이단의 위험성을 인식하는 데 충분하다고 덧붙였다.

1907년, 26세의 론칼리 신부는 바로니우스 기념 강연에서 가톨릭 학자들이 지금까지 프로테스탄티즘을 "너무 피상적으로" 접근하면서 "독일인의 분노"에서 비롯된 "물질적 피해"만을 생각했다고 비판했다. 그리고 "루터의 사상이 얼마나 사람들의 정신을 혼란시키고 파멸시켰는지, 또 비텐베르크의 수사였던 그가 애당초 대충 얽은 사상이 학자들에게조차 얼마나 빠르게 영향력을 행사하고 학문의 옷을 입게 되었는지"에 대해 더 적극적으로 연구해야 한다고 지적했다.

요한 23세는 자신의 첫 회칙 「베드로 교좌」*Ad Petri Cathedram*에서도 "스스로 그리스도인이라고 말하면서도 우리와 갈라서 있는 사람들"과 "어떤 식으로든 일치를 이루려고 하는" 그들의 소망에 대해 조심스럽게 언급했다. 요한 23세의 평소의 모습과는 달리 뭔가 거부하고 원망하는 듯한, 그러면서도 권위적인 어투가 사용된 이 회칙은 분명히 바티칸에서 그의 사상과 행동에 대해 불평하는 사람들을 안심시키려고 쓴 것 같다. 그런데 몇 단락 뒤에는 "형제들과 자녀들"에게 돌아오라고 진심으로 초대하고 있다. 그것도 "낯선 집이 아닌 함께 살던 자기 부모님 집"으로.

요한 23세는 교황으로서 가장 일찍, 가장 절실히 이것을 깨달았을 것이다. 그는 소피아와 이스탄불에서 정교회 사람들과 가깝게 지냈고 유다인들과도 어느 정도 교류가 있었다. 그런데 교황이 된 다음에는 개신교 사람들뿐만 아니라 성공회 사람들과도 만났으며, 공산세계의 지하교회와 아프리카와 아시아에서 그리스도교와 경쟁하는 타 종교 사람들과도 접촉했다.

그가 참관인 자격으로 공의회에 참석한 다른 그리스도교 교회의 대표들을 형제로 대하는 모습은 정말 귀감이 되었다. 공의회 개막식이 끝나고 교황 알현이 있었는데 요한 23세는 대화하는 마음으로 총대주교좌에 앉지 않고 대표자들 가운데 자리를 잡았다. 그리고 발칸반도에서 다른 종파 그리스도인들과 만난 경험을 들려 주었다. "우리는 오랫동안 협상하지 않고 서로 이야기만 했습니다. 우리는 토론을 한 것이 아니라 서로를 좋아했습니다."

"믿는 사람은 두려워 떨지 않습니다"

요한 23세는 바티칸에서 정교회 지도자와 개신교 대표, 성공회 캔터베리 교구의 제프리 피셔 대주교와 일본 불교연합회 의장의 예방을 받은 첫 교황이었다. 그리고 외교 업무를 수행할 때도 그랬지만 그는 이 만남에서도 서로의 공통점을 찾는 노력을 무엇보다도 중요하게 생각했다. 과거의 잘잘못에 대해서는 관심이 없었다.

간결하고 명쾌한 표현을 좋아하는 요한 23세는 분명히 말했다. "우리는 법정에 서고 싶지 않습니다. 우리는 누가 옳고 누가 그른지 밝히지 않을 것입니다. 책임은 누구에게나 있습니다. 간단하게 말합시다. 모입시다. 싸움 그만 합시다!" 교황에 선출되기 일 년 전 동방교회의 문제점을 다루는 주간 세미나가 팔레르모에서 열렸는데 그때 그는 이렇게 말했다. 교회분열의 잘못은 갈라진 형제들에게도 일부 있지만 "대부분 우리 잘못입니다".

프랑스의 한 개신교 잡지는 훗날 요한 23세가 종교개혁의 의미에 귀기울인 첫 교황이었다고 평가했다. 가톨릭 교회의 전통주의자들은 오늘날까지도 그 문제로 그를 비판하고 있다. 마르셀 르페브르 신학대학에는 요한 23세가 선종한 지 수십 년이 지났는데도 마치 시간이 멈추어 선 듯 비오 12세의 사진이 걸려 있다. 가톨릭 근본주의자들은 요한 23세로 인해 진리가 상대화되고 경계가 흐려져 위험해졌다고 비난한다. 1978년, 두 차례의 교황 선거에서 보수파 진영의 유력한 후보였던 제네바 교구 시리 추기경은 "교회가 이 사람 ─ 요한 23세 ─ 의 오류에서 벗어나려면 앞으로 50년은 족히 걸릴 것이다"라고 했다.

요한 23세에게 보수적인 면도 있었다는 사실을 정말 잘 모르는 것 같다. 그는 사제들에게 강력한 어조로 순종을 촉구하고 사회 변화가 있을 때 "행동을 신중히" 하라고 권고하는 교황이었다. 알현

때 이렇게 강조하기도 했다. "이런 말을 자주 듣습니다. '교회가 조금 더 관대해질 수 있다. 교회가 몇 가지 작은 요구 사항을 받아들일 수 있을 것이다. …' 절대 안 됩니다! 교황은 얼마든지 자비롭고 잘 참을 수 있습니다. 하지만 이 교황도 어두운 현실과 용납할 수 없는 직무 유기 앞에서는 진리에 대한 경의와 순종으로 단호하고 분명하며 확고한 입장을 취할 것입니다."

공의회가 개막되던 해 요한 23세는 모든 바티칸 성직자들이 참석한 가운데 베드로 무덤에 "베테룸 사피엔시아"Veterum Sapientia — "옛 사람의 지혜", 「사목헌장」을 말함 — 라고 서명했다. 신학교와 가톨릭 대학 수업 시간에 라틴어를 사용하도록 규정한 이 「사목헌장」을 아는 사람은 오늘날 거의 없을 것이다. 당시 베르가모 교구의 주교관에서는 "마치 세상에 여자가 하나도 없는 것처럼" 여자에 대해 이야기하는 법이 없었다고 한다. 론칼리 신부는 나중에도 그것을 자랑스러워했다.

요한 23세는 베드로 대성전의 교황 알현식에서 한 스페인 여자에게 화를 낸 적도 있었다. 그 여자는 입장하는 교황을 보고 너무 열광한 나머지 두 팔을 높이 들고 캐스터네츠를 쳐댔다. 요한 23세는 그 여자 앞에서 가마를 멈추고 하느님의 성전에서 그런 악기를 딸깍거리는 것은 옳지 않다며 심하게 나무랐다.

그는 신앙교리성에서 "노동 사제"의 활동을 중단시키고 지나치게 자유로운 신약성서 해석과 떼이야르 드 샤르댕의 위험한 성향에 대해 지침을 내릴 때도 이를 제지하지 않았다. 물론 그로부터 며칠 후에 있었던 교황 알현에서 그는 떼이야르 신부에 대한 경고 조치가

"유감스런 일"이라고 담담하게 말했다. 선종하기 얼마 전에는 당시 통용되던 금서 목록에서 일부 도서를 해금해 달라는 청원을 거부하기도 했다.

로마 교구 시노드는 1461년 첫 회의 이래 공의회의 시험 무대로 통했다. 요한 23세 주도로 열린 1960년의 시노드는 모든 면에서 기대에 못 미쳤다. 800여 건에 달하는 안건이 토의 없이 일사천리로 통과되었다. 결의안 중에는 사제의 수단 착용(상시 착용), 경마장 입장(성직자 입장 금지), 프리메이슨 회원과의 접촉(지극히 조심스럽게 허용), 여성을 대하는 문제(사제는 어떤 경우에도 여성과 단둘이 자동차에 타면 안 된다 — 그 여성이 사제의 누이라 해도) 등이 포함되었다. 50년 사이 인구가 다섯 배로 늘어난 거대 도시 로마는 이미 오래 전에 선교 대상 지역이 되어 있었다. (이는 비오 12세가 사순절 강론에서 로마 사제들에게 한 말이다.) 특히 로마 위성도시와 빈민 지역 사목이 제대로 이루어지지 않고 있다는 사실도 지적되었다. 그러나 요한 23세는 바티칸을 방문한 캔터베리 교구 피셔 대주교에게 방금 출간한 시노드 자료집을 증정할 정도로 '자신의' 시노드에 대해 자부심을 가지고 있었다.

요한 23세를 '개혁 교황'이라고 평가하는 것은 괜찮지만 단순하게 진보적 인물로만 분류하는 데는 다소 무리가 있다. 베네치아 교구 대주교 시절, 넨니 사회주의자 전당대회에 축사를 보내면서도 교구 신부들에게 텔레비전 구입을 금지하기도 했다. 그리고 외모에 신경 쓰지 않는 신부들에게는 깨끗한 로만 칼라를 선물하기도 했다.

요한 23세는 교황대사 시절 가톨릭 지식인의 활동이 가장 활발한 프랑스에서도 신新신학에 별로 관심을 가지지 않았으며 삼위일체론에 대한 신앙만큼 사제 독신제를 강력하게 지지했다. 그러나 영국인 존 헨리 뉴먼과 이탈리아인 안토니오 로스미니와 같은 비판적 인물을 복권시키기도 했다. 그리고 자유를 가리켜 "하느님의 딸"이라고 말하고 독일 윤리신학자 베른하르트 헤링이 성무성성의 비판을 받자 그를 옹호하기도 했다.

1934년, 요한 23세가 감목대리로 불가리아의 소피아에 있을 때였다. 그는 가족농장의 부엌이 너무 작아 문제가 되자 가족회의를 열어 의논해 보시라고 아버지께 말씀드렸다. 이 가족회의에 어머니는 참석하지 못했다. "여자는 그저 복종하면 됩니다. 여자가 지시 내릴 일은 없습니다!" 그러나 30년이 지난 1962년에 발표한 평화에 관한 회칙 「지상의 평화」*Pacem in terris*에서는 교황으로는 처음으로 여성의 사회 참여와 여성의 인권의식을 높이 평가했다.

전통을 존중하는 보수적인 사제 안젤로 론칼리가 교회 쇄신가가 될 수 있었던 이유는 어느 날 갑자기 정반대로 전향했기 때문이 아니라 항상 시대를 향해 마음을 열고 있었기 때문이다. 관심을 기울이면서 대화하는 자세로 배우려는 마음을 가지고 있었기 때문이다. 그는 두려움이나 불신을 가지지 않았다. 오랜 인생 경험을 통해 지혜를 얻어 외적인 규율과 내면의 힘을 혼동하지 않았다.

그는 교회의 본질적인 문제가 제기되었을 때 당연히 복종했다. 그것은 윗사람들 앞에서 굽실대는 것과는 다른 것이었다. 한번은 바티칸에 온 한 젊은 외국 신부가 실수하지 않으려고 안절부절못했다. 요한 23세는 그 신부를 이렇게 다독거렸다. "자, 신부님, 걱정 마세요. 자신을 가지세요. 예수께서 공심판 때 '그런데 너는 경신성사성의 말을 잘 들었느냐?'라고 물어보시지 않을 겁니다."

　교회사를 보면 새로운 방향과 불확실한 미래를 겁내는 경우가 자주 있다. 이런 두려움 때문에 많은 사람들이 교회 안팎의 경계를 더욱 진하게 긋고 새로운 사목 방식을 통제하여 교회 전통을 철저히 지킬 것을 요구했다. 요한 23세에게도 전통은 보물이었다. 물론 그는 이 보물을 땅속에 묻지 않고 현재를 위해 결실을 맺게 하려고 했다. 이것이 바로 그의 혁명 방식이었다. 즉, 본질적인 것을 지키기 위해 낡은 관습을 배 밖으로 던져 버렸던 것이다.

　"믿는 사람은 두려움에 떨지 않습니다." 이것이 그의 소신이었다. 이사야 예언서에 나오는 구절이다. 사람 만나는 걸 좋아하고 대화하기를 즐기는 요한 23세의 이런 모습은 단순히 환심을 사려는 행동이 아니었다. 자신과 다른 생각을 가진 사람들에 대해 개방적이고 호의적일 수 있었던 힘은 다름아닌 바위처럼 굳은 신앙이었다. 그는 늘 이런 생각을 가지고 있었다. "우리는 하느님께서 각 사람의 양심 속에 활동하시고 역사 속에 현존하심을 굳게 믿고 있습니다." 그러면서 그리스도께서 당신이 구원하신 세상에서 떠나지 않았기 때문이라고 그 이유를 설명했다.

　"비난하기보다는 세상에 매력적인 모범을 보이십시오"라는 그의 말은 수십 년이 지난 지금도 살아 숨쉰다. "악에 대해 불평을 하면 슬퍼집니다. 우리는 불평만으로는 악을 없앨 수 없다는 사실을 알고 있습니다. … 반드시 선을 선포해야 합니다!"

"교회생활의 불 같은 쇄신, 전 세계에 복음을 새롭고 힘차게 퍼져 나가게 하는 것."
공의회를 눈앞에 두고 주님의 강복을 빌기 위해 떠나는 생애 마지막 성지순례.
(1962년 10월 4일, 로마 트라스테베레 역, 목적지: 로레토와 아시시)

사진: OPA

"'사람들을 위해' 말하지 않고 '교회 자체'에 대해서만 너무 많은 말을 하고 있습니다."
요한 23세는 1962년 12월 22일 마지막 성탄절 메시지를 발표하고
전 세계에 일치와 평화를 다시 한번 간절히 촉구했다.
그리고 교황으로서 세 번째 성탄 미사를 집전했는데 얼굴에는 이미 병색이 완연했다.

사진: Felici

■ 여섯째 마당

유 산
요한 23세가 남긴 정신

복음이 변한 것이 아니라 우리가 이제 복음을 더 잘 이해하기 시작한 것입니다.

1963년 5월 22일 예수 승천 대축일,
거실 창 밖으로 베드로 광장을 내려다보시는 요한 23세.
공식적으로 모습을 드러낸 것은 이것이 마지막이었다.
출처: Loris Capovilla, *L'ITE MISSA EST DI PAPA GIOVANNI*, Padova 1983

"소박하지만 품위있게 죽는다"

소탈한 요한 23세도 한때 자신의 죽음을 생각한 적이 있었다. 이스탄불에서 1939년 58번째 생일 전날 일기에 "한 해 한 해 사는 것이 선물"이라고 썼다. 당시 그가 모시던 라디니-테테스키 주교는 57세였다. 1947년 파리에서 피정을 할 때는 심경을 이렇게 털어놓았다. "67세가 되면 모든 것을 각오해야 한다." 1955년 베네치아에서 쓴 일기에는 아직까지 살아 있으니 "오로지 의연하고 즐거운 마음으로 죽음을 준비해야 한다"고 자신을 격려하기도 했다.

1961년 말, 80세의 요한 23세는 별로 대수롭지 않은 듯 이런 일기를 썼다. "내 몸에 어떤 이상이 있다는 걸 느낀다. 내 나이에는 이게 자연스러운 게지. 가끔 고통을 느껴도 평온한 마음으로 참고 있다. 더 나빠질까봐 두려운 것도 사실이다. 이 문제에 너무 많은 생각을 빼앗기는 것도 좋지 않겠다. 하지만 만일의 경우는 대비해야 할 듯."

그로부터 일 년 후 공의회 개막 바로 전에 교황청에서 의료진을 불렀다. 요한 23세는 위통이 악화되어 몸은 몹시 쇠약해졌고 얼굴은 백지장처럼 하얗게 되었다. 그해 11월에는 출혈이 심했다. 의사들은 요한 23세가 가족 가운데 몇몇이 앓았던 바로 그 암이라고 진단했다. 볼로냐 출신으로 오랜 친구이자 주치의인 가스파리니 교수가 조심스레 말문을 열었다. "종양입니다."

위암이었다. 그러나 수술하기에는 너무 늦었고 앞으로 반년 정도밖에 살지 못할 거라는 말은 하지 않았다. 요한 23세는 이미 짐작하고 있었다. "괜찮습니다. 하느님 뜻대로 되겠죠. 내 걱정은 마세요. 짐 다 싸 놓고 갈 준비 하고 있으니까요."

요한 23세는 평소 워낙 몸이 튼튼해서 그런지 의사의 예견보다 오래 살았다. 하지만 늘 고통에 시달렸다. 한번은 비서신부에게 "고문대에 앉은 성 라우렌시오" 같은 기분이라고 털어놓기도 했다. 성인전에 의하면 성 라우렌시오는 산 채로 화장을 당했다고 한다.

요한 23세는 의연했다. 고향 소토 일 몬테의 가족들에게 사랑이 담긴 이별의 편지를 보냈다. 사람은 누구나 죽는 법, 그렇다고 교회가 몰락하지는 않을 거라고 걱정하는 문병객들을 위로했다. "한 달 내에 교황 장례식을 치르고 새 교황을 선출할 수 있을 겁니다"라고 폴란드의 비스친스키 추기경에게 농담을 건네기도 했다. 귀도 구소 시종장이 어린 아들을 데리고 와서 요한 23세에게 강복을 청한 적이 있었다. 구소 시종장의 세 살배기 아들은 나중에 커서 교황님 같은 신부가 되고 싶다고 말했다. 아마 예의상 그랬을 것이다. 요한 23세는 소탈하게 웃으며 고개를 절레절레 흔들었다. "아니다. 너는 너무 잘생겼어. 때가 되면 결혼할 거야!"

요한 23세는 사순절에 로마 교구의 본당을 사목차 방문했다. 호흡 곤란으로 힘들어하면서도 어느 때보다도 인자한 모습이었다. 연초에는 위암이 악화되어 음식을 먹을 수가 없었다. 링거 주사를 맞았다. 다시 몇 차례 출혈이 있었다. 1963년 5월 22일, 그는 베드로 광장에 모인 사람들에게 마지막 연설을 했다. 웃는 것조차 힘들었지만 목소리는 여전히 힘이 있었다. "예수 승천 대축일을 축하합니다! 하늘로 올라가시는 주님을 서둘러 따라갑시다. 우리가 그분을 따라갈 수 없어서 이 지상에 남아 있으면 사도들이 저녁 만찬 때 모여 성령께 기도드린 것처럼 우리도 그렇게 합시다. … 여러분께 인사합니다. 여러분께 인사합니다. …"

5월 30일 밤, 심한 각혈을 했다. 복막염마저 도졌다. 종양으로 장벽이 파열되면서 온몸에 암세포가 퍼졌다. 의사가 임종이 가까웠다고 했다. 요한 23세는 다시 웃으며 "나는 준비됐습니다"라고 말했다. 카포빌라 비서신부가 눈물을 흘리며 병상에 엎드렸다. 요한 23세는 그의 머리를 쓰다듬으며 가볍게 나무랐다. "주교도 죽어야 하느니, 내가 소박하지만 품위있게 죽도록 좀 도와주게나!"

추기경, 의사, 식복사 수녀 모두 병상으로 몰려왔다. 요한 23세는 침대에 똑바로 앉아서 아침저녁 바라보던 십자가를 손으로 가리켰다. "보십시오. 이렇게 두 팔을 벌리는 것이 내가 재임 중 늘 하던 일이었습니다. 그것은 그리스도께서 모든 사람을 위해, 모든 사람을 위해 돌아가셨다는 의미입니다. 그분의 사랑과 용서를 받지 못하는 사람은 아무도 없습니다. … 모든 사람이 저를 도와주고 사랑했습니다. 의도적으로 누군가를 모욕하지는 않았지만 만일 모욕을 느낀 사람이 있다면 용서를 빌고 싶습니다. … 이 마지막 시간에 은총이 충만하신 주님께서 나를 내치시지 않을 거라고 확신하며 평안함을 느낍니다. … 내 시간은 이제 끝나고 있습니다. 하지만 그리스도께서는 계속 사실 것이며 교회도 그 활동을 계속할 것입니다. … 모든 사람이 하나 되게 하소서!"

그날 저녁, 몬티니 추기경과 요한 23세의 형제자매들 — 아순타, 알프레도, 주세페, 사베리오 — 이 왔다. 요한 23세는 몬티니 주교를 추기경에 임명하고 자신의 후계자로 공식 추천했다. 몬티니 추기경과 형제들은 병상을 지키며 깨어 기도드렸다. 밤에 잠을 깬 요한 23세는 혼미한 상태에서 프랑스어로 무슨 말인가를 했다. 자신이 프랑스에 있고 프랑스 의사가 옆에 있다고 착각한 듯했다. 그러다가 가족들이 와 있다는 것을 알고는 커피 한 잔을 마시더니 깜짝 놀란 듯 유쾌하게 말했다. "내가 아직 살아 있구먼! 어제까지만 해도 내가 떠날 줄 알았는데 …."

죽음과의 싸움은 83시간 동안이나 계속되었다. 전 세계가 요한 23세의 임종을 지켜보았다. 교황청 공보실에서는 매시간 의사의 소견서를 발표했다. 전 세계에서 전보가 답지했고 미국 어린이들은 "우리는 교황님을 사랑합니다"라는 편지를 보내왔으며, 개신교·불교·유다교 신자들도 예외가 아니었다. 그중에는 "무신론자지만 당신을 위해 기도하겠습니다"라는 편지를 쓴 사람도 있었고, 케네디 대통령·드골 대통령·엘리자베스 영국 여왕·피델 카스트로 쿠바 대통령·흐루시초프 소련 공산당 서기장의 편지도 속속 도착했다. 그리고 성탄절에 레지나 첼리 교도소에서 만났던 죄수도 잊지 않고 격려의 편지를 드렸다. 밀라노 대성당에서는 2만 명의 젊은이들이 밤새도록 요한 23세를 위해 기도하고, 로마의 유다인 회당에서는 엘리세오 토아프 대랍비가 그의 건강을 빌며 시편을 낭송했다. 이탈리아 정부는 자동차 소음이 요한 23세에게 방해가 될 것을 염려하여 국경일 퍼레이드를 취소했다.

산소 마스크를 쓰고 누워 있는 요한 23세는 호흡이 가빠지고 열이 가끔 올랐으며 계속 의식을 잃었다. 그러다 맥박이 정상으로 돌아오면 형제자매들과 베르가모 지방 사투리로 대화를 했다. 그리고 "나는 부활이요 생명이다!"라는 성서 구절을 계속 읊조렸다.

6월 2일 성령 강림 대축일, 만여 명에 달하는 로마 시민과 성지 순례객과 관광객들이 베드로 광장에 모여 교황청 4층에 있는 방을 묵묵히 올려다보고 있었다. 요한 23세는 침실 옆 집무실에서 미사에 참례했는데 성체를 영할 수가 없었다. 열이 오르고 맥박이 다시 빨라지고 호흡이 가빠지더니 의식을 잃고 말았다. 그날 저녁 교황청 공보실의 발표는 단 한 마디뿐이었다. "대단히 위독하십니다."

그는 농민의 아들로 평소 건강했던지라 하룻밤 더 죽음을 물리칠 수 있었다. 교황청 대변인은 250여 명의 기자들에게 이렇게 발표했다. "교황 성하께서는 극심한 고통을 잘 견디고 계십니다." 오랜 시간 통증에 시달리다가 몇 분씩 의식을 잃기도 했다. 수혈을 하고 산소 마스크를 썼다. 그런데 갑자기 요한 23세가 동생들에게 "울지 마라. 성령 강림절은 기쁜 날이란다!"라고 말했다.

1963년 6월 3일 저녁 7시, 교황청의 루이지 트랄리아 수석 추기경이 베드로 광장에서 미사를 봉헌하기 시작했다. 헤아릴 수 없을 정도로 많은 인파가 광장을 메웠다. 사람들은 따스한 돌바닥에 무릎을 꿇고 눈물을 흘리며 죽음을 맞고 있는 '선하신 교황'의 방 창문을 바라보았다.

조카 바티스타 신부 말로는, 요한 23세가 선종하기 전에 말을 할 수가 없어서 고개를 끄덕이거나 손으로 의사표시를 했다고 한다. 한번은 남동생 사베리오가 침대 앞에서 본의 아니게 벽에 걸린 예수님을 가렸다. 사베리오가 금방 한쪽으로 비켜서서 예수님이 다시 보이자 요한 23세의 찡그린 얼굴이 환해지며 웃음이 감돌았다고 한다.

미사가 끝나고 트랄리아 추기경이 "미사가 끝났으니 이제 가서 복음을 전하십시오"라고 말하는 순간 어둡던 교황청 4층 침실에 불이 켜졌다. 사람들이 부둥켜안고 하염없이 울기 시작했다. 요한 23세는 선종했다.

열린 문은 그대로 열려 있을 것이다

1954년, 요한 23세가 베네치아 교구 대주교로 재임하면서 쓴 「영적 유언」은 이렇게 끝맺고 있다. "'안녕히 계십시오'라고 말하는 그 시간에, '다시 뵙겠습니다'라고 말하는 편이 더 낫겠다. 그 시간에 나는 다시 삶에서 가장 중요한 것을 기억하련다. 예수 그리스도, 그분의 거룩한 교회, 그분의 복음, 복음에서 특히 「주님의 기도」, 예수 성심을 기억할 것이다. 복음에서 기억할 것은 진리·선, 온화하고 호의적이며 행동하고 인내하며 꺾이지 않고 승승장구하는 선이다."

요한 23세가 몸소 보여 준, 인간을 사랑하시는 하느님에 대한 기억도 두고두고 남을 것이다. 기지에 찬 수많은 그의 말 중에서 특히 "거룩한 광기"라는 말이 있는데, "거룩한 광기"를 가질 수 있는 약간의 용기도 오래도록 남을 것이다. 교도권을 가지고 말하지 않으려는 자세, 현대인들이 잘 이해하지 못하고 사도직에 대한 그의 입장과도 별로 어울리지 않는 교황의 무류성을 요구하지 않은 것 또한 길이길이 남을 것이다.

열린 문은 그대로 열려 있을 것이다. 다른 신앙을 가지고 있는 사람들과 평화에 관한 그의 회칙에 있듯이 "선의를 가지고 있는 모든 사람들"과 함께 협력하는 자세도 길이 남을 것이다. 그리고 새로운 시각으로 그리스도교의 유다교적 뿌리를 바라보는 자세도 길이 남을 것이다. 우리는 그가 이스탄불에서 나치의 박해를 받는 사람들을 도왔다는 사실을 잘 알고 있다. 그가 파리에 있을 때는 유다인 친구들이 매우 많았다. 1950년, 알제리의 대성당 강론에서는 유다인을 가리켜 "계약의 아들들"이라고 말하고 아브라함을 "모든 신앙인의 아버지"라고 칭송했다.

그로부터 십 년 후인 1960년, 미국 유다인 연맹United Jewish Appeal 대표단 200명이 바티칸을 방문했다. 요한 23세는 두 팔을 활짝 벌리고 대표단에게 다가가 성서 구절대로 "제가 형들의 동생 요셉입니다"라고 말했다. 자신의 중간 이름 주세페 — 요셉 — 를 염두에 두고 한 말이었다.

1962년, 베드로 대성전에서 거행된 성금요일 전례는 세계적인 관심을 불러일으켰다. 한 추기경이 십자가 경배 이전에 하는 "대기도문"을 바쳤는데 옛 습관 때문이었는지 옛 기도문을 그대로 바쳤다. "충실하지 않은 유다인들을 위해 기도합시다. 하느님, 당신께서는 충실하지 않은 유다인에게도 자비를 베푸시나이다. 눈먼 저 백성을 위해 드리는 우리의 기도를 들어주소서. …" 그때 그 자리에 있던 요한 23세는 전례를 중단시키고 추기경에게 이렇게 지시했다. "기도

문을 다시 바치십시오. 새 기도문대로 하십시오!"

요한 23세는 교황이 되어 맞이한 첫 성금요일 — 1959년 — 에 이미 적절하지 못한 이 기도문을 보다 친근하며 신학적으로도 정확하게 개정하도록 지시했다. 그 후 전 세계 가톨릭 교회에서 새 기도문을 사용하도록 했다. 새 기도문은 이렇다. "우리 주님이신 하느님께서 제일 먼저 말씀하신 유다인들을 위해서도 기도합시다. 유다인들이 하느님과 맺은 계약을 충실히 지키고 당신의 이름을 사랑하도록 하여 그들이 하느님의 뜻이 이끄는 목표에 도달하게 하소서." 비오 12세도 문제가 되는 이 기도문을 일부 개정했다. "충실하지 못한"이란 구절을 "믿음이 없는"으로 고치고 이 문구를 바칠 때 무릎을 꿇도록 했다. 성금요일 기도문을 바칠 때는 매번 무릎을 꿇는데 "유다인을 위한 기도"를 바칠 때는 경멸하는 뜻에서 무릎을 꿇지 않았다.

사회문제를 해결하고, 대도시와 제삼세계의 가난한 사람들에게 동정보다는 그 이상의 것을 주라고 촉구한 요한 23세의 가르침도 길이 남을 것이다. 사회 회칙 「어머니요 스승」*Mater et Magistra*에서 요한 23세는 기업에서 노동자들이 의사 결정에 함께 참여하고 기업의 재산에 노동자들이 참여하는 것을 정의의 기본적인 요구로 규정했다. 또 "모든 국민 계층이 증가하는 국가의 부에 참여할 수 있도록" 사회적 진보가 경제 발전과 일치해야 한다고 주장했다.

그는 「어머니요 스승」에서 선진 산업국가에게 가난한 나라와 적극적으로 연대하라고 요구하고, 정치적인 영향력과 관련된 경제 원조는 "새로운 형태의 식민지 지배"라고 비판했으며, 그리스도인들에게 "가난한 이들의 교회"로서 국제적인 이해 중재에 기여하라고 권고했다. 이러한 가르침의 전 세계적인 시각은 대단히 새로운 것이었다.

끝으로 과도한 군비 증강과 전쟁을 강력하게 반대하는 그의 모습 또한 길이 남을 것이다. "이 세상에는 군인묘지가 너무 많습니다." 교황이 된 이후 처음 발표한 회칙에서도 그는 이렇게 경고했다. 1960년 바티칸을 방문한 콘라드 아데나워 독일 수상은 독일의 군비 재무장에 대한 요한 23세의 긍정적인 답변을 들겠다는 생각으로 이렇게 말했다. "저는 하느님께서 이 위기의 시대에 우리에게 짐이 되는 동방세계의 막강한 세력에 맞서는 파수꾼이라는 특별한 과제를 독일 민족에게 주셨다고 믿습니다." 요한 23세는 이 무리한 요구를 의미심장한 침묵으로 받아넘겼다.

그러나 그로부터 몇 년 후 폴란드 주교들의 방문을 받은 자리에서 그는 국경 불가침을 유지하려는 폴란드의 노력을 높이 평가했다. 오데르-나이세 선을 절대 폴란드와 독일의 국경으로 인정할 수 없다는 입장을 보인 아데나워 수상은 이에 격분했다. 요한 23세는 1939년 당시 일기에 이렇게 썼다. "세상은 건전하지 못한 민족주의의 독으로 가득 차 있다."

"아데나워가 그리스도입니까?" 요한 23세의 비서인 로리스 카포빌라 신부는 언론인 루이폴트 도른과 인터뷰 도중 그렇게 물었다. 그러면서 그가 요한 23세를 인정하려 들지 않는다고 말했다. 이유가 뭘까? 카포빌라 신부는 이렇게 설명했다. "그는 교황님이 정치적으로 둔하다고 생각하기 때문입니다."

물론 요한 23세도 눈멀지는 않았다. 공산 정권이 사제들을 투옥하고 교회를 파괴하고 하느님을 믿고 종교적 양심으로 복음을 전하는 사람들을 탄압하고 있다는 사실을 잘 알고 있었다. 그래서 그 문제 때문에 무척 가슴 아파했다. 그는 추기경과 신학생들 앞에서나 알현식에 참석한 사람들 앞에서 쿠바와 소련의 종교 자유 탄압을 여러 차례 비판했다.

하지만 분노하며 잘못을 지적한다면 누구에게 도움이 되었을까? 요한 23세는 권력자들과 대화하고 그들의 의도를 이해하려고 노력하고 인도주의와 사회정의를 위해 서로 존중하는 마음으로 함께 협력한다면 음지에서 박해받는 그리스도인들을 더 효과적으로 도울 수 있고 "철의 장막" 뒤의 신앙 문제를 더 잘 풀어 나갈 수 있을 거라고 생각했다.

크렘린과의 비밀 접촉

요한 23세 즉위 당시 국제 정세는 대단히 급박하게 돌아가고 있었다. 강대국 간에 냉전 분위기가 감돌고, 국제 기구는 실질적으로 영향력이 없었으며 — 유엔은 창설된 지 13년밖에 되지 않았다 — 핵무장을 한 가운데 결말을 예측할 수 없는 일촉즉발의 전운이 감돌고 있었다. 이런 상황에서 그는 교회가 어느 한편을 지지하거나 비난해서 화염에 기름을 끼얹는 것보다 대화와 개방과 화해와 같은 조심스런 시도를 뒷받침하는 것이 더 낫겠다고 생각했다. 그는 회칙 「지상의 평화」를 준비하는 위원들에게 공산주의 비판을 삼가라고 잘라 말했다. "나는 어느 한쪽이나 다른 한쪽에 나쁜 의도가 있다고 말할 수 없습니다. 내가 그렇게 한다면 대화가 이루어지지 않을 것이며 모든 문은 닫혀 버릴 것입니다."

요한 23세는 교황에 취임하고서도 능수능란한 외교술을 구사하지 않았다. 하지만 나름대로 풍부한 외교 경험으로 조용하면서도 끈기 있게 바티칸의 외교 관습을 바꾸어 나갔다. 그의 외교정책이 일반에 알려지는 경우는 매우 드물었지만 알려질 경우에는 바티칸의 '신동방정책'에 대한 열띤 토론을 불러일으켰다. 그는 어느 대담에서 이런 말을 한 적이 있다. "러시아 사람들은 멋진 사람들입니다. 우리가 그들의 정치 제도를 문제삼는다고 해서 그 사람들까지 비난해서는 안 됩니다. 그들은 파괴되지 않은 거대한 정신적 유산을 가지고 있습니다. 우리는 대화해야 합니다. 현재에도 말입니다. 우리는 모든 사람들의 마음속에 있는 선을 보려고 지속적으로 노력해야 합니다. 사람들이 평화를 이루기 위해 함께 협력하는 방법과 길을 찾지 못한다면 우리는 모든 것을 잃어버리게 될 것입니다. 나는 두려움 없이 그 누구와도 지상의 평화에 관해 이야기할 용의가 있습니다. 흐루시초프가 지금 당신 자리에 있다고 해도, 나는 아무 거리낌 없이 편하게 그와 이야기할 수 있습니다."

재미있는 것은 요한 23세의 대담 상대가 미국 기자 노먼 커진스라는 점이다. 커진스는 국제정치계의 거물이며 미국 케네디 대통령과 소련 공산당 서기장 흐루시초프 측근 보좌관 간의 비공식 대화를 성사시킨 '다트머스 그룹'의 창립자였다. 흐루시초프 서기장은 요한 23세가 호의적인 말을 했다는 사실을 전해 들었고, 요한 23세가 강복한 메달을 커진스를 통해 전달받았다.

바티칸과 모스크바 간의 물밑 접촉은 이것이 처음은 아니었다. 이탈리아 공산당 활동을 이해하는 이탈리아 가톨릭 성직자들과 그리스도를 믿는 공산주의자들 간의 극비 회동이 바티칸에서 여러 차례 이루어졌다. 팔미로 톨리아티 이탈리아 공산당 서기장이 모스크바 방문을 앞두고 이 만남에 한번 참석했는데, 그때 그는 요한 23세의 간절한 소망을 듣게 되었다. 자신의 80세 생일에 크렘린에서 축전을 보내 준다면 정말 좋은 제스처가 될 거라는 이야기였다. 80세 노인의 생일을 축하하면 전 세계 어디서든 예의를 표시하는 자연스런 행동으로 볼 것이니 모스크바의 그 "착한 사람"도 품위를 잃지 않을 것이라고 했다.

흐루시초프는 그 말을 전해 듣고 웃었다. 그리고 1961년 11월 25일 정오에 로마 주재 소련 대사 앞으로 축전을 보냈다. 소련 대사는 이 축전을 이탈리아 교황대사를 통해 국무원에 전달했다. 축전을 받은 요한 23세는 기뻐하며 "세상이 무언가 움직이고 있다"는 말과 "하느님 섭리의 징표"라는 말을 하더니 교황 경당으로 들어갔다. 교황청에서는 일대 소동이 벌어졌다. 공산주의자의 하수인이라는 소리를 듣지 않으려면 이 축전에 대해 어떤 입장을 표명해야 할 것인가? 골치였다. 교황청에서는 의례적인 답신을 준비했지만 요한 23세는 문안을 이렇게 수정했다. "인간애와 형제애를 바탕으로 희망찬 상호 이해를 통해 보편적인 평화가 발전하고 정착하기를 모든 러시아 국민들에게 진심으로 기원합니다."

둘 다 농사꾼의 아들이라 그런지 요한 23세와 흐루시초프는 어딘가 서로 통하는 데가 있었다. 둘 다 외모는 별로 세련되지 못했어도 사고방식은 건실했다. 흐루시초프의 딸 라다는 훗날 요한 23세를 알현하는 자리에서 그가 자기 아버지처럼 힘든 농사일을 많이 해서 손이 거북등처럼 딱딱하다는 말을 했다. 그리고 한 가지 잊지 말아야 할 것: 겉으로는 폭군 같은 행동을 하지만 생각이 자유로웠던 흐루시초프는 요한 23세가 몇몇 교황청 고위 성직자에게서 느끼는 그런 문제를 크렘린의 경직된 관료들에게서 느끼고 있었다.

역사가이자 언론인으로서 바티칸과 동유럽 관계 전문가였던 한스 야콥 슈텔레는 이 문제를 다음과 같이 평가했다. "흐루시초프는 요한 23세가 단순히 신부처럼 행동했다는 바로 그 점 때문에 신뢰했던 것 같다. 조심스럽게 접촉하던 초기부터 위신과 의전儀典은 전혀 문제되지 않았다. 이것은 에우제니오 파첼리스와 소련 간의 대화가 이루어진 지 35년 만에 교회 외교에 길을 열어 줄 유일한 방법이었을 것이다."

작은 자유의 바람에 대해서도 언급하지 않을 수 없다. 공의회 개막 직전까지만 해도 러시아 정교회는 공의회에 대표를 파견하지 않을 것 같은 분위기였다. 모스크바의 정교회 신문에서는 서방의 정치권에서 공의회를 소련에 대한 이념적인 "무기"르 이용하려고 한다는 비판을 했다. 그런데 갑자기 크렘린의 지도부와 러시아 정교회에 봄바람이 불었다. 1962년 10월 12일 공의회 개막식 다음 날, 비탈리 보로보이 대사제와 블라디미르 코틀리아로프 대수사가 공식 사절로 공의회에 참석해서 눈길을 끌었다.

요한 23세는 소련 공산당 서기장 흐루시초프에게 다음과 같은 전문을 보냈다. "우리는 어떤 보호나 특권을 바라지 않습니다. 단순히 복음을 전하는 자유를 바랄 뿐입니다." 당시 상황을 볼 때 이 소박한 바람에 대해 "교황, 그는 도대체 몇 개 사단을 가지고 있단 말인가?"라는 스탈린의 조롱 섞인 질문으로 응수할 수 있었을까? 그때는 크렘린이 서방과의 경제 협력을 강화하고, 중국과 소련 간의 긴장이 고조되어 냉전을 더 이상 수행할 수 없는 상황이라, 국위 선양이 무엇보다 필요한 시점이었다.

핵전쟁의 위험

1962년 10월, '쿠바 위기'가 발생하면서 바티칸과 모스크바 관계가 첫 시험대에 올랐다. 요한 23세는 초강대국 미·소 사이에서 공평한 중재자 역할을 함으로써 핵전쟁을 억제하는 데 결정적으로 기여했다. 당시 소련은 미국을 사정권에 둔 쿠바 미사일 기지 건설에 착수했다. 미국은 소련 미사일 수송 선박의 항로를 봉쇄했다. 워싱턴에서는 정치인들의 가족을 대피시켰다. 미국의 B-52 폭격기가 출격하여 사태가 악화될 경우 모스크바·레닌그라드·키예프 등을 폭격할 태세를 갖추고 있었다. 그야말로 일촉즉발이었다.

　미 국방성의 매파들은 무력 사용을 주장했지만 가톨릭 신자인 케네디 대통령은 분쟁을 조정하는 쪽을 선택하고 선박을 철수하지 않으면 공습하겠다는 최후통첩을 보냈다. 그리고 동생 로버트 케네디를 아나톨리 도브리닌 소련 대사에게 보내 협상을 시도하는 한편 — 두 사람은 의외로 서로 말이 잘 통했다 — 앞서 여러 차례 언급한 바티칸의 노먼 커진스에게 자문을 구하기도 했다. 플랑드르 지방 출신으로 한때 교황청에서도 일한 적이 있었고 당시 CIA 요원으로 통했던 도미니코회의 펠릭스 몰리옹 수사신부도 장시간 통화를 시도했다. 소련 작가와 학자들도 중재에 나섰다.

결국 교황이 한시라도 빨리 평화를 호소해야만 양측 체면을 조금이라도 덜 손상시킨 상태에서 명예롭게 후퇴할 수 있다는 결론이 내려졌다. 10월 25일 새벽, 황급히 잠자리에서 일어난 요한 23세는 미소 강대국에 보내는 메시지를 작성했다. 이 메시지는 즉시 영어와 러시아어로 번역되어 백악관과 크렘린에 전달되었다. 아침 7시, 모스크바에서 중재 동의서가 도착했고, 그로부터 1시간 뒤 케네디도 동의 의사를 표명했다. 정오, 요한 23세는 라디오를 통해 메시지를 발표했다.

요한 23세는 프랑스어로 발표한 메시지에서 초강대국의 정치 지도자들에게 호소했다. "무고한 어린이에서 노인에 이르기까지, 개인과 공동체 할 것 없이 모두가 지구 상에서 불안에 떨며 하늘을 향해 '평화, 평화!'라고 외치는 소리를 정치 지도자들은 가슴에 손을 얹고 들어 주시기 바랍니다." 10월 26일, 모스크바의「프라우다」지 일면에는 요한 23세의 메시지가 커다란 머릿기사로 실렸다. "우리는 모든 정치 지도자들에게 인류의 외침을 들어 달라고 간청합니다."

10월 28일, 흐루시초프는 미사일 기지 해체와 유엔을 통한 협상을 지시했다. 소련 선박도 본국으로 귀환하고 있었다. 정치적으로 볼 때 이 사건은 모스크바의 패배였다. 하지만 도덕적으로 볼 때 흐루시초프는 이루 헤아릴 수 없이 많은 득을, 즉 양보할 줄 아는 평화 애호가의 이미지를 얻었다. 안드레오티 이탈리아 전 총리의 말에 의하면, 이 사건이 있고 나서 요한 23세가 "승리에 도취하지 마십시오!"라고 케네디 대통령에게 전보를 보냈다고 한다. 케네디 대통령이 이렇게 답했다. "꿈에도 그런 적 없습니다."

1962년 12월 13일, 노먼 커진스는 크렘린 집무실에서 흐루시초프와 세 시간 여에 걸쳐 대담을 가졌다. 이 자리에서 흐루시초프는 마치 훈련을 강평하듯 요한 23세의 평화 중재 노력에 대해 언급했다. 교황청 국무원은 20쪽에 달하는 대담 보고서를 받았다. 이 보고서에 의하면 흐루시초프는 교황에게 감사하는 마음을 가지고 있지만 개종할 생각은 없다는 뜻을 분명히 했다고 한다. "나도 어렸을 때는 종교 활동을 했고, 스탈린은 신학교까지 다녔습니다. … 우리가 맞서 싸우는 것은 종교 그 자체가 아니라 정치가 연관된 특별한 상황인 것입니다. …"

크렘린의 흐루시초프는 비공식적이기는 하지만 바티칸과의 관계를 지속하고 싶다는 의사를 밝혔다. 그리고 교회가 보다 높은 삶의 가치에 충실하기 위해 모든 사람들을 도우려 노력하고 있다는 점을 인정한다고 말했다. 커진스는 조심스럽지만 확고하게 종교 탄압 문제를 언급했다. 종교 수업과 종교 문학, 그리고 당시 시베리아 유형소에 수감되어 있는 슬리피이 대주교에 대해 언급했다. 흐루시초프는 메모를 하면서 "검토해 보죠"라고 했고, 의외로 솔직하게 슬리피이 대주교 문제에 대한 자신의 입장을 밝혔다. "이것을 정치적 문제로 비화시키지 않을 보장만 있다면" 누가 뭐라든 석방을 고려해 볼 수 있다고 했다. "나는 한 명의 적을 더 석방한다고 해서 두려울 게

없는 사람입니다."

요지프 슬리피이 대주교는 과거 스탈린의 박해를 피해 지하교회에서 동방교회의 전례를 지키던 우크라이나 가톨릭 신자들을 사목하다 소련 당국에 체포되어 17년 동안 소련의 감옥과 강제수용소에서 복역했으며, 소문에 의하면 고문도 당했다고 한다. 두 달 뒤 노쇠한 슬리피이 대주교가 석방되었다. 그리스도인일치촉진평의회 의장 베아 추기경은 슬리피이 대주교를 모셔 오기 위해 얀 빌레브란즈 신부를 모스크바로 파견했다. 빌레브란즈 신부는 며칠 동안 슬리피이 대주교와 대화하면서 대주교가 고향 우크라이나를 방문하고 싶다는 뜻을 소련 당국에 전하도록 설득했다. 어떠한 경우라도 '정치적' 이목을 끄는 일을 피해야만 했다.

소련 당국에서는 슬리피이 대주교가 열차 편으로 옛 주교좌 도시인 르비브와 빈을 경유해서 로마로 가도록 지시했다. 슬리피이 대주교는 기차 안에서 르비브와 우크라이나 땅을 강복했다. 그리고 로마역 한 구간 전 오르테 역에 내려 마중 나온 카포빌라 신부와 함께 바티칸으로 갔다. 슬리피이 대주교를 기다리고 있던 요한 23세는 감격스런 표정으로 대주교의 손을 꼭 잡으면서 "추기경님"이라고 인사를 건넸다. 나중에 바오로 6세가 공식적으로 슬리피이 대주교를 추기경에 서임했다. 요한 23세는 그를 추기경에 서임하기 위해 추기경 회의를 소집했으나 그만 선종하고 말았다. 슬리피이 대주교는 은퇴해서 20년 동안 바티칸에 살다가 92세를 일기로 선종했다.

일반에는 알려지지 않았지만 그 후 아고스티노 카사롤리 교황청 국무차관은 주교좌 도시에서 쫓겨나 유배지로 추방당한 네 명의 헝가리 주교들을 추가로 석방시켰다. 카사롤리 국무차관은 나중에 바오로 6세 밑에서 바티칸 '신동방정책'의 기획자로 활동했던 인물이다. 요셉 민젠티 헝가리 대주교는 아직 부다페스트 주재 미국 대사관에 감금되어 있었다. 프라하의 요셉 베란 대주교는 16년 동안 주교좌에 한번도 발을 들여놓지 못하다가 1965년 바티칸으로 간다는 조건으로 수용소에서 석방되었다.

바티칸을 방문한 무신론자

슬리피이 대주교가 석방된 지 몇 주 후 흐루시초프의 사위 알렉세이 아쥬베이가 바티칸을 방문함으로써 다시 한번 파문을 일으켰다. 당시 아쥬베이는 크렘린 최고 실세 중 한 사람으로 통했다. 소련 정부 기관지 「이스베스티야」편집장인 그는 소련 '강경파'들이 바티칸 방문을 반대하자 교황을 인터뷰하는 것 외는 다른 목적이 없다는 입장을 밝혔다.

요한 23세도 반대에 부딪혔다. 그리스도인의 피로 얼룩진 정권의 대표이고 공공연하게 무신론자라고 자처하는 사람이 도대체 어떻게 교황을 알현할 수 있느냐는 것이 반대 이유였다.

요한 23세는 이번에도 사람들이 흥분하는 이유를 이해할 수 없었다. 그는 웃으면서 말했다. "무신론자라고요? 그렇다면, 최악의 경우 그가 내게 무슨 말을 할 수 있겠니까? 교회가 곧 몰락할 거라고요? 교회가 죽었다고요? 좋습니다. 그 말이 사실이 아니라고 내가 그에게 말하겠습니다."

요한 23세는 훗날 파리 교구 프랑수아 마르티 추기경에게 그때 일에 대해 이야기했다. "제가 소련 사람의 방문을 받는다니까 주위에서 별로 탐탁하게 생각하지 않았습니다. 하지만 저는 지금까지 살아오면서 저를 찾아오는 사람을 문전 박대한 적이 없습니다." 교황청의 몇몇 사람과 이탈리아 가톨릭 우파는 요한 23세가 소련에 우호적인 입장을 보임으로써 공산당의 선전에 이용당하고, 공산주의의 위험에 대한 경계심을 늦추게 만드는 미숙한 정치적 행동을 보였다고 비난했다. 요한 23세도 이런 비판을 잘 알고 있었다. 예수회 잡지 「치빌타 카톨리카」Civiltà Cattolica의 편집장과 가진 대담에서 그는 "다음에 나를 반대하는 공의회가 열려서 내가 이루어 놓은 것을 모두 무효로 만드는 결정을 내리지 않을까" 염려된다고 말했다.

바티칸에 소련 비밀 정보부 KGB 요원이 있었다. 흐루시초프 시절 소련의 바티칸 담당이었던 역사가 발레리 아르카데비치 알렉세예프가 후에 이 사실을 폭로했다. 한편 미 CIA에서도 의문의 몰리옹 신부를 통해 노먼 커진스와 크렘린의 접촉을 감시했다. 아마 요한 23세는 이런 사실을 모두 알고 있었을 것이다.

1963년 3월 7일, 아쥬베이 편집장은 놀란 표정으로 서 있는 기자들 사이를 지나 교황청 도서관으로 안내되었다. 요한 23세가 선종하기 3개월 전이었다. 이 만남은 1917년 러시아 혁명 이후 소련 고위층과 교황 간의 첫 만남이었다. 흐루시초프의 딸이자 그의 아내 라다 흐루시초프도 배석했는데 그녀는 프랑스어를 할 줄 알았다. 요한 23세는 도서관 벽에 걸린 유화와 양탄자에 대해 프랑스어로 설명했다. 아쥬베이 편집장에게는 슬라브 음악과 불가리아에 대한 아름다운 추억에 대해 이야기했다. 교황은 모든 사람들을 형제로 생각하고 있다는 사실을 힘주어 말했다. 무신론자로 자처하는 사람이 어느새 자기도 모르게 세계 가톨릭 교회의 지도자와 종교적인 대화를 나누고 있었다.

요한 23세는 환하게 웃으며 그를 쳐다보았다. "당신은 언론인이죠. 그러니 당연히 성서와 창조 이야기에 대해 알고 계실 겁니다." 요한 23세는 강요하지 않으면서 자연스럽게 하고 싶은 말을 하는, 그야말로 어느 누구도 따라올 수 없는 마력을 가지고 있었다. "성서에는 하느님께서 세상을 창조하셨다고 씌어 있습니다. 그리고 첫째 날에 빛을 창조하셨다고 씌어 있습니다. 그 후에 창조는 6일 동안 계속되었습니다. 그러나 아시다시피 성서에서 말하는 이날은 실제로는 시대이며 이 시대는 매우 오랜 기간입니다." 그리고 요한 23세는 이런 이야기를 했다. "우리는 서로 눈을 바라보고 있습니다. 그리고 그 눈에서 빛을 바라보고 있습니다. 오늘이 바로 창조의 첫날이고 빛의 날입니다. … 모든 일에는 시간이 필요합니다. 빛은 내 눈에도 당신 눈에도 있습니다. 하느님께서 원하시면 우리에게 길을 가르쳐 주실 것입니다."

끝으로 요한 23세는 지극히 온화한 웃음을 웃으며 라다 부인의 손을 살며시 잡고 물었다. "자제분들 이름이 어떻게 되지요? 어머니가 자기 자식의 이름을 이야기할 때는 무언가 특별한 게 있습니다." 라다는 자랑스럽게 "니키타, 알렉세이, 이반입니다"라고 대답했다. 바티칸에서는 좀처럼 듣기 힘든 매우 특이한 이름이었다. 요한 23세는 동방에 머무르던 시절 이 이름의 주보성인들에 대해 나름대로 연구를 했기 때문에 이름의 내력을 잘 알고 있었다. 그래서 주보성인에 대한 이야기를 아이들의 어머니에게 들려주었다. 요한 23세는 특히 막내아이의 이름이 마음에 들었다. 요한이나 조반니는 러시아어로는 이반이었다. 요한 23세의 아버지, 할아버지 이름이 모두 조반니였다. "이반, 이반, 그게 바로 접니다. 저도 요한이란 이름을 가지고 싶었습니다. 저는 세례자 요한, 복음사가 요한, 두 분 모두 좋아합니다. 그래서 교황에 선출되고 나서 사도직을 수행하는 동안 주보성인이 되어 달라고 두 분에게 청했습니다. 부인, 댁으로 돌아가시면 이반에게 꼭 제 안부를 전해 주십시오. 그런다고 다른 아이들이 섭섭하게 생각하진 않겠죠." 꽁꽁 얼어붙은 밭고랑에 그야말로 인간 사랑의 씨앗을 심음으로써 정치가 이루어졌다.

교황 알현이 끝난 뒤 우익 주간지 「일 템포」와 가진 인터뷰에서 아쥬베이 편집장은 요한 23세에 대해 다음과 같이 말했다. "그분은 대단히 순박하고 진실하신 분입니다. 당신이 그분에게 시선을 돌려 그분을 바라보면 금방 대단한 경의를 표하게 되고 동시에 그분을 신뢰하게 될 것입니다."

교황청 도서관에서 이루어진 로맨스 같은 이 만남에도 무서운 이면이 있었다. 발레리 알렉세예프의 주장에 의하면 이 만남을 반대한 KGB에서 자동차 사고를 가장하여 아쥬베이를 암살하려 했다고 한다. 그런데 암살계획을 사전에 간파한 아쥬베이 편집장이 자동차를 바꿔 탄 것이다. 그 바람에 「이스베스티아」지 통신원 신분의 애꿎은 KGB 요원만 희생되고 말았다.

아쥬베이의 방문과 관련하여 요한 23세가 국제 발잔 재단 평화상을 수상하게 되었다는 소식이 발표되었다. 그러나 국무원에서는 베드로의 후계자로서 교황의 직무와 관련된 일로 상을 받거나 다른 사람들과 상을 놓고 경합을 벌이는 것은 교황으로서 적절하지 못하다는 비판을 제기했다.

아데나워 수상·피카소와의 정상회담?

요한 23세는 이런 비판에 개의치 않았다. 그는 스스로 자신의 유언이라고 생각한 회칙「지상의 평화」를 발표하면서 모든 사람들의 관심을 촉구했다. 1963년에 발표된 이 회칙은 교회사에서 주교, 성직자, 가톨릭 신자뿐만 아니라 "선의를 가진 모든 사람"에게 보내는 최초의 회칙이었다.

죽음을 앞둔 요한 23세의 충격적인 유언인「지상의 평화」에서 그는 항구적인 평화는 공정한 세계질서에 의해 유지되고 상호 신뢰와 공평한 계약이 중요하다는 사실을 언급하고, 소수민의 인권을 포함해 기본적인 인권이 성서에서 비롯된다는 사실을 말했다. 그는 자유롭게, 방해받지 않고 신앙을 선포할 수 있는 교회의 권리를 이야기하는 데 그치지 않고, 자신의 양심에 따라 하느님을 흠숭할 수 있는 모든 인간의 권리를 강조했다. 그리고 적극적으로 사회생활에 참여할 수 있는 국민의 권리와, 소위 말하는 개발도상국들이 스스로 그들의 미래를 결정할 권리에 대해서도 말했다.

노동자 계층의 사회적 상승, 여성의 사회참여, 다른 민족의 지배를 받는 민족들의 정치적 독립 등과 같은 현대 세계의 독특한 해방 운동을 보면서 요한 23세는 성령께서 역사 속에서 활동하고 계시다고 믿었다. 그래서 가톨릭 신자들도 이 운동에 함께 참여하고, 공동선을 위해서라면 다른 사상을 가진 사람들과도 함께 협력해야 한다고 말했다.

요한 23세 이전에도 세계대전 당시의 베네딕도 15세처럼 평화를 위해 헌신하고 민족 간의 전쟁에 깊은 우려를 나타낸 교황들도 있었다. 그러나 요한 23세는 처음으로 모든 형태의 살육 행위가 범죄라고 단죄했다. '정의로운 전쟁'은 더 이상 있을 수 없다는 입장에서 군사력 증강과 핵무기 보유가 전쟁 억지 효과가 있다는 주장을 반박하고, 핵 시대에는 전쟁이 손상된 권리를 회복하는 수단이 될 수 없다고 판단하는 많은 사람의 의견에 동의했다. 따라서 민족 간의 갈등을 무력이 아닌 계약과 협상을 통해 해결해야 한다고 말했다.

요한 23세는 이런 의견을 제시하기도 했다. "정의와 건전한 이성과 인간의 존엄성에 대한 의식은 모든 군비경쟁이 중단되기를 요구한다. 뿐만 아니라 여러 다른 국가에서 이미 보유하고 있는 무기의 감축이 양측에서 동시에 이루어지고 핵무기가 금지되고 끝으로 모두가 효과적인 상호 군축 감시에 대한 합의가 이루어지기를 바라고 있다." 깨질 수 있는 군사적 균형이 아니라 오로지 "상호 신뢰"와 "건전한 이성의 법률"에 의해서만 평화가 정착될 수 있다고 덧붙였다.

그런데 이 회칙에 대해서도 엇갈린 반응이 나왔다. 요한 23세의 군축 제안이 미국 정치와 상반된다는 사실을 인식한 「뉴욕 타임즈」

에서는 그 같은 제안이 "꿈 같은 소리"라고 빈정거렸다. 그러나 유엔 총회에서는 회칙에 대한 수에넨스 추기경의 설명을 듣고 관심을 보이면서 많은 질문이 나왔다. 그리고 요한 23세는 유엔이 창설되고 1948년 유엔에서 인권헌장을 결의하는 것을 보면서 이것이 하느님께서 활동하시는 "시대의 징표"라고 믿었다.

4월 말, 이탈리아 국회의원 선거에서 공산당이 이전 선거 때보다 백만 표 이상 더 얻게 되자 이탈리아 우파 신문에서는 비난이 들끓었다. 당연히 모든 책임은 흐루시초프 가족에게 알현을 허락하고 순진한 평화 회칙을 발표한 요한 23세에게 돌아갔다. 요한 23세는 좌파에게 기민당을 개방하고 사회주의자들과 연합을 시도한 문제 인물 알도 모로에 대해서도 호감을 나타내지 않았던가? 오타비아니 추기경이 군 지도부에게 아쥬베이의 교황 알현과 회칙 「지상의 평화」에 제시된 "오류와 오류를 범한 사람의 구분"이 최악의 결과를 가져올 것이라는 사실을 이미 경고하지 않았던가? 이런 비난이 주류를 이루는 가운데 밀라노 신문은 공산당 상징인 망치와 낫을 암시하며 "지상의 낫"이라는 고약한 제목을 달기도 했다.

독일의 보수 언론은 요한 23세의 제안에 우려하는 논평을 냈고, 일부 다른 언론들은 대단히 환영하는 입장을 보였다. 「타임 라이프」지는 요한 23세·케네디·흐루시초프·아데나워·드골·피카소·스위스 개혁 신학자 칼 바르트를 모두 초대해서 뉴욕에서 정상회담을 열자고 제안했다. 이들은 모두 「타임」지의 표지에 실렸던 유명 인사들이다. 요한 23세는 이런 생각이 성숙되려면 시간이 필요하지만 원칙적으로는 이 제안에 반대하지 않는다는 입장을 보였다.

교회일치 공동체 떼제에서는 가장 큰 종을 설치하고 "지상의 평화"라는 이름으로 축성했다. 유다계 작곡가 다리우스 밀하우드는 파리 방송국 개국을 축하하는 「지상의 평화」라는 합창 교향곡을 작곡했다. 그리스도교 역사상 처음으로 요한 23세의 회칙이 음악으로 작곡되었다. 그러나 요한 23세는 떼제의 종소리도, 그리고 합창 교향곡도 마음 편하게 들을 수 없었다.

5월 1일, 선종하기 4주 전 요한 23세는 마치 딴 세상 사람처럼 초췌하고 눈빛이 희미했다. 그런데 미국의 한 몬시뇰이 요한 23세에게 존 맥코운이라는 비밀요원을 소개했다. 존 맥코운은 요한 23세를 알현한 자리에서 소련의 흐루시초프와 이탈리아 공산주의자들을 너무 믿지 말라고 말했다. 그의 말은 받아들여지지 않았다. 요한 23세는 전에 없이 냉정하게 말했다. "많은 사람들이 흥분하면서 성직자들을 위협하고 있지만, 그런다고 내가 입장을 바꾸지는 않습니다. 나는 모든 민족을 강복합니다. 내가 신뢰하지 않는 사람은 아무도 없습니다."

2주 후, 가톨릭 신자인 케네디 대통령은 요한 23세를 위로할 만한 발언을 했다. 그는 보스턴 교구 커싱 추기경을 통해 "미국 정부는 언론과 일부 정치권에서 제기하는 비판에 대해 유감을 표명하며 근거 없는 말이라고 생각한다"는 입장을 요한 23세에게 전했다. 교황청 국무원에서는 요한 23세의 입장을 이해하지 않았다. 요한 23세는 자신이 공산당을 인정했다느니, 기민당과 사회주의자들 간의 연정聯政이 임박했다느니 하는 갖가지 억측을 일축하기 위해 아쥬베이와 가진 대담 전문을 「로세르바토레 로마노」지, 라디오 바티칸,

그밖에 공식 교회 매체를 통해 상세하게 보도하려고 했다. 그러나 델라쿠아 몬시뇰과 영향력 있는 다른 고위 성직자들이 이를 막았다.

바티칸 내부 사정에 정통한 잔카를로 지졸라는 요한 23세가 이런 방해정책을 무척 불만스러워했다고 증언한다. 요한 23세의 말은 "굉장히 직설적이기 때문에 공공연하게, 혹은 아무런 설명 없이 취소되는 일이 있었다. 교황은 자신의 입장을 옹호할 필요가 없다는 사실도 분명히 밝혀야 할 것이다. … 그러나 (국무원의) 수석 부서는 이에 동의하지 않는다. 그 점이 정말 마음에 안 든다. 교황의 소원이라! … 나는 그동안 어마어마한 계략을 꾸미고 있는 저 사람들의 행위에 대해 통탄하며 유감스럽게 생각한다."

한 예언자의 유언

1964년 11월과 1965년 10월, 몇몇 주교들이 공의회에서 **구두 표결**로 요한 23세를 시성하자고 두 차례에 걸쳐 제안했다. 교회사를 보면 시노드에서 이렇게 시성을 한 경우가 간혹 있었다. 그러나 그동안 시복과 시성을 하기 전에 후보자의 인물과 삶을 면밀하게 조사하는 엄격한 절차를 시행해 왔기 때문에 구두 표결과 같은 즉흥적인 행동으로 그런 심사 절차를 무시해서는 안 된다는 의견이 제기되었다. 한편, '론칼리 노선'을 반대하는 교황청 실세들은 요한 23세가 시성됨으로써 '론칼리 노선'이 불가침의 규범이 되는 것을 두려워할 수밖에 없었다. 당시 시성 문제를 담당하던 팔라치니 추기경은 요한

23세가 바티칸 공의회 때문에 절대로 성인의 영예를 얻을 수 없다고 공개적으로 선언했다는 소문도 있다.

2000년 9월 3일, 마침내 그 뜻이 이루어졌다. 그런데 공교롭게도 안젤로 론칼리는 성향이 전혀 다른 인물 비오 9세와 '함께' 시복되었다. 1846년에서 1878년까지 사도직을 수행한 비오 9세는 능숙하고 현실적인 사목자였으며, 초기에는 교회의 개방을 이룰 희망적인 인물로 기대를 모았다. 그러나 정치적 상황에 영향을 받아 매우 보수적인 입장으로 돌아섰다. 1864년에 발표한 「오류 목록」 *Syllabus* 에서 비오 9세는 80가지 파문 목록을 상세히 제시하며 "진보·자유주의·현대 문명"을 단죄했다. 현대 교회사가들은 비오 9세가 유다인 아이들에게 강제로 세례를 베풀도록 지시했다고 비판하고 있다.

그럼에도 교회는 요한 23세가 "그토록 탁월하게 미래를 위해 제시한 길"을 갈 수 없을 것이다. 요한 23세가 선종한 지 며칠 뒤에 후계자가 된 몬티니 추기경의 말이다. 몬티니 추기경은 「코리 델라 세라」 *Corrie della Sera* 지에 게재한 추도사에서 요한 23세가 "교회 자체에 대한, 또한 그리스도께서 교회에 주시는 사명에 대한 보다 깊은 의식을 교회에 전해 주었고" 교회의 품속에 "교회를 생기 있고 젊게 만드는 어마어마한 정신적 힘을 일깨워 주었다"고 평가했다.

요한 23세의 유언에 대해 말하면 흔히 1954년에 쓴 「영적 유언」을 떠올린다. 물론 여기서도 그의 깊은 신앙심을 엿볼 수 있지만 내용이 조금 완고하다는 인상을 받는다. 그런데 요한 23세가 먼 미래를 내다보고 쓴 유언이 또 한 편 있다. 이 유언에서는 지난 삶을 돌아보고 감동적인 교회의 미래상을 제시하고 있다.

1963년 5월 말, 요한 23세는 자신의 삶이 저물어 가는 것을 느꼈다. 기진맥진한 상태에서 링거 주사를 맞고 수혈을 하고 있었다. 예수 승천 대축일에 그는 마지막으로 베드로 광장의 군중들에게 모습을 보였다. 그다음 날 가장 가까운 측근 로리스 카포빌라 비서신부, 국무원의 델라쿠아 몬시뇰, 아믈레토 치코냐니 추기경 회의 수석 추기경을 모두 불렀다. 그리고 죽음에 직면하여 침대에서 신앙 갱신식을 하겠다고 엄숙하게 선언했다.

당시 사제들은 그렇게 신앙 서약을 했다. 적어도 이탈리아에서는 그랬다. 죽음이 다가오면 사제들은 다시 한번 자신의 삶을 돌아보고 처음에 느꼈던 예수님에 대한 사랑을 기억하며 심판관이 되실 예수님 앞에 나아가 이렇게 말했다. "온갖 허물과 오류를 범하면서도 저는 당신께 충실하려고 노력했나이다. 그러니 당신께서도 부디 이제 저를 어여삐 여기시어 저의 잘못과 악행을 당신 자비로 덮어 주시어 저를 당신 낙원에 받아 주소서."

요한 23세가 자주 이 기도를 바치며 양심 성찰을 했고, 죄를 용서하시는 인자하신 하느님께 대한 믿음을 고백했음이 『영혼의 일기』에 기록되어 있다. 하지만 동료들에게 한 말은 조금 달랐다. 요한 23세는 그들이 늘 자기 말을 따르지 않았다는 사실은 전혀 이야기하지 않고 자신이 행한 행동의 동기와 평화에 대한 갈망, 그리고 인간에 대한 사랑을 한번 더 설명했다. 마지막으로 어떤 식으로 자신을 이해해 주었으면 좋은지, 또 어떤 사람으로 기억되고 싶은지 말했다.

카포빌라 비서신부는 이 특별한 유언을 기록했다. 요한 23세는 말했다. "내 동지들이 있는 자리에서 갑자기 신앙 서약을 하고 싶다는 생각이 듭니다. 우리 신부들에게 합당한 일이지요. 왜냐하면 우리가 온 세상을 위하여 하늘의 문제에 관계하고 있기 때문입니다. 그러므로 우리는 하느님의 뜻에 따라야 합니다. 오늘 우리는 과거 어느 때보다, 지난 몇백 년에 비해 확실히 가톨릭 신자뿐 아니라 사람 그 자체를 섬기고, 가톨릭 교회뿐만 아니라 인간의 권리를 우선적으로, 어디서든 옹호하는 방향으로 나아가고 있습니다."

요한 23세는 말을 계속했다. "현재의 상황과 지난 50년간의 도전, 그리고 성숙해진 신앙의 이해로 인해 우리는 새로운 현실에 직면하고 있습니다. 내가 공의회 개막 연설에서 언급한 바 있습니다. 변한 것은 복음이 아닙니다. 그렇습니다. 우리가 이제 복음을 더 잘 이해하기 시작한 것입니다. 아주 오랫동안 인생을 살다 보면, 금세기 초 모든 사람들이 연관된 사회활동의 새로운 도전에 직면한 사람은, 나처럼 20년 동안 동방에서, 8년 동안 프랑스에서 살면서 서로 다른 문화를 비교해 본 사람은 시대의 표징을 인식하고, 그런 시대의 표징에 의해 제시되는 가능성들을 파악하며 멀리 앞을 바라보는 그 순간이 왔다는 것을 알게 됩니다."

이것은 한 예언자의 유언이었다. 노예살이를 그리워하는 나태하고 완고한 백성을 보다 나은 미래로 인도하다 네보 산에서 죽으면서 약속된 땅을 바라보던 모세와 같은 예언자의 유언이었다.

"나는 여러분에게 대단히 솔직하게 말하고 싶습니다."
1963년 부활절, 로마 어느 거리에서 즉흥 강론을 하는 요한 23세.
사진: *BUNTE*, Sonderheft 1963

"교황님, 보고 싶었어요. …"
어린이들의 마음을 사로잡은 요한 23세.
1962년, 교황님을 만나는 것이 가장 큰 소원이라던 캐서린 허드슨(미국 오클라호마, 8세)이
첫영성체복 차림으로 요한 23세를 만나고 있다. 이 아이는 그때 백혈병을 앓고 있었다.

사진: Felici

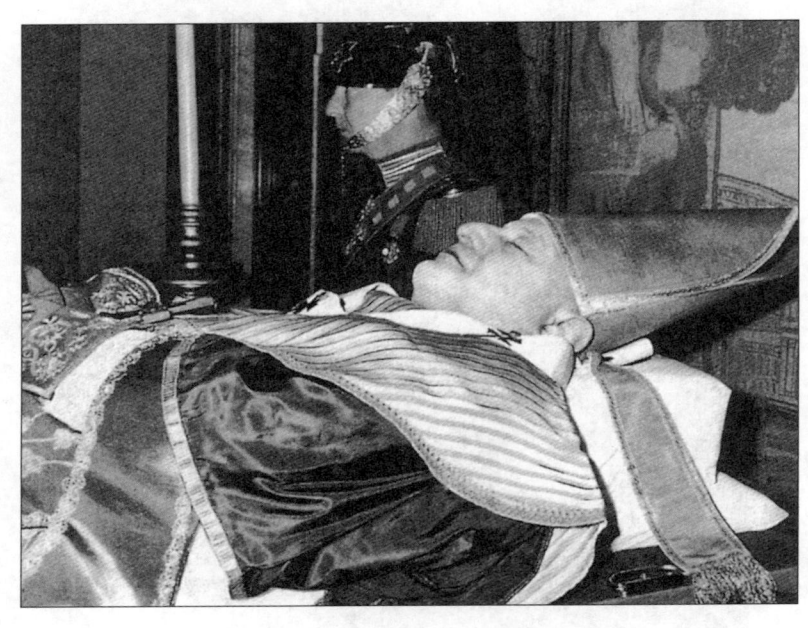

"우리가 이 세상에 있는 것은 박물관 경비원이 되기 위함이 아니라
생명이 충만하고 꽃이 만발한 정원을 가꾸고 아름다운 미래를 준비하기 위함입니다."
요한 23세는 그리스도인의 일치와 세계의 평화를 위해
길고 고통스런 죽음의 길에서 자신의 생명을 바치고자 했다.
1963년 6월 3일 선종한 요한 23세의 시신은 베드로 대성전에 안치되었다.
사진: Giordani

요한 23세 친필.
요한 23세는 평생 일기를 쓰며 마음을 다지고 규칙적으로 양심 성찰을 했다.
출처: Loris Capovilla, *L'ITE MISSA EST DI PAPA GIOVANNI*, Padova 1983

연 보

1881.11.25.	안젤로 주세페 론칼리, 롬바르디아 지방의 소토 일 몬테에서 소작농의 아들로 태어남.
1892~1900	베르가모의 소신학교와 신학대학을 다님.
1901~1905	로마에서 신학 전공.
1901/1902	베르가모 제73 보병 연대에서 복무.
1904.8.10.	로마에서 사제 수품.
1905~1914	베르가모 교구 자코모 마리아 라디니-테데스키 주교의 비서로 재임. 교회사 및 교부학 강사. 신문 편집인 및 가톨릭 여성운동 지도신부로 활동.
1915~1918	이탈리아 북부 야전병원에서 의무 부사관으로 참전.
1919/1920	베르가모 신학대학 기숙사 사감 및 영성지도 신부.
1921~1924	바티칸 포교성성 산하 선교협의회 중앙위원회 의장.
1924.11.	교황청 라테란 대학 교부학 교수.
1925~1934	불가리아 주재 감목대리, 나중에 교황대사로 승진. 부임지는 소피아.
1925.3.19.	로마에서 주교 수품.
1935~1944	터키와 그리스 교황대사로 근무함. 부임지는 이스탄불.
1945~1952	프랑스 주재 교황대사.
1953.1.12.	추기경 서임.
1953~1958	베네치아 교구 대주교.
1958.10.9.	비오 12세 선종.
1958.10.28.	교황에 선출.

1958~1963	요한 23세로 사도직 수행.
1958.11.4.	베드로 대성전에서 교황 즉위식.
1959.1.25.	제2차 바티칸 공의회 소집 선포.
1961.5.15.	사회 회칙「어머니요 스승」발표.
1962.10.11.	베드로 광장에서 제2차 바티칸 공의회 개막.
1963.4.11.	평화 회칙「지상의 평화」발표.
1963.6.3.	81세를 일기로 선종.
1963.6.6.	베드로 대성전에 안장.
2000.9.3.	요한 바오로 2세에 의해 베드로 광장에서 시복됨.

■ 20세기 교황들

레오 13세(조아키노 그라프 페치)	1878~1903
비오 10세(주세페 사르토)	1903~1914
베네딕도 15세(자코모 델라 키에사)	1914~1922
비오 11세(아킬레 라티)	1922~1939
비오 12세(에우제니오 파첼리)	1939~1958
요한 23세(안젤로 주세페 론칼리)	1958~1963
바오로 6세(조반니 바티스타 몬티니)	1963~1978
요한 바오로 1세(알비노 루치아니)	1978.8.26.~9.28.
요한 바오로 2세(카롤 보이티야)	1978.10.16.~

참고 문헌

Messaggi DISCORSI, *Colloqui del Santo Padre Giovanni XXIII.*, 6 Bde, Città del Vaticano 1960~1967.

GIOVANNI XXIII., *Il cardinale Cesare Baronio*, Roma 1961 (독어판: *Roncalli, Angelo: Baronius*, Einsiedeln 1963).

—, *Il Giornale dell' Anima e altri scritti di pietà*, Roma 1964 (독어판: *Johannes XXIII.: Geistliches Tagebuch und andere geistliche Schriften*, Freiburg i.B. ⁹1964).

—, *Lettere 1958~1963*, ed. by Loris Capovilla, Roma 1978.

—, *Lettere ai Familiari*, Roma 1968 (독어판: *Johannes XXIII.: Briefe an die Familie I, 1901~1944; II, 1945~1962*, hrsg. von Loris Francesco Capovilla, Freiburg i.B. 1969/70).

JOHANNES XXIII., *Erinnerungen eines Nuntius*, Freiburg i.B. 1965.

Angelina e Giuseppe ALBERIGO, *Giovanni XXIII. Profezia nella fedeltà* (Dipartimento di scienze religiose 10) Brescia 1978.

Giuseppe ALBERIGO, Klaus WITTSTADT (Hgg.), *Ein Blick zurück — nach vorn: Johannes XXIII. Spiritualität — Theologie — Wirken* (Studien zur Kirchengeschichte der neuesten Zeit 2) Würzburg 1992.

Giuseppe ALBERIGO (ed.), L'Età di Roncalli, *Cristianesimo nella storia* 8 (1987) 1-217.

Leone ALGISI, *Johannes XXIII.*, München 1960.

Giulio ANDREOTTI, *A Ogni Morte di Papa — I Papi che ho conosciuto*, Milano 1980 (독어판: *Meine sieben Päpste. Begegnungen in bewegten Zeiten*, Freiburg i.B. 1982).

Hannah ARENDT, *Menschen in finsteren Zeiten*, hrsg. von Ursula Ludz, München - Zürich 1989.

Max BERGERRE, *Ich erlebte vier Päpste. Ein Journalist erinnert sich*, Freiburg i.B. 1979.

Loris CAPOVILLA, *Johannes XXIII. Papst des Konzils der Einheit und des Friedens*, Nürnberg - Eichstätt ²1964.

—, *Ite Missa Est*, Padua - Bergamo 1983.

—, *Giovanni XXIII. Quindici Letture*, Roma 1970.

Norman COUSINS, The Improbable Triumvirate, *The Saturday Review* 30.10.1971.

Luitpold A. DORN, *Johannes XXIII. Auf ihn berufen sich alle*, Graz - Wien - Köln 1986.

Lawrence ELLIOTT, *Johannes XXIII. Das Leben eines großen Papstes*, Freiburg i.B. 1974.

Henri FESQUET, *Humor und Weisheit Johannes des Guten*, Frankfurt a.M. 1965.

Mario von GALLI, Bernhard MOOSBRUGGER, *Das Konzil und seine Folgen*, Luzern - Frankfurt a.M. o.J.

Edward E. HALES, *Pope John and his Revolution*, London 1965.

Peter HEBBLETHWAITE, *John XXIII. Pope of the Council*, London 1984 (독어판: *Johannes XXIII. Das Leben des Angelo Roncalli*, Zürich - Einsiedeln - Köln 1986).

Hanno HELBLING, *Politik der Päpste. Der Vatikan im Weltgeschehen 1958~1978*, Berlin - Frankfurt a.M. - Wien 1981.

Die "HERDER-KORRESPONDENZ" (Hg.), *Johannes XXIII. Leben und Werke. Eine Dokumentation in Text und Bild*, Freiburg i.B. 1963.

Wolfgang HILDESHEIMER, *Exerzitien mit Papst Johannes. Vergebliche Aufzeichnungen*, Frankfurt a.M. 1979.

Die KATHOLISCHEN NACHRICHTEN-AGENTUR (Hg.), *Johannes XXIII. Das Leiden und Sterben des Konzils-Papstes*, Bonn 1963.

Ludwig KAUFMANN, *Damit wir morgen Christ sein können. Vorläufer im Glauben*, Freiburg i.B. 1984.

—, Nikolaus KLEIN, *Johannes XXIII. Prophetie im Vermächtnis*, Fribourg - Brig 1990.

Andrea LAZZARINI, *Johannes XXIII. Das Leben des neuen Papstes*, Freiburg i.B. 1958.

Paulus LENZ-MEDOC, Nuntius Angelo Giuseppe Roncalli. Erinnerungen, *Hochland* 51 (1958/59) 497-507.

Giacomo Kardinal LERCARO, *Giovanni XXIII. Linee per una ricerca storica*, Roma 1965 (독어판: *Johannes XXIII. Entwurf eines neuen Bildes*. Freiburg i.B. 1967).

Heinrich A. MERTENS (Hg.), *Ich bin Joseph euer Bruder. Chronik — Dokumente — Perspektiven zum Leben und Wirken Papst Johannes XXIII.*, Recklinghausen 1959.

NIKODIM, Metropolit von Leningrad und Nowgorod, *Johannes XXIII. Ein unbequemer Optimist*, hrsg. von Robert Hotz, Zürich - Einsiedeln - Köln 1978.

Helmuth NÜRNBERGER, *Johannes XXIII. mit Selbstzeugnissen und Bilddokumenten* (rowohlts monographien) Reinbek 1985.

Otto Hermann PESCH, *Das Zweite Vatikanische Konzil. Vorgeschichte — Verlauf — Ergebnisse — Nachgeschichte*, Würzburg 1993.

Karl RAHNER, *Über die bleibende Bedeutung des Zweiten Vatikanischen Konzils* (Sonderdruck Nr. 5 der Katholischen Akademie in Bayern) München 1979.

Robert ROUQUETTE, Das Geheimnis Roncalli, *Dokumente. Zeitschrift für übernationale Zusammenarbeit* 19 (1963) 251-260.

Theodor SCHNEIDER (Hg.), *Der verdrängte Aufbruch. Ein Konzils-Lesebuch*, Mainz 1985.

Hansjakob STEHLE, *Die Ostpolitik des Vatikans 1917~1975*, München - Zürich 1975.

Franz Michel WILLAM, *Vom jungen Angelo Roncalli (1903~1907) zum Papst Johannes XXIII. (1958~1963)*, Innsbruck 1967.

Giancarlo ZIZOLA, *L'Utopia di Papa Giovanni*, Assisi ²1973.

—, *Quale Papa?*, Roma 1977.